本书为国家社会科学基金一般项目"古巴社会主义经济模式更新研究"(15BKS067)结项成果

古巴社会主义模式更新

面向繁荣、民主与可持续的发展道路

UPDATING CUBA'S SOCIALIST MODEL
A PATH TO PROSPERITY
DEMOCRACY AND
SUSTAINABILITY

贺钦 著

社会科学文献出版社
SOCIAL SCIENCES ACADEMIC PRESS (CHINA)

序言一

——致《古巴社会主义模式更新——面向繁荣、民主与可持续的发展道路》

2010 年 4 月，我在访问中国社会科学院马克思主义研究院时结识了贺钦研究员。那时，我们还在庆祝古巴革命胜利半个世纪，如今已过去了十多年。在那次访问中，贺钦研究员作为马克思主义研究院的翻译参与了双方的交流。2010 年 5 月，她将我们的交流成果以访谈形式发表在《中国社会科学报》上。这篇题为《社会主义在向前走，绝对不会变——访古巴驻华大使佩雷拉》的文章，总结了古巴革命的历史意义及其特殊性、古巴社会主义的成就和挑战，尤其是古巴马克思主义和社会主义面临的挑战。这项具有开创性意义的成果，增进了中国学者和读者对古巴社会主义的理解和认识。

正如贺钦研究员的这本新书所述，古巴社会主义建设进程与古巴革命的历史性胜利、菲德尔·卡斯特罗·鲁斯总司令的领导、古巴共产党和古巴人民的历史主体作用密不可分。古巴革命具有不同于其他社会主义经验的历史特殊性。古巴革命是一项英雄的创造。六十多年来，面对美国强加的严厉封锁和各种形式的战争，古巴不仅实现而且巩固了国家的主权和独立。

《古巴社会主义模式更新——面向繁荣、民主与可持续的发展道路》一书是贺钦研究员多年系统深入研究的成果。她凭借丰富的学术经验和严谨客观的学术态度，为读者全景式地呈现了古巴模式更新的发展历程，这将有助于中国新一代读者加深对古巴特色社会主义的认识。

在包括结语在内的九个章节内容中，作者深入阐述了古巴革命的发展历程、古巴领导人思想的发展及其理论贡献、古巴社会主义观的形成及其团结本质和古巴社会主义发展的里程碑。

古巴社会主义建设历程因其深厚的反帝国主义革命传统和古巴的文化特质，形成了一种深刻的本土模式，其可行性和重要性随着时间的演进得到了充分的证明。古巴代表了 20 世纪和 21 世纪建设社会主义的一种具体经验。古巴社会主义与不同的国际霸权规则共存，与全球帝国主义的演变及其争夺世界霸权的规则共存。

正如巴西人类学家达西·里贝罗（Darcy Ribeiro）所说，古巴是一个"新民族"，是一个从不同文化混合体中产生的国家。因此，古巴不同于中国的地方在于古巴文化只有两百多年的历史，但其短暂的历史又是深刻的。在古巴成为民族国家的同时，距其海岸 90 英里的资本主义国家美国变成了帝国主义国家。对 19 世纪和 20 世纪的古巴革命者而言，必须关注、谴责并直面这一事实——随着古巴的独立，要及时阻止美国在美洲土地上的扩张。这是贯穿古巴历史的一条主线。

正如古巴革命领袖菲德尔·卡斯特罗·鲁斯总司令所述，古巴社会主义是古巴为实现民族独立、国家主权和最大限度的社会正义而不懈斗争的历史结果。在离美国区区几十英里的地方存在一个独立国家是美国永远无法接受的，因此古巴的经济、政治和社会模式建设始终遭到美国政府的敌视和侵扰。

1892 年，马蒂创立了旨在团结所有古巴人为摆脱西班牙殖民统治、实现民族解放而斗争的古巴革命党（PRC）。正如这位古巴民族英雄所述，政府必须适应国家的条件。因此，马蒂很早就确立了四个基本目标，即实现国家独立、社会正义、经济发展、建立古巴自己的民主政府。

正如古巴知识分子恩里克·乌别塔（Enrique Ubieta）所说，殖民主义使古巴成为一个民族国家，而新殖民主义则试图淡化古巴的国家认同。如果说马蒂一代是反殖民主义的，那么菲德尔一代则是深刻反对新殖民主义的。因此，马蒂与 1959 年古巴革命有机地联系在一起，革命既是社会主义的，也是争取民族解放的。这也是古巴革命意识形态源自马克思、列宁、马蒂和菲德尔思想的原因。

1959年1月古巴革命的胜利不仅意味着亲美军事独裁政权的瓦解，也标志着古巴革命、进步和独立思想的融合达到了历史高潮。古巴革命是古巴特定国情的产物，而非外国强加的结果。在提出蒙卡达纲领和社会正义目标后，古巴革命进一步激进化。面对美国的武装入侵，古巴毅然选择走社会主义道路。

1961年4月16日，在吉隆滩战役牺牲烈士的安葬仪式上，菲德尔·卡斯特罗宣布古巴革命为社会主义性质，从而赋予了古巴社会主义进程前所未有的象征意义，为古巴构建自己的发展模式奠定了基础。古巴从一开始就接受了不可逾越的挑战，即与世界上最强大的国家对抗，将一个新殖民主义的、深深依赖强大邻国的落后社会转变为一个独立、进步和公正的新社会。

古巴革命面临的挑战并非一成不变，而是随着帝国主义和新自由主义的强势变得日趋复杂。因此，脱离这一历史逻辑就不可能理解世界社会主义和古巴社会主义的发展。无视美国对古巴的封锁，也不可能正确评判古巴经济社会模式的成败。美国对古巴的封锁是人类现代历史上对一个主权国家强制实施的时间最长、最不公正的单边制裁。

根据1948年通过的《日内瓦公约》，美国对古巴的封锁是典型的经济战争和种族灭绝行为。唐纳德·特朗普政府对古巴施行了前所未有的残酷封锁，使古巴在疫情期间无法获得必需的医疗设备、其他用品和技术，也制约着古巴的对外合作。封锁一直是且仍将是对古巴人民抵抗的一种惩罚，一种阻碍古巴社会主义谋求增长、进步和经济繁荣的日常方式。因此，绝不能将古巴面临的客观问题归咎于社会主义。社会主义是唯一能够解释古巴这个安的列斯群岛的最大国家在残酷封锁中得以生存并不断发展的原因。

本书的一个重要贡献在于阐释了古巴社会主义的三个显著特征。一是人民民主。古巴领导人和古巴人民始终保持着密切的联系。古巴实行系统的人民协商制度，尊重国家共识，因此即使在最困难和复杂的时刻，革命政权仍然得到绝大多数古巴人民的支持和信任。二是社会使命。古巴革命始终将人民置于国家政治进程的中心。三是民族团结。面对美国的扩张，古巴必须团结所有革命力量和广大人民，为维护国家独立和主权而斗争。

古巴社会主义的战略在于，使人民成为推进变革和实现繁荣的主角。繁荣不仅关涉物质财富的积累，更与生产财富的人力资源相关。古共中央第一书记、古巴国家主席米格尔·迪亚斯－卡内尔·贝穆德斯指出，促进并维持社会正义必须拥有经济实力和韧性，这是我们必须重视的问题。古巴社会主义的本质是追求社会公平与正义，通过持续的社会动员，实现以人为本的社会变革。因此，古巴社会主义很早就扫除了文盲，宣布实行全民免费教育、医疗和体育，消除了流行病，开展了大规模疫苗接种，进行了前所未有的土地改革，培养了数以万计的医务人员，其中包括与全球90多个国家合作的医务人员和古巴100多万名医学专业大学生。正是由于社会主义制度，古巴的卫生、教育、科研、技术创新、环境保护等国家政策才得以加强。

六十多年来，生命权、受教育权、体面就业权、居住权、人民自决权及文化权等联合国可持续发展议程包含的重要目标，已成为古巴社会主义的重要支柱和持续推进革命更新进程的根本保证。坚持党的领导、以人为本、社会主义民主、社会主义国家、基本生产资料的社会主义全民所有制、作为经济社会发展领导体制的社会主义计划、捍卫和保障国家安全、承认道德和法律意义上的权利与义务平等等原则，成为古巴社会主义模式的生命线。

古巴社会主义建设极具艰辛，充满挑战。面对时代剧变，古巴不得不在短短几十年间对社会经济发展做出重大调整。20世纪60年代，美国的封锁政策使古巴失去了主要市场。30年后，随着苏联解体和社会主义阵营的瓦解，古巴再次失去了80%的市场，国内生产总值下降了35%。20世纪90年代，美国通过的《托里切利法案》和《赫尔姆斯－伯顿法案》使其对古巴的封锁政策和经济迫害达到了历史顶点。这些法案企图通过"长臂管辖"，阻断古巴对外贸易和第三国企业对古巴社会经济发展的参与。

2011年4月，古共六大通过的《党和革命经济与社会政策纲要》为古巴社会主义模式更新奠定了基础，标志着古巴社会主义建设的历史延续性和新阶段的开启。古巴社会主义模式更新旨在完善古巴的社会主义模式，扩大直接、横向和参与的人民民主，克服革命实践中僵化的等级制和官僚主义，为加强多样性基础上的人民团结创造新的空间。

因此，古巴模式更新并不仅仅限于经济领域，也包括所有日常实践和讨论，并强调新一代塑造国家未来的作用，从而实现建设繁荣、民主和可持续的社会主义国家的目标。社会主义模式更新被视为 1959 年 1 月 1 日以来古巴革命历史变革的延续和完善，旨在确保古巴社会主义的统一性和不可逆转性，推动国家经济发展和人民生活水平的提高，并促进古巴公民道德和政治价值观的形成。

马蒂指出，革命就是做每一刻该做的事。菲德尔对这一精湛的革命概念进行了补充，认为历史意识就是改变一切必须改变的东西。因此，古巴社会主义模式更新旨在回应建立本土的、原创的、革新的、深刻的、民主的、大众的和参与的社会主义的迫切需要。这意味着要面对一些重大挑战，如完善按劳分配制度，整顿金融货币秩序，并发展古巴特色的社会主义模式，以适应我们的国情，创造和保证更好的就业、住房、医疗和教育。尤其是为儿童和老人提供安全的照顾，为民众提供基本的商品和服务，维护和巩固古巴人民对古巴社会主义政治纲领的集体归属感，使年轻一代能够为建设一个民主公平的社会作出更大的贡献。这也意味着，在党和国家实现稳定有序的代际更替后，古巴要把社会主义制度建设作为革命的主要支撑之一，使古巴人民团结在古巴共产党和党的新一代领导集体周围。要深化民主、对话、讨论和集体协商，使其成为建立共识、发挥制度作用、克服非正式决策不可替代的工具。

完善古巴经济社会模式，应巩固古巴共产党的先锋队作用，使其成为古巴革命保持延续性的根本保障；巩固由人民主导的社会主义民主、法治和社会正义；巩固基本生产资料社会主义全民所有制的主体地位，承认和促进多种所有制和管理方式并存与发展；全面改革领导经济社会发展的计划体制；向地方政府下放权力，充分发挥基层政府的作用；巩固按劳分配的主体地位，坚持按工作质量、数量、复杂程度及社会贡献进行分配的社会主义原则；不断完善社会主义社会政策，使其具有可持续性；不断完善国家作为经济管理者、全民所有制代表和各层级行政机关代表的作用，进一步完善各级人民民主参与。

当前，古巴社会主义须进行经济结构更新，解决生产结构不合理和技术落后问题，尤其是生产链中导致经济增长迟缓、生产力水平低下及高度依赖进口的问题。首先，应进一步扩大投资，促进基础设施现代化和可持续发展，特别是在水利、运输、物流、住房和通信领域。其次，应不断完善经济管理体制，促进各经济主体的发展、互补，使其对可持续发展有所贡献。此外，寻求更有利和更具活力的国际融入对古巴至关重要，这将有助于增进人民福祉，促进经济社会发展，实现更公平和更合理的分配，使所有人得到保护和照顾。

古巴革命没有犯任何战略错误并不意味着没有需要解决的问题，这些问题主要源于外部环境和经济方面的错误。尽管这些问题仍将严重影响古巴，但可以肯定的是，无论是美国的敌对政策、全球经济危机、大流疫，还是气候变化，都无法摧毁古巴社会主义的可行性。

本书从历史和现实角度深入探讨了古巴社会主义的成就、问题与挑战，论述了模式更新的阶段、原则和目标，重点阐释了古巴宏观经济政策的调整和更新、战略经济部门的重组和创新、思想文化建设、科学教育的发展、环境保护、社会治理及外交战略等内容。上述方面是古巴实现内部变革的重要支撑，本书将其正确地定义为"面向繁荣、民主与可持续的发展道路"。

本书的另一成功之处在于肯定并阐释了菲德尔·卡斯特罗思想和实践无可争议的核心作用。菲德尔·卡斯特罗几乎对所有关涉古巴及世界人民切身利益与前途命运的重大历史与现实问题都给予了回答。菲德尔·卡斯特罗思想与马克思列宁主义、马蒂思想一起，为古巴建设符合本国国情的社会主义提供了理论参考，其根基在于公正、平等、团结、国际主义、多边主义和人民自决等不可改变的基本原则。

正如人们所公认的那样，菲德尔能够把握时代脉搏，正确研判两制格局，找到应对全球挑战的方案，领导古巴民族解放和反帝国主义斗争，为人类推进社会主义和共产主义事业、实现更美好的未来提供了不竭动力。他很早就指出，社会主义是人类打破资本主义和帝国主义枷锁的唯一途径，每个国家都有自己的革命方式和对革命思想的解释方式。

关于社会主义，菲德尔毫不犹豫地将争取民族独立和人民解放视为古巴革命的主要目标，并将社会主义道路作为实现这一目标的唯一途径。他坚定地倡导无产阶级国际主义、政治平等、经济平等和社会平等，并将其视为社会主义优越性的集中体现和必须永远坚持下去的原则。

关于党的建设，菲德尔始终认为党是古巴革命的灵魂，是古巴革命理想、原则和力量的体现。推进党的建设是菲德尔最重要的历史贡献之一。他始终号召党密切联系群众，保持党的思想纯洁和组织能力。菲德尔认为，党不仅是工人阶级的先锋队，还应成为国家和民族利益的忠实代表。

坚决反对资本主义全球化是菲德尔讨论国际问题的根本立场。他认为，全球化是世界历史发展的自然规律，是人类生产力进步的必然结果，我们所反对的全球化是新自由主义的全球化，是作为帝国主义剥削和控制世界市场、重新殖民第三世界工具的全球化。菲德尔谴责帝国主义的侵略性，认为其必然灭亡，并长期呼吁世界各国在面对饥饿、移民、环境、战争和恐怖主义等全球性挑战时团结起来。

因此，古巴社会主义是国家独立和民族自决的同义词和制度保障。古巴始终致力于建设一个独立的、社会主义的、繁荣、民主和可持续的主权国家，在巩固建设成就的基础上，不断推进直面挑战的发展战略和公共政策。古巴倡导的团结合作以相互尊重、无私援助、互补性为基础，"分享所拥有而非剩余的东西"是古巴始终坚持的原则。古巴将继续加强人民团结，推进发展计划，改善经济社会模式，并对未来充满信心。我们相信，古巴通过自身努力，一定能克服一切障碍。

尽管古巴和中国相距遥远，但两国的社会主义进程具有普遍历史意义上的共同目标和基本特征。与此同时，两国因国情和地缘发展环境的不同，又有具有不同的政治、经济、社会、文化和历史特点。两种经验都产生了有效的具体结果，形成了以人民为中心的政治进程。

近年来，两国高度重视交流互鉴各具特色的社会主义建设经验，建立了相互通报两党两国内外工作重大事项的惯例，有力地促进了双方社会主义事业的发展。

2014 年 9 月召开的首届中古两党理论研讨会为深入推进新时期两党理论交流搭建了机制化平台。2022 年 3 月召开的第四届中古两党理论研讨会以"加强党的建设，奋进新时代中古社会主义新征程"为主题，围绕党领导经济社会发展、马克思主义思想教育、干部培养、青年工作、党群关系、党的基层组织建设、党史国史教育、改革开放经验、科技创新、抗疫斗争及利用信息通信技术应对非常规战争中的意识形态颠覆等问题，进行了经验交流。

在第四届中古两党理论研讨会开幕式上，两党领导人分别致辞。习近平总书记强调，面对新形势新任务，中古两党进行理论研讨恰逢其时，对两国探索符合本国国情的社会主义发展道路具有重要意义。米格尔·迪亚斯－卡内尔第一书记指出，两党两国应相互学习社会主义建设经验，聚焦共同关切，进一步深化双方战略共识。

古巴共产党在古共八大中心报告中明确提到了中国，并肯定了中国在政治、经济和社会领域取得的不可否认的进步。这表明，古巴领导人高度重视与中国特殊的战略关系。古共八大还提出，要在两国传统友谊与团结的基础上，进一步巩固两党两国的良好关系，在各领域开展有助于推进古巴 2030 年经济社会发展计划的双边经济合作。

古巴和中国始终致力于维护世界和平，在坚定捍卫真正的多边主义、国际法及《联合国宪章》基本原则方面保持团结一致。两国一贯反对各种封锁和单边强制措施，反对针对主权国家的政治运动和政治压迫，反对将相关问题污名化和政治化。

在古巴社会主义发展的关键时刻，我谨代表古巴共产党、古巴政府和古巴人民，祝贺该书的出版。本书还体现了中国许多研究人员的宝贵智慧，他们为古巴研究奉献了无尽的知识和启迪。我期待中国读者能够阅读这本书，并丰富他们对古巴社会主义的理解和认识。

古巴共和国驻中华人民共和国大使

卡洛斯·米格尔·佩雷拉·埃尔南德斯

2022 年 5 月 18 日

PRÓLOGO PARA EL LIBRO *"ACTUALIZACIÓN DEL MODELO SOCIALISTA CUBANO: UN CAMINO HACIA LA PROSPERIDAD, LA DEMOCRACIA Y EL DESARROLLO SOSTENIBLE"*, DE LA PROFESORA HE QIN

Prólogo

Han transcurrido más de 10 años desde que conocí a la profesora He Qin, de la Academia de Marxismo de la Academia china de Ciencias Sociales (CASS, por sus siglas en inglés), en ocasión de nuestra visita a esa prestigiosa institución en abril de 2010, cuando celebrábamos el medio siglo de vida de la Revolución cubana. En aquella oportunidad, sirvió como traductora en el intercambio sostenido con directivos de esa prestigiosa institución, que poco tiempo después, en mayo de 2010, aparecería publicado en forma de entrevista. Aquel precursor trabajo sobre la significación de la Revolución cubana, sus peculiaridades, sus principales avances y retos, y en particular, los desafíos del marxismo y del socialismo en las condiciones de Cuba, semanas más tarde sería replicado también por el diario Chinese Social Sciences Today y se convertiría en importante esfuerzo para elevar el conocimiento y la comprensión sobre Cuba y su práctica socialista entre académicos y lectores chinos en general.

Como se reconoce en el libro, bastaría una rápida mirada para advertir que el proceso de construcción del socialismo en Cuba, asociado históricamente al triunfo de la Revolución cubana, al papel desempeñado por su líder el Comandante en

Jefe Fidel Castro Ruz, el Partido Comunista y el pueblo cubano como protagonistas principales, presenta peculiaridades propias que lo distinguen de otras experiencias socialistas. La Revolución cubana ha sido una creación heroica que ha permitido alcanzar primero y preservar después la soberanía y la independencia nacional frente al más feroz asedio y la multidimensional guerra impuesta por Estados Unidos que ya dura más de seis décadas.

El nacimiento de este libro "Actualización del modelo socialista cubano: un camino hacia la prosperidad, la democracia y el desarrollo sostenible", al cual la profesora He ha dedicado años de sistemático esfuerzo y profundos estudios, y en los que se sintetiza una vasta experiencia académica, así como evidente rigor y objetividad intelectual, contribuye a profundizar el conocimiento de las nuevas generaciones sobre el proceso socialista cubano, sus peculiaridades históricas y presentes, aportando además una mirada objetiva y panorámica, desde sus orígenes hasta la actualidad.

A largo de sus 9 capítulos, incluyendo las conclusiones, la autora recorre con profundidad el desarrollo de la Revolución cubana, la evolución del pensamiento y aportes doctrinales de sus principales líderes, el proceso de formación de la conciencia socialista y su esencia solidaria, así como los hitos trascendentales que han marcado cada etapa de desarrollo del socialismo cubano.

Partiendo de su profunda base histórica, sustentada a su vez en la tradición revolucionaria, antimperialista, así como en la propia cultura e idiosincrasia cubana, asume el proceso de construcción socialista en Cuba como un modelo profundamente autóctono, cuya viabilidad y trascendencia ha quedado harto demostrada en el tiempo. La cubana representa una experiencia concreta de construcción de socialismo en los siglos XX y XXI, que ha convivido con distintas normas de hegemonía internacional, ha coexistido con las mutaciones del imperialismo global y sus reglas en la pugna por la hegemonía mundial.

Cuba es, según el antropólogo brasileño Darcy Ribeiro, un "pueblo nuevo", es decir, una nación surgida de una amalgama de culturas diversas, por lo que, a diferencia de China, su cultura tiene apenas poco más de doscientos años, pero su historia breve ha sido a la vez profundamente intensa. Su forja como nación se produce justamente cuando a noventa millas de sus costas el capitalismo deviene en imperialismo. Los revolucionarios cubanos de los siglos XIX y XX percibieron, denunciaron y enfrentaron ese hecho: "impedir a tiempo, con la independencia de Cuba, que se extiendan por nuestras tierras de América los Estados Unidos". Ese es un importante hilo conductor de la historia de Cuba.

El socialismo cubano es, por tanto, un resultado histórico nacido de las luchas de la nación cubana por su plena y definitiva independencia y en defensa de su soberanía nacional, en aras de conquistar la máxima justicia social posible, como expresara el líder histórico del proceso cubano, el Comandante en Jefe, Fidel Castro Ruz. La idea de una nación independiente a escasas millas de Estados Unidos ha sido siempre inaceptable para ese país, lo que explica que la construcción de su modelo económico, político y social haya tenido lugar siempre bajo la constante hostilidad, acoso y agresión de los gobiernos estadounidenses.

Cuando en 1892 Martí funda el Partido Revolucionario cubano (PRC), con la misión histórica de aglutinar a todos los cubanos en pos de la liberación del país del entonces poder colonial español, cuatro objetivos básicos definirían de manera temprana el proyecto martiano: la independencia y la soberanía nacional, la justicia social, el desarrollo y la prosperidad económica, y el establecimiento de un gobierno democrático propio, porque como señalaba el héroe nacional cubano: "El gobierno debe adaptarse a las condiciones del país".

Como bien ha señalado el intelectual cubano Enrique Ubieta, si el colonialismo hace emerger a Cuba como nación, el neocolonialismo intentó diluirla como tal. Si la generación de Martí fue anticolonialista, la de Fidel fue profundamente antineocolonialista. Por eso Martí engarza de manera orgánica con la Revolución cubana de 1959, que es, simultáneamente, socialista y de liberación nacional.

Por eso, también, la ideología revolucionaria cubana reclama entre sus fuentes a Marx y a Lenin, a Martí y a Fidel.

El triunfo revolucionario de enero de 1959 no sólo significó la derrota de una opresiva dictadura militar aupada por Estados Unidos, sino el momento culminante en el que convergieron las ideas más revolucionarias, progresistas e independentistas de la nación cubana. La génesis misma de la Revolución fue resultado de circunstancias específicas internas y no de imposiciones foráneas. Al programa del Moncada y el paradigma de la justicia social antes señalado, se fue añadiendo la radicalización gradual del proceso cubano, hasta la proclamación de su carácter socialista, como preludio de una agresión armada desde Estados Unidos.

Aquel 16 de abril de 1961, durante el entierro de las víctimas de los bombardeos a varios aeropuertos cubanos, preludio de la invasión de Playa Girón, la proclamación por Fidel del carácter socialista de la Revolución Cubana le otorgó al proceso socialista cubano un simbolismo sin precedentes, sembrando las bases para la construcción de unmodelo propio que, desde su nacimiento, hizo suyo elinsuperable reto de enfrentarse a la potencia más poderosa del mundo, y transformar una sociedad neocolonial, atrasada y profundamente dependiente de su poderoso vecino en una de nuevo tipo marcada por la independencia, el progreso y la justicia social.

Los retos y desafíos iniciales que se planteó la Revolución cubana no quedaron inamovibles, sino que se fueron complejizando con el ascenso del imperialismo neoliberal. Por tanto, sería imposible analizar el socialismo en general y el cubano en particular, divorciado del desarrollo de esa lógica. Tampoco podría evaluarse el éxito o el fracaso del modelo económico y social cubano, haciendo abstracción del bloqueo impuesto por Estados Unidos contra la isla, convertido en el más largo e injusto sistema de sanciones unilaterales impuesto contra país alguno.

El bloqueo, que siempre ha sido un acto de guerra económica y de genocidio, tipificado en la Convención de Ginebra de 1948, adquirió bajo el mandato de Donald Trump, una crueldad sin precedentes, al pretender usar deliberadamente la pandemia para negar a la pequeña Cuba el acceso a equipos médicos, insumos y tecnologías médicas indispensables, así como afectar su cooperación con el exterior. El bloqueo ha sido y continúa siendo un castigo a la resistencia del pueblo cubano, el modo cotidiano de impedir que el socialismo en Cuba se asocie al crecimiento, al progreso y a la prosperidad económica. Por ello lejos de culpar al socialismo de los problemas que objetivamente Cuba enfrenta, ha sido éste y no otra, la única explicación de que la mayor de las Antillas haya podido sobrevivir a ese cerco feroz y genocida sin renunciar a desarrollarse.

Un importante acierto de este libro es la manera cómo su autora llama la atención sobre tres rasgos distintivos del proceso socialista cubano desde su nacimiento: su carácter profundamente democrático y popular, que se ha visto manifestado en el estrecho y permanente vínculo de los dirigentes con el pueblo, la práctica sistemática de consulta popular y el respeto al consenso nacional, que explica el apoyo y la confianza de la gran mayoría del pueblo a la Revolución, incluso en los momentos más difíciles y complejos; su profunda vocación social que ha llevado a colocar siempre al ser humano en el centro del proceso político nacional; así como la importancia otorgada a la unidad de todas las fuerzas revolucionarias y el pueblo en general en la permanente batalla por preservar la independencia y la soberanía nacional frente al expansionismo estadounidense.

Como bien se señala, la esencia del proceso socialista cubano, su estrategia, no ha sido otra que la de convertir al pueblo en protagonista del proceso de transformación y de búsqueda de la prosperidad, asociada ésta última no sólo a la acumulación de riquezas materiales, sino también al reconocimiento pleno de las capacidades humanas para producirlas. En palabras del actual primer secretario del Comité Central del Partido Comunista de Cuba y presidente de la República, Miguel Díaz-Canel Bermúdez, "para tener más justicia social y para poder hacer sostenible esa justicia social, hay que tener fortaleza económica, invulnerabilidad económica, y ahí es donde tenemos que centrarnos también". Ello explica que la esencialidad del socialismo cubano se distinga por la búsqueda de la igualdad y la justicia social, en cada momento posible, consensuada con la sociedad movilizada en función de construir el cambio social con el ser humano como protagonista del proceso de transformación. Ello explica que el socialismo cubano haya erradicado de manera temprana el analfabetismo, haya proclamado el acceso gratuito y universal a la educación, a la asistencia médica y el deporte, haya eliminado las enfermedades endémicas y permitido aplicar masivas campañas de vacunación, haya llevado a cabo una reforma agraria sin precedentes, y haya contribuido a formar decenas de miles de médicos y técnicos de la salud que han brindado y brindan hoy su colaboración en más de 90 países del mundo, a más de un millón de profesionales universitarios. Es decir, gracias al socialismo en Cuba se logró potenciar una política de Estado en apoyo a la salud, a la educación, a la ciencia y la técnica, la investigación e innovación científica, la protección del medio ambiente, etc.

Desde hace más de 6 décadas, la defensa del derecho a la vida, a la educación, al empleo digno y a una vivienda, a la participación activa del pueblo en el destino del país, el acceso a la cultura, convertidos hoy en objetivos a alcanzar como parte de la Agenda de Desarrollo Sostenible de la ONU, devinieron de manera temprana en pilares esenciales del socialismo cubano, y a su vez, en garantías de un proceso revolucionario auténtico y en constante renovación y evolución. Principios tales como el papel dirigente del Partido Comunista, el ser humano como objetivo principal y sujeto protagónico, la democracia socialista, el Estadosocialista, la propiedad socialista de todo elpueblo sobrelos medios fundamentales de producción, la planificaciónsocialista como componente fundamental delsistema dedirección del desarrollo económico y social, la defensa y la seguridad nacionales, y el reconocimiento moral y jurídico de laigualdad de derechos y deberes, han servido de sustento vital al modelo socialista cubano.

La construcción socialista en las condiciones cubanas ha seguido derroteros propios y altamente retadores. En apenas unas pocas décadas, el país ha tenido que superar importantes rupturas y reajustes en su desarrollo socio económico. En los años 60, perdió sus principales mercados tras la implantación de la política de bloqueo de Estados Unidos. 30 años después, con la desaparición del campo socialista y de la URSS, volvió a perder el 80 % de sus mercados y vio caer su PIB en un 35 %. Una década más tarde, la política de bloqueo y de persecución económica alcanzaría su máxima expresión con las leyes Torricelli y Helms-Burton que codificaron el bloqueo y les añadieron una dimensión extraterritorial dirigida a cortar abruptamente el comercio y la participación de empresas de terceros países en el desarrollo socio económico cubano.

Durante el VI Congreso del Partido Comunista de Cuba celebrado en abril de 2011, quedaron establecidas las bases para el proceso de actualización del socialismo en Cuba, con la aprobación de los Lineamientos de la Política Económica y Social del Partido y la Revolución, los cuales marcaron un nuevo punto de inflexión y a la vez de continuidad, dando inicio a una nueva etapa en la construcción del socialismo dirigida no sólo a perfeccionar el socialismo y actualizar el modelo posible y deseable en las condiciones de Cuba, sino también a ampliar la democracia hacia formas directas, horizontales y participativas de autogobierno, orientadas a superar verticalismos y comportamientos burocráticos insensibles a las prácticas revolucionarias, construir nuevos espacios, manteniendo la unidad desde la diversidad que nos identifica.

Por tanto, el proceso iniciado entonces no se ha limitado a actualizar el paradigma económico, sin dudas fundamental, sino además todas las prácticas y discursos cotidianos, enfatizando en el papel de las nuevas generaciones, forjadoras del futuro del país, con vistas a hacer realidad la meta de construir una nación socialista próspera y sostenible. La actualización del modelo socialista es visto como continuidad y a la vez perfeccionamiento del proceso transformador revolucionario iniciado aquel primero de enero de 1959, con el objetivo de garantizar la continuidad e irreversibilidad del Socialismo, el desarrollo económico del país y la elevación del nivel de vida de la población, conjugados con la formación de valores éticos y políticos de nuestros ciudadanos.

Martí decía que debía "hacerse en cada momento lo que en cada momento es necesario", a lo que Fidel añadió posteriormente en su magistral concepto de Revolución, el "sentido del momento histórico···de cambiar todo lo que debe ser cambiado". La finalidad de la actualización socialista en Cuba responde por tanto a la urgente necesidad de construir un socialismo autóctono, original, renovador, profundamente democrático, popular y participativo. Ello supone encarar desafíos importantes como la cuestión de la distribución según el trabajo, el ordenamiento financiero y monetario y la necesidad de desarrollar un modelo propio de socialismo adecuado a nuestras condiciones nacionales, que genere y garantice mejores puestos de trabajo, mejores viviendas, más calidad de la salud y la educación, cuidados seguros para los niños y ancianos y acceso a bienes y servicios básicos para la población, además de preservar y consolidar el sentido de pertenencia colectiva al proyecto político socialista, sobre todo entre las generaciones más jóvenes, a fin de que estas continúen aportando a la construcción de una sociedad democrática y equitativa. Supone también fortalecer la institucionalidad cubana como uno de los pilares fundamentales de la invulnerabilidad de la Revolución, el reforzamiento de la unidad histórica en torno al Partido Comunista de Cuba y a su dirección actual, una vez consumado de manera ordenada y estable el traspaso generacional a nivel del Partido, el Estado y el gobierno. La profundización de la democracia, el diálogo, el debate y la deliberación colectiva como instrumentos insustituibles para la creación de consensos, el reforzamiento del papel de las instituciones y la superación de los mecanismos informales de toma de decisión.

Las principales transformaciones asociadas al perfeccionamiento del modelo económico y social cubano, parten de la premisa de afianzar el papel dirigente del Partido Comunista cubano como vanguardia organizada de la nación cubana y garantía esencial de la continuidad de la Revolución; la democracia socialista (y dentro de ella el control popular), el Estado Socialista de Derecho y Justicia Social; consolidar el papel primordial de la propiedad socialista de todo el pueblo sobre los medios fundamentales de producción, a lo que se suma el reconocimiento yla diversificación de las formas de propiedad y gestión en igualdad de condiciones; la transformación integral del Sistema de Dirección del Desarrollo Económico y Social con la planificación; la descentralización de facultades y el empoderamiento de los gobiernos territoriales y locales, con énfasis en el municipio como instancia fundamental; el rescate del trabajo y el aporte social como principales soportes del principio de distribución socialista con arreglo a la calidad, complejidad y cantidad del trabajo; el perfeccionamiento de la política social bajo los mismos principios, pero con sustentabilidad; el perfeccionamiento del Estado como gestor económico y representante de propiedad y contraparte institucional de los procesos y el perfeccionamiento de la participación democrática a todos los niveles.

En su actual etapa, el desarrollo socialista cubano requiere de la transformación estructural de la economía cubana, superar las deformaciones en su estructura productiva y el atraso tecnológico, así como las debilidades en los encadenamientos productivos que conllevan a bajos niveles de crecimiento económico y productividad y a una alta dependencia de las importaciones. Asimismo, ampliar las inversiones para la modernización de la infraestructura básica para el desarrollo sostenible, en particular, agua, transporte, logística, vivienda y comunicaciones, así como la transformación del marco institucional y regulatorio que garantice la complementariedad de todos los actores económicos y su despliegue y contribución para el desarrollo sostenible. Para ello resulta esencial además el logro de una inserción internacional más ventajosa y dinámica que contribuya a la elevación del bienestar, a la creación de mayores riquezas, capaces de sostener y continuar avanzando en lo económico y social, con una distribución más justa y diferenciada según el aporte de cada uno, que al propio tiempo no deje a nadie desprotegido ni desamparado.

La Revolución cubana no ha cometido ningún error estratégico, lo que no quiere decir que no hayas problemas y distorsiones que superar, debido principalmente a circunstancias externas y también a errores económicos. Sin embargo, puede afirmarse con certeza que ni la política de hostilidad estadounidense ni la crisis económica global, ni la pandemia ni el impacto del cambio climático, aun cuando han afectado y continúan afectando duramente a la isla, han podido quebrar la viabilidad del socialismo cubano.

La obra de He se adentra en problemáticas diversas, desde una mirada histórica, pero a la vez muy actualizada sobre el quehacer socialista cubano, incluyendo también sus principales aciertos y los grandes retos aún por superar. En su capítulo dedicado al proceso de actualización del modelo, propone una visión integral del mismo por etapas, dejando claro los principios que lo soportan y los objetivos a alcanzar. Abarca por igual desde el ajuste y actualización de las políticas macroeconómicas, la restructuración e innovación de los sectores económicos estratégicos, como la construcción ideológica, cultural y la promoción de la ciencia y la educación, la protección ambiental, la gobernanza social y la estrategia diplomática cubana como soporte esencial del proceso de transformaciones internas que la autora define acertadamente como "un nuevo modelo hacia la prosperidad, la democracia y el desarrollo sostenible".

Otro importante acierto de este libro es la manera cómo su autora reconoce y pondera el indiscutible papel central del pensamiento y la práctica de Fidel Castro, en los que encuentran cabida respuestas a casi todas las grandes interrogantes históricas y prácticas sobre los intereses vitales y el futuro del pueblo cubano y del mundo. Los aportes teórico-prácticos de Fidel, junto al marxismo-leninismo y el pensamiento martiano constituyen sin dudas referentes teóricos fundamentales del socialismo que se construye en Cuba en base a las condiciones concretas del país, sustentado además en principios básicos inalterables como la justicia y la equidad social, la solidaridad, el internacionalismo, el concepto de la unidad de todo el pueblo, la defensa del multilateralismo y la autodeterminación de los pueblos.

Como bien se reconoce, Fidel fue capaz de tomar el pulso de los tiempos, juzgar acertadamente el patrón de los dos sistemas y resolver cómo encarar importantes desafíos globales, encabezar la lucha por la liberación nacional cubana y también del mundo, enfrentándose como pocos al imperialismo, y promoviendo la causa del socialismo y del comunismo como nueva fuente inagotable para alcanzar ese futuro mejor para todos. Advirtió de manera temprana que el socialismo es la única forma de que la humanidad pueda romper el yugo del capitalismo y del imperialismo. También que cada nación tiene su propia forma de hacer la Revolución y su manera propia de interpretar el pensamiento revolucionario.

En cuanto al socialismo, Fidel nunca dudó en fijar la lucha por la independencia nacional y la liberación del pueblo como el objetivo principal de la Revolución cubana, y el camino socialista como la única forma de alcanzar dicho objetivo. Tampoco dudó en promover el internacionalismo proletario, la realización de la igualdad política, la igualdad económica y la igualdad social como expresión concentrada de la superioridad del socialismo en la que debe siempre persistirse.

En cuanto a la construcción del partido, defendió siempre el papel del Partido como alma de la Revolución cubana y encarnación de sus ideales, principios y fortalezas, lo que constituye además uno de sus aportes más relevantes, al igual que su permanente llamado a preservar los vínculos de éste con las masas, mantener su pureza ideológica y capacidad organizativa. Insistió en que, además de vanguardia de la clase obrera, el Partido debe ser también fiel representante de los intereses del Estado y de la Nación.

Su firme postura frente a la globalización capitalista marcó también de muchas maneras el debate internacional sobre su naturaleza y esencia. Consideró la globalización una ley natural del desarrollo histórico mundial y resultado inevitable del progreso de la productividad humana, lo que no impidió rechazara su expresión neoliberal promovida a ultranza por las potencias imperialistas como herramienta para explotar y controlar el mercado mundial y recolonizar al Tercer mundo. Denunció siempre la naturaleza agresiva del imperialismo, y defendió la tendencia a su inevitable desaparición, de ahí su permanente llamado a la unidad de todos los países del mundo frente a desafíos globales como el hambre, la migración, el medio ambiente, la guerra y el terrorismo.

El socialismo cubano es por tanto sinónimo y garantía de independencia y autodeterminación. Cuba sigue comprometida con la construcción de una sociedad soberana, independiente, socialista, democrática, próspera y sostenible, en la que se preserven no sólo los logros y conquistas alcanzadas, sino que además sigan implementándose estrategias y políticas públicas que coadyuven a superar los desafíos identificados. En sintonía con ello, su cooperación solidaria, sobre la base del respeto mutuo, la ayuda desinteresada, la complementariedad y el invariable principio de compartir lo que tiene y no lo que le sobra. Nuestro país seguirá fomentando alianzas entre sus fuerzas endógenas para avanzar en sus planes de desarrollo y en el perfeccionamiento de su modelo económico y social, con absoluta confianza en el futuro y basado en sus propios esfuerzos, con la certeza de que sí es posible superar cualquier obstáculo.

Aunque distantes geográficamente y partiendo de diferentes condiciones socio-económicas, los procesos socialistas de Cuba y China comparten objetivos y rasgos esenciales comunes por su contenido histórico universal, pero a la vez, especificidades políticas, económicas, sociales, culturales e históricas diferentes, derivadas de las características propias de cada país y del entorno internacional en el que ambos procesos han debido o podido desarrollarse. Sin embargo, como común denominador, ambas experiencias han generado resultados concretos válidos, en los que el ser humano se ha consolidado como el centro de los procesos políticos.

En los últimos años, los dos países han venido otorgando gran importancia a los intercambios y el aprendizaje mutuo de experiencias en la construcción del so-

cialismo con peculiaridades propias, convirtiendo en una práctica la de informarse
mutuamente uno a otro sobre las principales situaciones internas y externas relacio-
nadas con la construcción de ambos partidos y países, promoviendo así de manera
efectiva el desarrollo de la causa socialista.

Con la celebración del primer seminario teórico entre ambos partidos en sep-
tiembre del 2014, quedó establecida una plataforma institucionalizada para pro-
mover los intercambios teóricos entre las dos partes en la nueva era, que ha tenido
continuidad en el tiempo, incluyendo la celebración más reciente, en marzo del
2022, de su cuarta edición bajo el tema "Fortalecer la construcción del Partido y
forjar un nuevo camino del socialismo en la nueva era", centrada en cuestiones di-
versas como el liderazgo del Partido en el desarrollo económico y social, la
formación ideológica marxista, la formación de los cuadros, el trabajo hacia la ju-
ventud, las relaciones partido-masas y la construcción de las organizaciones de
base del Partido, la memoria histórica, las experiencias teórico-prácticas de la re-
forma y la apertura, la innovación tecnológica, la lucha contra la epidemia, y el
uso de las tecnologías de la información y las comunicaciones y la subversión
político ideológica en la guerra no convencional contra ambos países.

En sus respectivos mensajes con motivo de la inauguración del IV Seminario,
Xi Jinping destacó la gran importancia de que los dos partidos desarrollen discusio-
nes teóricas ante nuevas situaciones y tareas, en beneficio del continuo desarrollo
de la causa socialista. Por su parte, Miguel Díaz-Canel destacó la relevancia de
que ambos países y partidos aprendan mutuamente de sus respectivas experiencias
en la construcción socialista y se enfoquen en sus preocupaciones comunes, con
vistas a continuar profundizando su consenso estratégico.

La mención explícita a China en el Informe Central al VIII Congreso del Parti-
do Comunista cubano y el reconocimiento a los innegables progresos alcanzados por
China en los ámbitos político, económico y social, confirman la relevancia que
otorga el liderazgo cubano a las vínculos especiales y estratégicos con China. El

VIII Congreso reconoció además la amistad y la solidaridad histórica que unen a los dos países, y resaltó la consolidación de las excelentes relaciones a nivel de Partidos y Gobiernos, así como la relevancia de los proyectos económicos en curso en diversas esferas que tributan a los planes de desarrollo económico y social del país hasta el 2030.

Cuba y China se han mantenido unidos en la lucha por la paz, en defensa del multilateralismo verdadero, y la defensa permanente de los principios del Derecho Internacional y la Carta de las Naciones Unidas. Ambos han sido consecuentes en rechazar los bloqueos y las políticas coercitivas unilaterales, la estigmatización y la politización de temas que se convierten en campañas y presiones políticas contra estados soberanos.

Felicito, en nombre del Partido Comunista de Cuba, del gobierno y del pueblo cubano, la feliz iniciativa de la autora con esta importante obra, en un momento crucial para el desarrollo del socialismo cubano. El presente libro encarna también el valioso legado de muchos investigadores chinos, que siguen siendo fuente inagotable de conocimiento y esclarecimiento sobre la realidad cubana. Espero que los lectores chinos sabrán apreciar este texto y con él enriquecer su comprensión y conocimientos sobre el Socialismo en Cuba.

Carlos Miguel Pereira Hernández

Embajador de Cuba en China

Beijing, 18 de mayo del 2022

序言二

——喜读《古巴社会主义模式更新——面向繁荣、民主与可持续的发展道路》

　　古巴是目前世界上唯一不在亚洲的社会主义国家。20 世纪 80 年代末 90 年代初东欧剧变、苏联解体在政治和经济上对古巴造成很大的冲击。1990 年 9 月，古巴宣布进入"和平时期的特殊阶段"，古巴党和政府不得不采取一些应急的改革措施。古巴革命领袖菲德尔·卡斯特罗在 1991 年 10 月召开的古共四大开幕式上明确提出要实行开放。2006 年 7 月底，菲德尔·卡斯特罗因病将古巴党政军最高职务暂时移交给劳尔·卡斯特罗。2008 年 2 月和 2011 年 4 月，劳尔·卡斯特罗先后在古巴七届全国人大和古共六大上当选古巴国务委员会主席兼部长会议主席和古共中央第一书记，正式接替菲德尔·卡斯特罗所担任的国家、政府和党的最高领导职务。古共六大主要议题是古巴经济和社会模式的"更新"，即古巴式的改革开放。劳尔在古共六大报告中强调，经济和社会模式更新的目的是继续实现和完善古巴的社会主义，模式更新是为了发展经济、提高人民的生活水平和弘扬社会主义的道德和政治价值。六大通过了《党和革命经济与社会政策纲要》这一指导古巴模式更新的纲领性文件。古共七大（2016 年）提出了模式更新的理论与制度化的新要求和建设"繁荣与可持续社会主义"的新目标；古共八大（2021 年）聚焦党建工作、总结和分析了"更新"新政策、完成了党的领导新老交替，使古巴模式更新进入一个深入发展的新阶段。

　　贺钦所著的《古巴社会主义模式更新——面向繁荣、民主与可持续的发展道路》一书通过古巴模式更新的历史起点、政治基础、议程与纲要、布局与攻坚、思想文化建设与科教兴国、民生保障与社会治理、对外关系的调整与拓展、模式更新的历史意义与前景等多维角度，回溯古巴模式更新的历史进程，对模式更新的顶层设计和制度建设进行了系统的论述，并特别对古巴住房问题、人口老龄化问题、环境治理与疫情防控等问题进行了专题研究和深入的分析。作者认为，作为一场多维、持久和系统的社会革新工程，经济和社会模式的更新是古巴应对经济全球化挑战做出的时代选择，标志着古巴社会主义制度的自我完善进入新的历史阶段。古巴模式更新的历史经验表明，全球化时代的社会主义国家唯有立足国情，通过有原则的渐进改革和有底线的和平发展，不断探索符合本国人民根本利益的社会主义模式，才能最大限度地发挥社会主义的制度优势，从而实现国家繁荣与人民幸福。

这部著作主要有以下特点。

一是资料新。作者通晓西班牙语和英语，又曾到古巴实地进行过考察，掌握不少第一手的最新西班牙语和英语方面的可靠资料。

二是观点新。作者认为，古巴共产党坚持以马克思主义为指导，结合本国的具体实际，积极探索以马克思主义为指导的社会主义道路，开创了马克思主义本土化进程，形成了古巴特色的"马列主义、何塞·马蒂思想和菲德尔·卡斯特罗思想"体系，来指导本国模式更新的实践。

三是分析角度多维和全面。作者认为政治体制的更新为古巴实现政治稳定与民主发展奠定了制度化基础，经济模式的更新为古巴进一步解放和发展生产力提供了路径与激励，社会建设的更新为增进社会公平与人民福祉积淀了共识与经验，而对外关系的更新为古巴应对全球化挑战创造了历史机遇与发展条件。作者强调，多年来，古巴大力推行全民免费医疗和教育，积极促进社会公平，其所提供的社会服务已远远超过国际公认的基本社会服务标准。古巴把环境保护与社会经济的中长期发展规划相结合，在环境治理方面取得了世界公认的成绩。古巴始终把科技作为可持续发展的核心动力，通过建立完备的研发体系和奖励机制，积极推进科技成果在可持续发展关键领域的应用和推广。作者特别指出，在古巴共产党的坚强领导和古巴全国人民的团结互助下，自新冠肺炎疫情暴发以来，古巴在积极管控国内疫情、自主生产多种疫苗的同时，还对其他国家给予了力所能及的人道主义援助，赢得了国际社会的广泛赞誉。古巴的经验为其他发展中国家乃至全人类提供了重要参考和启示。

四是既有理论分析，又有实际事例。如作者指出，2020 年 7 月，古巴政府颁布了《新冠疫情下的社会经济发展战略》，强调政府将从加强粮食生产和销售、促进贸易和出口多元化、深化企业制度改革、推进价格税收调整、启动货币汇率并轨进程等方面深化模式更新，以缓解新冠疫情给古巴社会经济带来的空前压力和冲击。古巴党和政府高度重视粮食安全与可持续农业的发展，重视绿色能源的替代发展，重视知识经济（包括生物科技、信息与传播技术、数字经济等）的发展与创新、重视旅游业的重组与更新，坚持经济、社会及文化整体发展。古巴党和政府对科学、社会与经济部门的统一领导和战略部署为古巴推进经济模式更新提供了保障。

模式更新是古巴革命胜利后最深刻的一次改革，是古巴社会主义建设内在逻辑的历史延续，也是古巴社会主义为应对经济全球化挑战而做出的时代选择。古巴模式的更新有自己的特点，已取得了显著的进展和成绩，但也面临不少挑战。从外部来说，主要挑战是美国对古巴长达 60 年的经济、贸易和金融封锁，以及 2015 年以来古巴的盟友委内瑞拉所经历的严重的政治经济危机。从本国来说，自 2022 年年初起，双重货币和汇率的统一改革进展并不顺利，所有制结构调整有待深化，国企改革面临瓶颈，融资环境有待改善，就业增加面临较大压力，社会建设更新面临两极分化、人口老龄化、人才外流等问题。但作者认为，在全球化时代，古巴共产党领导的社会主义模式更新将进一步夯实古巴社会主义的制度根基和发展成就，进而开创古巴社会主义自我革命的历史新阶段。

古巴党和政府十分重视借鉴中国改革开放的经验，但强调不能照抄照搬。古巴模式更新的经验也值得我们借鉴。2022 年 3 月 23 日至 24 日，由中共中央对外联络部和古共中央国际关系部共同主办的第四届中古两党理论研讨会以视频方式成功举行。中共中央总书记、国家主席习近平和古巴新一代领导人古共中央第一书记、国家主席迪亚斯－卡内尔分别向中古两党理论研讨会致贺，为两党关系未来发展指明了方向，也为两党加强治国理政经验交流提供了重要遵循。习近平总书记在贺信中指出，面对新形势新任务，中古两党以"加强党的建设，奋进新时代中古社会主义新征程"为主题进行理论研讨恰逢其时，中国共产党带领中国人民取得了改革开放和社会主义现代化建设的历史性成就，中国特色社会主义进入新时代。古巴方面，2021年4月古共八大对当前和今后一个时期古巴党和国家事业发展作出战略规划和部署，为古巴建设繁荣、民主、可持续的社会主义擘画了蓝图，对古巴社会主义事业具有重大意义。目前两国共产党都正在领导本国人民进行改革开放（古巴称为"模式更新"），都在建设符合本国国情的、有本国特色的社会主义；两党两国现任领导人都表示要继承老一辈领导人的革命理想，与时俱进地推动马克思主义的本土化；两党两国政府互相支持对方的内外方针政策，相互学习借鉴治国理政经验，促进古中各领域合作，共同推动双方关系和社会主义事业发展。

贺钦所著的《古巴社会主义模式更新——面向繁荣、民主与可持续的发展道路》一书，为我们提供了古巴社会主义模式更新的基本经验，古巴的经验对中国和其他社会主义国家乃至其他发展中国家的长远发展与共同进步具有重要的参考价值。

中国社会科学院荣誉学部委员、拉丁美洲研究所研究员

徐世澄

2022 年 4 月 13 日

目　录

导　论

古巴是西半球唯一的社会主义国家。古巴革命胜利以来，尽管长期遭受外部封锁，但古巴共产党和革命政府从未放弃社会主义的自我改造与调整，积极探寻符合古巴国情的社会主义道路。进入 21 世纪以来，为寻求古巴社会主义的可持续发展，古巴党和政府启动了前所未有的模式更新进程。

一　研究背景与意义

20 世纪 90 年代初苏联解体，古巴社会主义陷入前所未有的经济危机。古巴不仅遭受了类似美国 1929～1933 年大萧条时期同等深度与广度的衰退，还面临着美国在大萧条后、经济复苏时期从未经历过的严重封锁。苏东剧变后，古巴资源极度匮乏，经济结构的深度调整势在必行。和平时期的"特殊阶段"不仅仅是古巴经济的复苏期，更是古巴自 1961 年宣布走社会主义道路后最为深刻的一个经济调整阶段。从苏东剧变到古巴启动模式更新，古巴社会主义大致经历了四个时期，即 1990～1993 年的"危机管理"阶段、1994～2002 年的"经济复苏"时期、2003～2007 年的"思想战"时期和 2007～2012 年的模式更新酝酿与启动阶段。

2007 年 7 月 26 日，古巴新一代领导人劳尔·卡斯特罗主席对古巴经济形势做出深刻洞察，提出要毫不懈怠地推进批判与创新意义上的结构变革与思想变革。2011 年 4 月 16 日至 19 日，伴随古共六大的召开和纲要的通过，古巴进入社会主义模式更新的历史新阶段。2016 年 4 月 16 日至 19 日，古巴共产党第七次全国代表大会在古巴首都哈瓦那胜利召开。古共七大前后，古巴社会主义在不断推进模式更新的同时，也面临着许多前所未有的挑战。一方面，古巴前领导人菲德尔·卡斯特罗于 2016 年 11 月逝世；2018年春，古巴迎来了后卡斯特罗时代首次真正意义上的换届考验。另一方面，继 2016 年 3 月美国总统奥巴马访问古巴后，2017 年上任的美国总统特朗普不断收紧对古政策，古美关系面临转恶风险。

2021 年上任的拜登政府不但延续了特朗普政府对古巴的敌对立场，更通过各种方式，变相加剧了对古巴的封锁和增加对古巴政府的颠覆渗透活动。

当前，古巴经济模式更新不仅面临经济管理与领导方面的复杂挑战，更面临着体制机制、社会、政治及地缘环境方面的诸多考验。面对不断变化的世情、国情和党情，古巴共产党一再强调将坚守社会主义成果，并试从模式更新的理论化与制度化入手，寻求古巴社会主义发展的新机遇。尽管古巴经济模式更新的未来仍存在诸多不确定性，但古巴高层锐意更新的决心和古巴社会必然经历的转型阵痛是明晰可见的。面对经济模式更新大刀阔斧的调整和改革，古巴社会在渴求重生的同时，更承受着巨大的张力和考验。能否在理想与现实之间求得公平与效率的统一，将成为决定古巴经济模式更新成败的重要标尺。

古巴社会主义模式更新的最新探索表明，改革开放与制度创新已成社会主义国家应对全球化挑战的历史共识与时代选择。古巴共产党半个多世纪以来坚持和捍卫社会主义的斗争经验表明，只有坚定社会主义信仰和原则、坚持无产阶级政党领导与建设、坚守人民历史主体地位，才能真正创造有利于社会主义自我完善与发展的历史机遇和无限可能。

二 古巴模式更新研究综述

经济模式更新的崭新历史课题对古巴社会主义的未来究竟意味着什么？危机能否转变为契机？挑战能否演化为机遇？国内外学界对古巴社会主义经济模式更新的历史必然性、性质与方向、重点与难点、意义与前景、国际借鉴与比较进行了深入研究。

（一）更新具有历史必然性

此轮古巴社会主义模式更新既是半个世纪以来古巴社会主义建设内在逻

辑的历史延续，也是古巴社会主义为应对经济全球化挑战作出的时代选择。

1. 古巴模式更新是古巴社会主义制度的自我完善与创新

中国社会科学院拉美所研究员袁东振认为，古巴当前的改革，是过去近 30 年改革进程的逻辑延续。古巴的改革开放取得了显著成就，但在改革进程中也出现收入分配差距加大、卖淫、腐败、盗窃等不良现象。2006 年以来的新一轮改革，虽然没有预期的激烈，仍然逐渐放开了一些限制，在政治、经济、社会领域陆续推出了一系列新的改革举措。袁东振研究员进一步指出，古巴的"改革"是困难时期被迫作出的调整或开放，是暂时的"让步"，具有一定的应急性、阶段性特征，因此，困难一旦缓和，政策就会出现反复。①

2. 古巴模式更新是古巴社会主义应对全球化挑战的时代选择

哈瓦那大学古巴经济研究中心教授李嘉图·托雷斯·佩雷兹通过分析古巴经济结构性矛盾的历史成因与现状，论证了古巴经济改革的时代必然性。②李嘉图教授认为，古巴经济早在 20 世纪 90 年代初爆发危机前的很多年，就已陷入严重的效率低下和外部依附（尤其是资源和金融依附）的增长瓶颈中。不幸的是，"古巴同社会主义阵营的一体化进一步加深了古巴的技术依附"，使古巴同世界领先科技间的差距越拉越大。外部援助的骤停加剧了古巴重新融入复杂国际经济环境的紧迫性，而此时的古巴经济体系明显准备不足。

（二）更新的性质与方向

不少西方政治家和媒体认为，古巴国内的经济学者和政策制定者分为改革派和反改革派。事实上，古巴国内几乎无人反对经济改革，但对如何改革仍存在广泛争议。

岛内外的古巴经济学家在认识古巴经济改革的必要性上并无分歧。他们关切的问题是如何继续古巴半个世纪以来建设社会主义的事业——如何

---

① 参见袁东振《古巴改革何处去》，《人民论坛》2010 年第 31 期。

② Ricardo Torres Pérez, La actualización del modelo económico cubano: continuidad y rupture, *Revista Temas*, 08 - 06 - 2011, http://www. temas. cult. cu/catalejo/economia/Ricardo_Torres. pdf.

设计既促进增长、提高效率又直接增进人民福利的经济政策？古巴岛外的大部分经济学家主张把终结社会主义作为实现古巴增长和发展的突破点。而古巴国内的大部分经济学家主张通过推行重要的改革继续古巴半个世纪以来的社会主义事业。古巴学者并不否认古巴面临的问题，但他们更倾向于在纵观古巴经济、政治、社会进程和全局的基础上观察和提出问题，尤其是古巴社会建设曾取得重要成就。古巴学者坚持在认可古巴社会成就的同时解决经济问题，他们认为古巴的社会主义制度需要广泛的完善和创新，但绝非抛弃这个曾给古巴带来成就的社会制度。

古巴社会主义改革历史悠长且复杂曲折，此次社会主义模式更新与以往的改革有何异同？如何定义古巴经济"更新"的性质与特点呢？1959 年古巴革命胜利以来，先后经历了民主改革、社会主义改造、对社会主义经济体制的探索、"革命攻势"、确立社会主义经济体制、对社会主义经济体制的调整、"纠偏运动"、"对外开放"、加强外汇管制和个体户管理、劳尔的改革等诸多阶段，其中不乏对生产关系的革命性改造和大调整，更包括对国家对外关系的大调整。纵观古巴革命以来的调整与改革，可以归结为在对两种关系的调整中寻找出路：一是对外关系，二是生产关系，即计划（国家）和市场的关系。[1]还有学者认为，古巴"更新经济模式"是自上而下独立自主地开展的一场具有古巴特色的不向市场让步的经济变革，既坚持社会公平，又追求效率，经济变革与观念变革相互交融。[2]中国社会科学院拉美所徐世澄研究员认为，古巴本次经济改革力度大、势头猛、涉及面广；它的特点在于首先肯定了社会主义方向，而它的目的是发展经济，提高人民的生活水平，比如扩大个体户、精减国有部门冗员、吸引外资、发展农业等；古巴虽以计划经济为主，但是也开始考虑市场趋势，通过经济改革实现所有制的多元化，这对今后古巴的发展具有很大的推动作用。[3]

---

[1] 杨建民：《古共"六大"与古巴改革的主要特点和前景分析》，《拉丁美洲研究》2011 年第 6 期，第 16 页。

[2] 王承就：《古巴"更新经济模式"析评》，《社会主义研究》2011 年第 3 期，第 133 页。

[3] 徐世澄：《古共"六大"与古巴经济模式的"更新"》，《拉丁美洲研究》2011 年第 3 期，第 17 页。

古巴学者对经济模式更新的重点领域和关键环节进行了更为具体和深入的剖析。关于国有企业改革，古巴学者认为古巴国有企业是古巴官僚体系的基层单位，鉴于企业行政管理的复杂性，古巴国有企业似乎更适合精通法律的律师而非寻求效益和效率的职业经理人来管理。顾客满意度是决定企业表现的关键因素，但古巴 90% 的国有企业缺乏对顾客需求的必要关照。尽管"创新"在古巴的相关文件中经常提及，但事实上古巴企业的短期投资往往优先于长期投资，而运营的实际需要又优先于创新投入。古巴长期发展规划必须依靠创新，国家应授权并鼓励国有企业增加创新投入（尤其是人员培训等方面），建立健全有利于提升国有企业经理人积极性的激励机制。①自 2010 年以来，古巴经济模式更新的又一重大举措是允许非农服务合作社的发展。20 世纪 60 年代以来，合作社经济一直是古巴集体经济的重要组成部分。20 世纪 90 年代初，古巴两种传统私营农业合作社的经济利润远远高于古巴的国有农业，因此古巴政府一直致力于探索新的合作社经济模式。有古巴学者认为，现有的非农合作社运行良好，实现了既定目标，提高了经营效率和合作社成员的收入所得。合作社成员把自己当作合作社的联合所有者，进行民主管理，集体经营。古巴政府应改善特别是加快新合作社的审批流程；由于缺少对口的批发市场选择，应允许合作社参与进出口贸易，以保障其获取必要的生产投入，通过出口改善融资渠道；推进"建立二级合作社"相关法律规定的实施，优化合作社融资、交易、综合培训机会、管理服务等各个环节。②

关于非公经济，有古巴学者认为对中小私营企业开放经营许可是古巴经济模式更新最成功的措施之一，应承认这些企业为《公司法》定义下的

---

① Jorge I. Domínguez, "Cuba's Economy at the End of Raúl Castro's Presidency: Challenges, Changes, Critiques, and Choices for the Future", qtd. in *The Cuban Economy in a New Era: An Agenda for Change toward Durable Development* (Series on Latin American Studies), David Rockefeller Center for Latin American Studies, 2018, p. 17.

② Dayrelis Ojeda Suris, "The New Cuban Cooperatives: Current Situation and Some Proposals to Improve Performance", qtd. in *The Cuban Economy in a New Era: An Agenda for Change toward Durable Development* (Series on Latin American Studies), David Rockefeller Center for Latin American Studies, 2018, p. 92.

企业,而非"个体户",这一改变将允许小微及中小企业开立和使用银行账户,进行业务往来,储蓄利润,开展信贷及纳税。取消上述限制,将减少私营部门的非法行为,改善政府税收,也将有利于私营企业的运行和成长,以寻求新的发展机会和合作伙伴。还有学者建议,古巴政府应向私营部门开放批发市场,以减少这些企业在黑市购买物资的成本,培育高效的市场机制和体系。此外,应进一步简化私营部门获取贷款的行政审批手续,取消私营企业申请小额贷款所需的抵押资产门槛,允许小微及中小企业作为公司法人,从事进出口贸易,从而获取经营所需的物资,增加古巴的国际收入。[①]融资难是古巴非公经济面临的主要发展瓶颈之一。有古巴学者建议,制定便利的贷款审批制度,消除融资障碍,根据项目优势而非经营主体的类型评估项目,选择动态的评价标准来审核贷款发放工作,对符合国家发展目标的项目,国家应分担部分风险,允许个体经营者涉足进出口领域。[②]

　　促进古巴经济国际融入是古巴经济模式更新的重要目标之一。有古巴学者认为,中国与越南先后加入国际金融机构的经验表明,社会主义经济有可能融入西方主导的国际金融体制。古巴应积极寻求与国际金融机构改善关系的机会,加快融入国际市场。在认清各类国际金融机构差别的基础上,有针对性地、审慎地选择金融援助,对国际金融机构提供的技术服务周期持合理预期。在与美国政府的谈判中,坚持寻求美国政府对古巴加入国际金融机构的支持。[③]

---

① Omar Everleny Pérez Villanueva, "Small and Medium-Sized Enterprises in Cuba: A Necessary", qtd. in *The Cuban Economy in a New Era: An Agenda for Change toward Durable Development* (Series on Latin American Studies), David Rockefeller Center for Latin American Studies, 2018, p. 86.

② Ojeda Suris Jessica León Mundal, David J. Pajón Espina, "New Actors and New Policies on Cuba", qtd. in *The Cuban Economy in a New Era: An Agenda for Change toward Durable Development* (Series on Latin American Studies), David Rockefeller Center for Latin American Studies, 2018, p. 119.

③ Jorge I. Domínguez, "Cuba's Economy at the End of Raúl Castro's Presidency: Challenges, Changes, Critiques, and Choices for the Future", qtd. in *The Cuban Economy in a New Era: An Agenda for Change toward Durable Development* (Series on Latin American Studies), David Rockefeller Center for Latin American Studies, 2018, pp. 18 – 19.

（三）更新的重点与难点

古巴驻华大使卡洛斯·米格尔·佩雷拉认为，调整收入分配、改革双重货币体制和探索适合古巴国情的社会主义模式是当前古巴亟待解决的问题。

而古巴著名学者、知名杂志主编拉斐尔·埃尔南德斯教授在《古巴改革：当前的变革》中指出，古巴当前面临的主要问题有日益增加的社会不平等和贫困、权力过度集中、严重的社会与人口失衡、机构管理效率低下、基本的消费需求得不到保障、腐败、自然灾害（主要是飓风）与流行病、美国对古巴的干涉等，而古巴战略调整的重心包括革新社会主义经济模式、深化社会主义民主政治模式、达成支持新宪政秩序的共识。

古巴历史学家弗朗西斯科·洛佩兹·塞格拉（Francisco López Segrera）在《古巴革命：建议、背景与替代选择》一文中指出，古巴更新社会主义经济模式，将着力在中短期内解决牵绊古巴经济的两大顽疾——双重货币体制和居民收入水平低下。弗朗西斯科继而归纳了古巴新经济模式的主要特征：① 重启 2000 年前后的经济改革进程，包括鼓励外资、权力下放、搞活国有经济、争取国际贸易多元化等措施；② 创新和发展农业、服务业等重点领域的生产关系和所有制形式；③ 因地制宜地管理和计划各生产与服务中心的经济活动，改善预算与监管系统，协调各部门的商品货币关系；④ 提高国有企业在融资、技术、市场等领域的竞争力；⑤ 促进就业，鼓励个体经济发展，深化按劳分配制度等。[①]

古巴学者卡米拉·皮涅罗·哈内克认为，古巴经济模式更新应重点推进合作社的改革创新，尽管在一些部门和领域已开始试点和推广合作社经验，但现有的合作社实践还处于参差不齐的阶段，中央和地方各级政府应尽可能为合作社的发展提供政策保障，趋利避害地引导合作社发展符合自身特点的组织文化，鼓励相关人员和机构探索新的合作社实现形式，尤其

---

① Francisco López Segrera, La Revolución cubana: propuestas, escenarios y alternativas, *Revista Temas*, 28 - 10 - 2010, http://www.temas.cult.cu/catalejo/economia/Francisco_Lopez_Segrera.pdf.

是承租国有资产并雇有三个以上劳动者的个体经营方式。[①]

中国学者徐世澄认为，古共六大后，古巴国内最显著的变化包括大幅减少国有部门冗员、个体户激增、逐渐取消计划供应购物本、允许承包土地、为私人买卖住房和汽车开绿灯等，除经济封锁、国际金融危机等外部挑战外，高层领导人年龄偏高和经济增长缓慢是古巴面临的主要问题，尤其是自2009年以来，古巴经济增长率连年未达到预期指标且均不到拉美地区经济增长率的一半，对委内瑞拉的石油经济依赖严重。[②]

就经济模式更新中古巴社会政策的延续性问题，古巴学者在《古巴社会政策：新经济改革》一文中指出，古巴革命胜利以来社会政策的基本经验包括考虑和满足包括精神和文化在内的人类基本和全面需求、将公平置于效率之上、社会保障全面覆盖、战略的持久、国家稳定、对发展（医疗和教育）的高投入、广泛的社会救助、就业融入、扶贫战略等，而主要缺陷是劳动者的工资收入低至无法满足基本生活需求，因此当前的经济模式更新应把就业收入问题作为保持社会政策延续性的核心议题，建立就业、社会救助和保障的市政信息系统，促进社区等基层单位的自治发展，推动各层级的社会公平，扩大社会力量参与社会建设，改革社会保障系统，定期评估改进社会政策，给予从事生产的弱势群体特别优惠贷款，推进建立更加灵活的劳动体系等。[③]强调平等是古巴社会政策的一个重要特征。仅仅给予全体人民平等的机会去满足他们的需求不足以实现社会公平。实现社会公平需要给社会弱势群体提供更多的机会，在特定历史条件下使其机会最大化。例如，鼓励女性参与社会工作并担任重要领导职务，将农村生活条件提升至城市水平，改善工作条件，弥合收入两极分化，通过特殊调控

---

① Camila Piñeiro Harnecker, "Ahora que sí van las cooperativas, vamos a hacerlo bien. Roles de las cooperativas en el nuevo modelo económico cubano", *Revista Temas*, 20 - 02 - 2012, http://www. temas. cult. cu/catalejo/economia/Camila_ Pineiro. pdf.

② 徐世澄：《古巴求变》，《同舟共进》2012年第7期，第66 - 68页。

③ Mayra Paula Espina Prieto, la Política Social en Cuba: Nueva Reforma Económica, Rev. Ciencias Sociales Universidad de Costa Rica 135 - 136, No. Especial, pp. 227 - 236 / 2012（Ⅰ - Ⅱ）.

和行动，增进社会整体公平。①

此外，反腐败也是古巴经济模式更新不得不直面的挑战。古巴学者在《古巴行政腐败行为产生的原因和条件》一文中指出，古巴反腐败斗争形势严峻，是经济模式更新必须要打的一场硬仗，腐败的本质是以权谋私；自古巴革命以来，古巴的行政腐败现象就一直存在，国家干部和行政人员的腐败行为不仅是犯罪，更是道德败坏的表现，严重损害了人民群众的切身利益；腐败的内因在于缺乏对公务员责任的理解，外在的社会文化原因在于消费主义社会价值观的渗透和社会人文关怀的缺失；从文化角度看，腐败的产生应归咎于社会土壤和私人特权的滥用，从现实角度看，腐败产生的条件在于违法不究和公职人员问责制的缺位、官方传统价值和社会不良风气的背离。

（四）更新的成效与影响

关于模式更新的成效与影响，学界存在一定的分歧，既有充分的肯定，也有尖锐的批评。有美国学者认为，古巴的非结构性改革产生了若干积极影响。例如，古巴政府成功推进了行政部门的重组与国际机构的再融入；百余位渎职腐败的公职人员被抓捕和监禁，反腐斗争取得了阶段性胜利；在社会主义制度下，公开讨论和批评的氛围更加坦诚与热烈；各群体生活水平和便利度得到了不同程度的改善，古巴高收入居民可在旅游酒店和餐厅消费，个体农户因配给制而拖欠的欠款得以支付，私营交通服务商的数量不断扩大；短期内国家的福利赤字有所缓解。②

与此同时，受各种条件限制，古巴的结构性改革收效甚微，深度不足。例如，古巴革命胜利以来，建立在计划经济和国企体系基础上的各种改革屡屡失败，经济模式更新能否成功尚不确定，改革的深度、广度与持续性决定了更新目标的实现程度。多个领域的更新成效尚未显现，甚至产生负

---

① Rita Castiñeiras García, "Creating a Better Life: The Human Dimension of the Cuban Economy", *Cuban Economists on the Cuban Economy*, University Press of Florida, 2013, p. 142.

② Carmelo Mesa Lago, Jorge Pérez-lópez, *Cuba under Raúl Castro*, *Assessing the Reforms*, Lynne Rienner Publishers, London, 2013, pp. 250 – 253.

面影响。例如，2011 年，古共六大明确"更新"战略的第一年，尽管实行了土地使用权分配制度改革等，但当年古巴农业产量不升反降；古巴非国有部门有所扩大，但由于缺乏数据，仍无法判断这一变化是否源自土地租赁制度改革；古巴国有企业减员计划未能达标，个体户与合作社就业明显改善，但仍无法满足全部下岗转岗人员的就业需求；允许个人买卖房屋、汽车以及放宽移民政策等举措意义重大，但短期内仍无法评判其影响；逐步收紧配给制（部分领域甚至取消免费配给制）与减少社会开支及社会救助等举措涉及古巴计划经济体制的结构性调整和社会福利体系的再分配，古巴的社会承受力尚待考验。美国古巴问题专家豪尔赫·I. 多明格斯（Jorge I. Domínguez）认为，古巴经济改革效果甚微，即便是在改革最成功的私营部门小企业领域；国际债务的重新谈判虽有利于古巴未来的财政安排，却增大了古巴经济短期内的负担；劳尔主政古巴十年来，虽然改革方向明晰，政策合理，有一定延续性，但古巴经济整体表现疲软乏力，如何促进经济整体向好是古巴未来面临的重要挑战。[①]美国学者卡梅洛·梅萨·拉戈（Carmelo Mesa Lago）认为，古巴六大对结构性问题触及不深，关于移民问题的相关文件也拖到 2012 年年底通过，取消双重货币体制和取消配给制是古巴模式更新面临的两大挑战；关于更新的速度，古巴政府对改革的深度和速度具有决定权，古巴民众没有对改革进程和结果的监管权。[②]

对更新进程的迟缓等问题，古巴官方始终保持着审慎的态度。劳尔曾多次强调，古巴模式更新的规模和复杂性都是史无前例的，更新应避免急躁和随意的态度，避免解决问题的同时触发更大的问题，如果被批评行动太慢也没关系，更新不会匆忙推进。有古巴学者认为，对古巴模式更新前景的研判至少需要关注三方面问题，更新成效将取决于这些因素的交互发展与博弈。首先，现有行为准则和占主导的法律规范体系，须在更新过程

---

① Jorge I. Domínguez, Omar Everleny Pérez Villanueva, et al., *The Cuban Economy in a New Era: An Agenda for Change toward Durable Development* (Series on Latin American Studies), David Rockefeller Center for Latin American Studies, January 8, 2018, p. 6.

② Carmelo Mesa Lago, Jorge Pérez-lópez, *Cuba under Raúl Castro, Assessing The Reforms*, Lynne Rienner Publishers, London, 2013, pp. 250 – 253.

中朝着更加多元、更少随意性和更具经济理性的方向转变。其次，与变革意愿形成鲜明对比的是古巴传统体制中的人治因素。各级机构在垂直管理时期形成了一定的文化思维定式，即便在明确的监管范围内也存在隐形运作的现象，因此人治传统是思想意识层面制约模式更新的主要因素之一。最后，应以古巴基本国情为依据，把社会普遍接受的价值转变成法律和社会管控框架，而古巴教育体系和政治领导体制是影响这一进程的关键因素，日常经验在建立社会标准方面将发挥真实的力量。[①]

（五）更新的意义与前景

徐世澄研究员认为，古共六大确立了以劳尔为第一书记的党中央领导班子，宣布实行党和国家最高领导人的任期制，健全了党的集体领导制度和党内的民主集中制。六大通过的《党和革命经济与社会政策纲要》统一了思想，确定了古巴未来的经济变革方向。古共七大使古巴模式的更新进一步深化，并上升到理论层面，落实到中长期规划中。[②] 古共七大以来，古巴在模式更新、制定新宪法、抗"疫"斗争等方面取得了一定成绩，也存在一些问题。古共八大基本完成了党的领导新老交替的工作，是一次承前启后、继往开来的大会，具有重要的历史意义。[③]

荷兰拉美裔学者安东尼奥·卡莫纳·巴埃兹认为，古巴经济模式更新旨在捍卫社会主义的发展成果，无论是古巴共产党还是古巴政府仍将继续以管理者、分配者而不是生产者的身份，继续为古巴人民的集体需求提供物质基础，对比新自由主义改革，由公司结构统治的全球生产与分配体制在古巴小规模经济体内是难以实现的。安东尼奥进一步指出，尽管古巴的经济发展战略进行了调整，但以国家和市场关系为中心的古巴社会主义发

① Oscar Fernández Estrada, "The Planning Paradigm in Cuba: Tethering the Economic Takeoff", qtd. in Jorge I. Domínguez, Omar Everleny Pérez Villanueva, et al., *The Cuban Economy in a New Era: An Agenda for Change toward Durable Development*, Harvard University Press, 2017, p. 66.

② 徐世澄：《从古共六大到古共七大：古巴社会主义模式的更新》，《拉丁美洲研究》2016年第5期，第1页。

③ 徐世澄：《古巴共产党第八次全国代表大会：承前启后、继往开来》，《世界社会主义研究》2021年第6期，第88页。

展模式却从未动摇，古巴社会主义计划经济的核心特征仍然是最重要的，国家在公私部门配置资源、生产与再分配过程中的主导地位足以解释古巴经济模式更新为何不会带来古巴国内的激进转型、社会主义制度的放弃、党及国家机器的解体。①

美国安默斯特学院政治学教授哈维尔·克拉雷斯（Javier Corrales）认为，古巴的发展困境在于在促进平等与改善人力资本的同时经济增长滞后，对产权与政治权利的损害是造成这一局面的根本原因。对古巴政府而言，平等与人力资源是古巴政府关切的重点，也是古巴引以为豪的地方，但没有增长的平等会严重制约古巴社会主义未来的成长性。理论与实践表明，平等与人力资源的层次越高，经济增长水平也会相应提高，若增长微弱或负增长，将会产生严重的发展桎梏。哈维尔教授通过比较古巴和中国在自行车产业和互联网接入方面的异同，详细阐释了产权与政治权利缺失对经济增长的羁绊。哈维尔教授进一步指出，古巴近期的经济改革将直面"有平等、无增长"的发展窘境，六大公布的古巴社会经济发展纲要首次对古巴的发展瓶颈做出了内源性分析，尽管古巴领导人意识到了古巴现有模式的缺陷，但对产权和政治权利的放开仍有所保留。此轮古巴社会主义"更新"将有助于古巴贫困的减少，但无法彻底终结古巴"有平等无增长"的发展困境，它将成为古巴历史上持续时间较长的改革与调整期。②

中国学者杨建民认为，古巴改革受到诸多因素的影响，古巴史上改革的反复性、社会福利体系的不稳定性、不同政见者的干扰、美对古经济封锁等都将成为制约古巴社会主义更新的负面因素，要充分估计古巴改革的复杂性与曲折性。

关于美古关系的现状与未来，古巴著名学者埃尔南德斯教授指出，目前美古关系并没发生实质性变化，美国对古巴政策有变化但并不大。两国

---

① Antonio Carmona Báez, "Economic Change in Cuba: The (re-) Making of a Socialist Development Strategy", *International Critical Thought*, Volume 2, No. 3, September 2012, pp. 310 – 311.

② Javier Corrales, "Cuba's 'Equity Without Growth' Dilemma and the 2011 Lineamientos", *Latin American Politics and Society*, http://onlinelibrary. wiley. com/doi/10. 1111/j. 1548 – 2456. 2012. 00150. x/abstract.

在自然科学、反毒等方面有一定合作，若两国关系正常化，古巴的改革进程必定会受到推动。[1]

　　（六）更新的国际借鉴与比较

　　波兰前副总理、学者格泽高滋·W. 科勒德克认为，在剧烈变化的全球化时代，为避免古巴国内陷入混乱、灾难或是再次沦为美国的半殖民地，古巴应努力构造一个特殊的加勒比式的社会市场经济，古巴经济既要实施价格放开，适当地调整工资和收入，又不能失去良好的社会保障和人力资本体系投资，"不要将孩子连同洗澡水一起倒掉"，中国和越南的经验更适用于古巴。[2]

　　古巴哈瓦那大学国际经济研究中心教授胡里奥·迪亚兹（Julio A. Díaz Vázquez）在《古巴是否适用中国模式与越南模式?》一文中指出，中国模式与越南模式的有效性证明了非苏联社会主义模式的可行性，两国对社会主义市场经济趋利避害的有益探索值得肯定，尽管市场经济极大地调动了劳动者的积极性，但其负面产物亦不容姑息。在经济方面，中越两国的改革均始于农业生产关系的调整与创新，如何实现农业自主发展和粮食安全是值得古巴重点借鉴的地方。政治改革方面，古巴应学习中越两国解放思想、实事求是的改革精神，克服旧体制的官僚主义，努力营造社会主义民主法治的发展环境。面对中越两国的改革成就，胡里奥·迪亚兹强调，古、中、越三国在地理、人口、社会、文化等方面的差异决定了古巴不能照搬中越模式，在经济全球化时代，古巴唯有抱以更加开放的姿态，才能促增长、谋发展。[3]在他看来，继中国改革开放、越南经济革新后的古巴经济模式更新，是社会主义国家改革潮流的积极延续，但应充分考虑到古巴与中国、越南在地理、社会文化和自然历史方面的巨大差异；中国、越南选择

---

① 齐峰田：《古巴学者谈古巴当前的改革》，中国社会科学网，http://ilas. cass. cn/cn/xwzx/content. asp? infoid = 14488，2010 年 10 月 18 日。

② 〔波兰〕格泽高滋·W. 科勒德克：《古巴改革：别把孩子同洗澡水一起倒掉》，张璐晶译，《中国经济周刊》2012 年第 31 期，第 21 页。

③ Julio A. Díaz Vázquez,¿Es aplicable el modelo chino o vietnamita en Cuba?, Revista Temas, 20 - 03 - 2011, http://www. temas. cult. cu/catalejo/economia/Julio_ Diaz_ Vazquez2. pdf.

接受经济全球化的挑战并参与国际竞争，而古巴地处世界经济的外围拉美地区，且严重受制于美国的经济封锁；相较于中国、越南，古巴有75%的居民生活在城市，人口和领土面积与前两者差异较大，而内部的差异和分化没有中国和越南大；古巴与中国、越南分属不同文化圈，古巴的民族文化根植于西方传统，在家庭结构与传统上迥异于中国与越南；而在市场经济方面，中国分阶段走，越南没有中间环节，古巴仅提出引入市场因素，探索具有复合经济特征的计划经济，离市场经济还较远；古巴应学习中国、越南改革渐进的思路，克服家长式的社会经济行为和政策，努力建设法治社会，尤其要重视农业生产方面的经验，以解决古巴粮食安全问题，但同时也应避免中越改革过程中出现的思想问题。

三　本书主要内容

本书围绕古巴社会主义模式更新的历史逻辑、理论基础和实践特色，对古巴社会主义模式更新的历史必然性与特殊性进行了系统阐释。

本书分为导论、正文、结语及附录部分。正文第一章围绕古巴模式更新的历史起点，回溯了古巴社会主义制度的建立与发展历程，并对东欧剧变、苏联解体后古巴社会主义经历的危机与调整进行了剖析。第二章围绕古巴模式更新的政治基础，阐释了古巴共产党的领导体制，并对古巴民主政治建设和政治体制更新的基本经验进行了总结。第三章围绕古巴模式更新的议程、阶段、目标与原则进行了论述。第四章从古巴计划经济体制的演进、宏观经济政策的调整及战略经济部门的重组三方面，阐释了古巴经济模式更新的战略布局与攻坚进程。第五章总结了古巴意识形态建设和文化体制建设的基本经验，并重点阐释了古巴科教兴国战略的内涵、成就与影响。第六章围绕民生保障与社会治理，总结了古巴应对住房问题、人口老龄化问题以及在环境治理、疫情防控与公共危机管理方面的基本经验与启示。第七章梳理了古巴拓展多元外交的基本路径与主要成果，并对古美关系的演进与发展进行了总结与研判。第八章论述了古巴模式更新的基本经验、历史意义与发展前景。结语部分结合古巴模式更新的经验与问题，对全球化时代社会主义改革的共性与规律进行了剖析。

古巴模式更新是古巴人民独立自主做出的历史选择和历史创造。只有客观公允地评价古巴社会主义的历史进程，才能真正理解全球化时代社会主义国家建设与改革的历史逻辑，深刻把握人类社会发展进步的一般规律，从而深化对中国特色社会主义新时代历史方位的理解与把握。

第一章 模式更新的历史起点

从民族解放运动到民族民主革命，从马克思主义传入到无产阶级专政和无产阶级政党建立，从社会主义改造到社会主义建设与改革的历史新时期，古巴先后经历了革命前的阶级斗争与路线斗争、1959～1975 年社会主义道路的初探时期、1976～1989 年的社会主义调整时期。20 世纪 90 年代初爆发的苏东剧变，使古巴社会主义陷入前所未有的经济危机。古巴不仅遭受了类似美国 1929～1933 年大萧条时期同等深度与广度的衰退，还面临着美国在大萧条后、经济复苏时期从未经历过的严重封锁。苏东剧变后，古巴资源极度匮乏，经济结构的深度调整势在必行。和平时期的"特殊阶段"不仅仅是古巴经济的复苏期，更是古巴自 1961 年宣布走社会主义道路后最为深刻的一个经济调整期。2007 年，在深刻洞察古巴基本国情与现实挑战的基础上，古巴领导人劳尔·卡斯特罗主席首次提出"模式更新"的历史概念。

第一节 社会主义制度的建立与发展

苏东剧变前，古巴经过 30 年的不懈探索，初步建立了具有古巴特色的社会主义政治、经济、社会、文化和生态制度。随着古巴国内外形势的纵深发展，古巴特色社会主义制度也历经反复和调整，在此过程中，古巴社会主义充分体现了顽强的生命力和强大的适应能力。

一 民族民主革命的胜利与巩固

1953～1959 年，古巴爆发了反对亲美独裁统治的革命战争。以菲德尔·卡斯特罗为代表的一批古巴爱国人士和进步力量带领古巴人民经过5年多的艰苦抗战，终于在1959年1月取得了古巴民族民主革命的胜利，建立了西半球第一个享有绝对主权的社会主义国家。

（一）革命领导力量的演化与革命道路的选择

古巴革命胜利初期，革命政权的主要领导力量包括古巴革命的直接领导者"七二六爱国主义运动"、以革命前的古巴共产党为前身的人民社会党和以青年学生为核心力量的"三一三革命指导委员会"。三者中历史最长的是代表工人阶级利益的人民社会党。该党前身是1925年成立的古巴第一个马列主义政党——古巴共产党。尽管古共曾长期处于非法地位，但该党始终坚持工农斗争，反对马查多独裁统治，并积极同其他左派组织寻求重组合并，故而先后更名为共产主义革命联盟党和人民社会党。卡斯特罗领导的"七二六爱国主义运动"是一支因反对巴蒂斯塔独裁统治而聚合在一起的革命力量，主要代表了工人阶级、农民阶级以及小资产阶级中进步力量的利益。从1952年开展革命活动起，该组织始终坚持以武装起义和农村游击战为基本的斗争策略，先后组创了"革命爱国阵线""革命民主人民阵线"等联合革命组织，并在根据地建设的配合下，最终取得了1959年革命的胜利。"三一三革命指导委员会"前身哈瓦那大学学生联合会成立于1922年，该委员会是反对巴蒂斯塔独裁统治斗争中最为激进的政治力量之一，主要代表学生的呼声，同时兼蓄工人、知识分子和农民的力量。该会主张武装起义、彻底改造古巴社会和摆脱外国资本的控制等。尽管三股革命力量在革命过程中均以各自的方式打击了独裁政权，但由于斗争策略的差别，卡斯特罗领导的"七二六爱国主义运动"最终成为1959年古巴革命的直接领导力量。其中，人民社会党由于在革命前一度通过合法斗争取得过参政地位，因此在反对巴蒂斯塔独裁统治的斗争中，主张以和平方式解决政治冲突；而"三一三革命指导委员会"主张以哈瓦那等城市为斗争重点，以刺杀独裁者个人的方式夺取革命。针对上述两种斗争方式，"七二六爱国主义运动"认为，革命的决定性因素在于充分动员群众，坚持彻底的武装起义和山区游击战。实践证明，议会合法斗争和以城市为中心的斗争策略给革命带来不必要的损失和惨重的教训，人民社会党和"三一三革命指导委员会"最终意识到武装起义和游击战的重要性，并积极配合"七二六爱国主义运动"取得了革命的最终胜利。

1959 年古巴革命的成功，极大地激发了古巴和拉美人民的革命热情，然而摆在人们面前的更大挑战是如何巩固和发展古巴革命的成果。由于古巴革命尚处在民族民主革命阶段，革命领导力量和革命道路问题在革命成功前尚未在各派革命力量间达成共识，革命就已取得了"执掌政权"的阶段性成功，因此古巴革命成功后一个重要的历史遗留问题就是如何看待古巴革命的领导权及革命领导力量的代表性问题。

古巴革命胜利初期，因反革命势力的反扑、美帝国主义的侵略、革命组织内部的分化等不利因素，革命政权岌岌可危。由于在革命时期结下的互助传统和面临的共同挑战，三股革命力量通过统一思想、重建组织，先后建立了革命统一组织、古巴社会主义革命统一党等过渡组织和机构，并最终于 1965 年正式建立了无产阶级执政党——古巴共产党。

古巴革命领导力量的演化与古巴革命道路的选择密切相关，对革命后的古巴社会主义建设也产生了深远的影响，古巴革命的阶段性、过渡性和长期性等特点也进一步得到体现。

（二）革命胜利后的政权建设与社会改造

1953 年蒙卡达起义失败后，卡斯特罗就在《历史将宣判我无罪》（又称《蒙卡达纲领》）中指出，1959 年革命的目标是恢复 1940 年宪法，建立革命政府，实行工业化和外国资本国有化，进行土地和教育方面的改革，并实行民族独立政策，同拉丁美洲各国人民团结一致。因此，具有民族民主性质的 1959 年古巴革命，在胜利夺取政权后的首要任务就是实践《蒙卡达纲领》对革命第一阶段的规定。

1959 年的古巴百废待兴，经济结构失衡、社会问题严重、政治上对美国垄断集团的绝对依附是古巴不发达状态的三个本质特征。革命胜利初期，古巴经济的主体是依附美国资本的落后的农业经济，最典型的经济活动是建立在大庄园土地所有制基础上的蔗糖生产与出口。工业活动十分有限，且基本仅限于蔗糖加工业。工人失业率居高不下，就业不足和季节性就业问题也较为普遍。与此相关的一系列社会经济指标亦不乐观，例如新生儿死亡率高、预期寿命低、卫生条件和医疗设施差、文盲率高、收入分配极度失衡和社会救助及保障体系匮乏等。尽管当时的古巴不在拉美最不发达国家之列，却是最依从外国资本的国家。在资本主义框架内，这样的起点让古巴几乎没有任何实现内生发展的可能。如不进行彻底的结构变革，古巴经济就不可能寻求真正的发展，更无从实现社会公正。

革命胜利后，古巴革命政府着手革除新殖民时期的政治体制，镇压机器被彻底推翻，不当资产被收归国有，共和国时期的历史遗存被逐一消解，多年来被压迫的古巴人民第一次当家作主。巴蒂斯塔政权的战犯受到了应有的审判和惩罚，工人运动的腐朽领导被革职，曾服务于独裁政权的政党也被解散。

1. 摧毁旧的国家机器，建立革命政权

1959 年 1 月 3 日临时政府成立后，立即宣布解散旧议会和特别法庭，清除政府和其他机构中的巴蒂斯塔分子，取缔反动政党；废除一切反动法令，没收反动分子的财产；改组旧军队，建立革命武装部队。与此同时，逐步建立新的革命秩序，扩大社会民主。同年 2 月 7 日，临时政府颁布了以 1940 年宪法为基础的《1959 年根本法》，其起宪法的作用。为了体现统一战线原则，临时政府由曾经参加反独裁统治的各派政治力量所组成。代表资产阶级自由派的曼努埃尔·乌鲁蒂亚（1901～1981 年）和何塞·米罗·卡多纳（1903～1974 年）分别担任总统和总理。卡斯特罗任武装部队总司令。然而，随着革命的深入，自由派反对改革的立场日益不能适应革命发展的需要。在人民的强烈要求下，卡斯特罗于 1959 年 2 月 16 日接受了总理职务，履职后的卡斯特罗要求加快推进各项有利于人民的革新措施，先后通过了普遍降低租金、人民共享海滩（以前为私人海滩）、对垄断公共服务业的企业进行干预等措施。由于革命政权临时总统乌鲁蒂亚阻挠革命措施，爆发大规模群众抗议，奥斯瓦尔多·多尔蒂科斯（Osvaldo Dorticós）最终取代乌鲁蒂亚成为古巴革命政权新总统。伴随新政府的多次改组，政权内的革命力量逐渐占据绝对优势，建立革命政权的任务便基本完成了。

随着革命的不断发展，革命统一阵线的分化日渐明晰。一部分城市中的资产阶级和中产阶级上层以及农村中的大庄园主纷纷起来反对这场革命。他们对大城市中的一些厂矿企业进行破坏活动，在农村则组织反政府的武装。1959 年 10 月，古巴卡马圭省军区司令休伯特·马托斯公开勾结大地产主及其他反革命势力，发动军事叛乱，后以失败告终。其间，不断增加的颠覆活动和恐怖主义活动使无辜平民遭受牵连和伤亡。为镇压反革命浪潮，古巴革命政府先后建立了多个保卫革命组织，力图通过扩大保卫革命的群众基础，进一步维护革命秩序。1959 年 10 月，政府将"起义军"改名为"革命武装力量"，成立"革命武装力量部"，以加强军队建设。1960 年 9 月，群众组织保卫革命委员会成立。该组织在全国、省、区和街道均设有机构，其任务是配合政府维持社会治安。从成分复杂的临时政府到统一组织的革命政权，古巴进一步巩固了革命成果。

2. 改造旧的经济制度，建立新的生产关系

古巴革命政府的首要目标是确立以国家为主导的社会主义发展战略，从而改善收入分配，扩大国有资产，其最为重大的所有制改革发生在 1959 ~ 1963 年。

首先，古巴政府通过土地改革，消灭了大庄园制和外国资本土地占有制，从而实现了对农村生产关系的社会主义革命。在众多革命举措中，1959 年 5 月 17 日通过的《土地改革法》具有重要的历史意义。该法规定消除大庄园制，禁止外国人占有古巴土地，将所有面积超过 420 公顷的土地收归国有，对每个自然人或法人占有土地的具体份额做出明确规定且阐明惩戒办法，被征收土地将再次分配给众多的农民、佃户和贫民。土改一方面把征得的大庄园主和美国人占有的土地分给了十多万无地少地的农民，另一方面把大部分征得的庄园直接组成了国营人民农场和农牧业生产合作社，从而使 40% 的土地成为国有或集体所有。旨在根除新殖民时期经济基础的《土地改革法》显然激怒了既得利益集团，美国政府毫不掩饰其对革命政府的不满，在掀起恶意传媒战后，又发动了一系列敌视古巴并企图推翻革命

政权的反革命运动。

其次，古巴政府通过颁布石油法和矿业法，废除了一切租让地，并开始对外国企业实行国有化。古巴革命胜利后，美国政府日益强化了反古立场，试图从经济上扰乱古巴革命秩序，使古巴被隔绝于国际社会之外。为打破对美经贸关系的传统依附，古巴革命政府积极调整外交政策，寻求建立多边外交关系，同包括社会主义国家在内的世界各国签署了一系列合作协议。1960 年 7 月，因美国政府取消了古巴糖进口配额，菲德尔随即宣布对古巴境内的所有美国资产收归国有。数月后，古巴宣布对古巴资产阶级企业实行国有化。从 1960 年 6 月到 9 月，政府先后接管了外国炼油厂、美国银行和部分美国企业，并征用美国人在古巴的财产。1960 年 10 月美国宣布对古巴实行禁运后，古巴把余下的全部美资企业共 400 多家收归国有，价值约合 12 亿美元。最后，古巴政府还通过没收和接管，将独裁政府的残余经济和城市私营工商业收归国有，并进一步改造城市经济。1960 年 1 月 28 日，政府将巴蒂斯塔分子共 4 亿比索的全部财产收归国有。1960 年 9 月至 10 月，古巴国有化范围扩大到古巴主要资本家掌控的行业资产。1960 年 9 月，古巴政府接管了所有私营烟厂，10 月将 382 家私营工商企业和全部私营银行收归国有。截至 1960 年年底，古巴外贸、银行及批发贸易领域实现了百分之百国有化，建筑及其他工业国有化达 85%，交通运输业达 80%，零售业达 52%，农业达 37%。截至 1968 年，除农业 70% 国有化外，古巴终于实现了全行业国有化。

古巴政府还于 1960 年 10 月 14 日颁布了《城市改革法》，规定每户居民只准拥有一所住宅，租房者以每月的房租分期偿还房价，在 5～20 年内还足房价后便可成为所住房屋的主人，从而逐步消除了城市中的房租剥削关系。

二　社会主义道路的开辟与坚守

从 20 世纪 60 年代选择社会主义道路伊始，古巴社会主义先后经历了美苏冷战、苏东剧变和新自由主义全球化时代，恶劣的生存环境决定了古巴社会主义革命的长期性与艰巨性。

（一）冷战背景下的生存与发展（20世纪60年代）

20世纪60年代的古巴社会主义在内外交困中开局，在地缘危机中磨炼，在初步探索中累积经验，凝聚人心。

1. 在反帝斗争中抉择

在革命胜利前，古巴革命的领导力量就认识到了经济与社会发展的内在关联性，认为不仅经济增长的目的是促进社会发展与增加人民福利，社会发展也将促进经济增长，真正的社会与经济变革需要人民的广泛参与。由于革命前对美国企业的经济与政治依附，古巴没有能够满足经济与社会变革要求的民族资本主义和资产阶级。因此，只有建立社会主义国家制度，才能使古巴真正拥有促进经济增长和增加社会福利所必需的财力和物力。

1960年10月，私有制的大幅减少和《蒙卡达纲领》的许多内容均通过社会计划得以实现，古巴社会开始酝酿以工业化和农业多元化为支柱的社会主义发展战略。然而，面对古巴蔗糖出口剧减、外汇储备失衡、劳动力教育水平低下、革命政权缺乏管理经验、美古经济封锁和军事入侵等不利因素，古巴革命政府试图在短期内集中发展工农业的计划很快便陷入困境。

1960年底，古巴基本完成民族民主革命任务后，革命领导人面临着革命是否要继续深入的抉择。当时的形势正如卡斯特罗所说，"必须在这两者之间进行选择"，是继续处于帝国主义的统治下，还是进行一次反帝的社会主义的革命。1961年4月16日，卡斯特罗在群众集会上宣布，古巴革命是"一场社会主义革命"，标志着古巴革命的第二阶段即社会主义革命阶段的正式开始。到1963年底，古巴的社会改造基本完成，此后开启了社会主义革命与建设的新阶段。

古巴革命向社会主义的转变并不是偶然的，而是有其深远的历史渊源和重要的现实原因。同战后出现的其他社会主义国家不同，古巴的革命过程不是与世界战争或直接反抗外国统治者的民族解放战争相联系的，而是以反对独裁政权的国内革命战争的方式取得政权。古巴革命在20世纪50年代末之所以能取得胜利并迅速向社会主义过渡，主要是由于国际社会主义阵营的存在与支援、古巴国内人民社会党革命态度的积极转变以及古巴工农群众革命觉悟的进一步提升等客观因素。而究其根本原因，还在于古巴革命的主要领导力量——以卡斯特罗为代表的"七二六爱国主义运动"，深受爱国主义的感染和马列主义学说的启发，始终以革命大局为重，在反独裁斗争中尊重和团结老的共产党人，在革命胜利后又充分发挥人民社会党的积极作用，并在1961年前后革命形势急剧发展的关键时刻，果断做出选择社会主义道路的决定。

因此，古巴革命向社会主义转变是历史和现实、主观和客观的各种因素综合作用的结果，而其根本原因还在于古巴革命政权领导力量和人民大众的自身觉醒。

2. 在夹缝中保生存

1961年1月，美国艾森豪威尔政府宣布同古巴断交，此时古巴境内各地的反革命势力进一步壮大，美国借机策划和组织入侵古巴的雇佣军战争，并为其供给武器及物资。1961年4月17日，古巴猪湾空军基地遭到轰炸，在纪念猪湾战役牺牲烈士的安葬仪式上，卡斯特罗宣布古巴革命为社会主义性质，而这一决定早在1960年底就已近成熟。在古巴军民的全力抗战下，美国中情局策划数月的猪湾入侵战争不到72小时便以失败告终。尽管遭受了历史性重创，但美灭古之心不死。美放弃了直接军事入侵古巴的想法，转而采取间接干涉古巴革命的方式。猪湾战争，是美帝国主义遭受的第一次失败。1962年10月，古巴导弹危机引发了冷战时期最为严重的国际冲突，危机最终以双方妥协告终，但美帝国主义并未因苏联在古导弹的拆除而罢手于古巴事务。

与此同时，在全国革命民兵组织及革命国防委员会的领导下，古巴人民掀起了一场抗击反革命武装叛乱的斗争。1965年7月，以胡安·阿尔贝多为首的反革命团伙被彻底取缔，这是古巴最后一个有组织的反革命团伙，其他散落各地的反革命武装也于数月后分别得到了法律的制裁。由美帝国主义及反动阶级对古巴人民发动的肮脏战争和武装冲突历经7年以失败告终。1959~1965年，由美国发动的这场反古战几乎席卷了古巴各地，299个反革命团伙总计 3995 人。除去反革命团伙的伤亡，古巴革命军队和民兵组织共牺牲 549 人，另有多人伤残。在最困难的时期，古巴经济因战事损失近 10 亿比索。军事行动与政治意识形态动员的结合，在这场战胜反革命团伙的战争中起到至关重要的作用。反革命团伙的失败表明，革命的主角——武装的人民是不可战胜的。

在国际社会，美国通过美洲国家组织进一步孤立古巴，除墨西哥外，大部分拉美国家与古巴解除了外交关系。1962 年 2 月，针对美国强迫美洲国家组织做出开除古巴的无理决议一事，古巴全国人民政权代表大会通过了《第二个哈瓦那宣言》，谴责美国对拉丁美洲的奴役、掠夺和侵略。面对美国发起的"集体制裁"和颠覆活动，古巴从 20 世纪 60 年代中期起，积极向拉美和第三世界其他国家推广其武装斗争经验，并加强了同社会主义阵营和第三世界国家的联系，对这些国家的民族解放运动及国家发展予以坚定的支持。1961 年至 1963 年前后，古巴先后从苏联、中国等社会主义国家获得了能源、军事等方面的有力援助。

3. 在逆境中谋发展

如果没有正确的政治领导，古巴人民向往社会主义的努力恐怕难以兑现。从古巴革命成功第一年起，革命基层及领导层就启动了困难重重的整合进程。1961 年 7 月，古巴三个主要革命组织"七二六爱国主义运动"、人民社会党和"三一三革命指导委员会"合并成立古巴革命统一组织。1962 年 3 月，菲德尔指出革命组织创建过程中存在派系问题后不久，社会主义革命统一党的建党工作就开始了。党员遴选对象以模范工人为基础。1962 年古巴革命统一组织更名为"古巴社会主义革命统一党"。1965 年 10 月 3 日，作为古巴革命的最高领导机构，古巴共产党中央委员会的成立标志着这一统一进程迎来历史性时刻，菲德尔·卡斯特罗当选古巴共产党第一书记。

英勇抵抗武装入侵的民族国家也能在严酷的经济封锁中求得生存。美国对古巴实行贸易封锁，并伙同其他国家对古巴实行全面禁运，古巴因此失去了发展工农业的重要物资。在苏联及其他社会主义国家的积极援助下，古巴人民凭借顽强的努力和创造，不但维持了国民经济的正常运行，还实现了经济增长。在经济困难时期，革命政权实现了零失业率并确保满足人民的基本需求。1963 年发起的第二次土地改革，消灭了农村中的大庄园制和富农经济，肃清了古巴农业资本主义，使国有土地（主要是国营农场和甘蔗农场）占土地总规模的 70%，小农和合作社的土地占 30%。1968 年 3 月，古巴政府接管了几乎所有的私人小企业、手工作坊、零售商业和小服务业。至此，除农村的部分小农之外，残余的私人经济统统被消灭，实现了彻底的生产资料公有化、国有化。1963 年，鉴于古巴经济特点及古巴同苏东等社会主义国家的经贸往来，古巴采取了以蔗糖业为支柱的新经济发展战略，计划到 1970 年实现糖产量 1000 万吨的目标。就古巴当时的组织、技术和物资条件而言，实现这一目标无疑挑战巨大，实践中日现扭曲，最终导致了 20 世纪 80 年代后期对该政策的修正。

在教育文化方面，古巴政府积极开展扫盲运动，大力兴办学校，普及初等教育，繁荣革命文化。1961 年发起的扫盲运动，使古巴民众脱离了文盲的窘迫，古巴的文盲率从 23.6% 下降为 3.9%。1961 年 12 月 22 日，古巴宣布全境已消除文盲。古巴教育体系首次实现了全国性覆盖，中高等教育奖学金制度惠及全国。到 1961 年底，小学数量比革命前增加了 70%，入学人数增加了 1 倍。此外，1961 年 8 月和 1962 年 12 月，古巴政府先后召开了作家艺术家和文化代表大会，强调文艺作品要为革命事业服务。大量出版物的发行、各类艺术机构的建立和发展、业余爱好者运动的推广、广泛的电影生产与放映等文化传播活动极大地提高了人民群众的生活品质。同期，体育运动的普及有力地促进了古巴运动员参与国际体育赛事。

1963 年 4 月，古巴颁布了第一部《社会保障法》，进一步扩大了免费社会服务和社会保险的范围，建立了使全体人民享受免费医疗和免费教育的社会保障和福利制度。尽管在美国的蛊惑下，古巴专业技术人员尤其是医务人员有所外流，但农村医生服务体系的建立实现了对古巴边缘地区的医疗救助。

（二）政治经济的制度化探索（20 世纪 70 年代）

1971 年，古巴革命开启了重组革命组织和国家制度化进程。在主要文件经由古巴民众广泛讨论后，1975 年古巴共产党第一届全国代表大会的成功召开标志着这一重组的深化和完成。

1. 政治体制制度化探索

20 世纪 70 年代初，在苏联模式的影响下，古巴试图探索政治行政体制改革。1972 年 12 月，根据古巴共产党中央政治局意见，古巴政府建立了由总理（任主席）和 8 名副总理组成的部长会议执行委员会。

自 1965 年 10 月正式成立以来，古巴共产党一直未召开党代会，也未制定党纲及党章。1975 年 12 月，古共召开的一人通过了古巴共产党党纲、古巴社会主义宪法草案、古巴政府第一个五年计划、国家经济领导和计划体制以及古巴行政区划调整方案。大会选举产生了古巴共产党新一届政治局、书记处和中央委员会，其成员规模均比以前有所扩大。

1976 年 2 月 24 日，古巴公布了新宪法，该法在无记名公投中赢得了古巴 18 岁以上公民 95.7% 的支持率。1976 年 12 月，古巴根据新宪法在地方人民政权代表大会的基础上还召开了全国人民政权代表大会，选出由 31 人组成的国务委员会，菲德尔·卡斯特罗当选古巴国务委员会主席兼部长会议主席（国家元首兼政府首脑），原总统职位取消。与此同时，工会、青年、妇女、学生、小农和保卫革命委员会等群众组织的作用得到恢复和加强。为实现军队的正规化、专业化和现代化，古巴革命武装部队也进行了重大改组，原正规军重要组成——劳动部队转为准军事机构，民兵转为预备役，1973 年至 1978 年间还对军衔制进行了三次调整和更新。1976 年底，菲德尔·卡斯特罗宣布古巴政治结构体制化进程基本结束，并把 1977 年命名为"古巴体制化年"。

2. 经济领导和计划体制的建立

20 世纪 70 年代，古巴参照苏联及其他社会主义国家模式，开启了经济体制改革。1971 年至 1972 年，为实现各经济部门的合理布局，古巴施行了调低糖业比重等经济结构调整。1972 年，加入经济互助委员会的古巴同苏联签订了至 1980 年的长期经济协定，从而实现了与苏东国家的经济一体化。同期，为加强宏观经济管理，古巴政府先后设立了国家财政、统计及价格委员会。1972年至1975年，古巴政府执行了三年经济计划，1976年至1980年执行了第一个五年经济计划。

根据1975年古共一大批准实施的经济领导和计划体制（SDPE），古巴政府试图通过中央计划委员会加强和完善计划经济体制，同时发挥市场机制作用。1977年，古巴试行经济核算制，并设立了平行市场，允许职工从事第二职业。1978年，古巴开始实行价格、税收及银行信贷等新制度；企业作为基本核算单位试行自筹资金制，普遍实行劳动定额，并在1979年试行集体奖励基金制。

1980年12月，古共二大中心报告肯定了古巴自20世纪70年代初以来体制改革取得的成绩，认为改革成效从一开始就表现了出来，古巴在第一个五年计划期间实现了社会生产总值4%的年均增速。

3. 全民战争与对外关系的调整

20世纪70年代，古巴的国际处境已有所缓和。1975年，美洲国家组织取消了对古巴的制裁，古巴也相继调整了对外政策，先后同秘鲁、巴拿马、智利及其他拉美国家恢复了外交关系，从而突破了60年代的美帝包围圈。截至1980年，古巴已同16个拉美国家建立了外交关系。

1972年，古巴加入经互会后与苏联签订的一系列贸易协定使其进一步摆脱了国际市场的不平等待遇，两国关系在政治、经济、军事等各领域均取得了全面发展。其间，古巴与中国的双边关系却因60年代中期以来特定的历史分歧而遇冷。

1976年，应安哥拉政府请求，古巴出兵非洲，协助安哥拉击退南非军事入侵。其后，古巴又参与了埃塞俄比亚抵抗索马里入侵的战斗。1979年，第六届不结盟国家首脑会议在哈瓦那举行，菲德尔·卡斯特罗当选为会议主席，再次验证了古巴革命的国际影响力。

1973年，古美签订反劫持飞机和船舶协定。1975年，美国宣布部分取消对古禁运，允许美驻外公司向古巴出售货物。1977年，古美在两国首都互设照管利益办事处。20世纪70年代末，美国因苏联驻军古巴，加强了对古军事威胁，古美关系在经历了美国卡特政府初期的短暂缓和后日趋恶化。

里根政府时期，美国的反古活动达到了顶峰。美国政府建立了臭名昭著的马蒂电台和电视台，加强了反古巴间谍及军事活动，并发动对古空袭，企图在联合国人权委员会制裁古巴。为降低美国直接入侵古巴的可能，古巴政府进一步加强了国防体系，制定了"全民战争"战略，号召古巴人民在反帝国主义战斗中全力以赴，并建立了国防区，积极动员各地民兵组织和生产国防队。

（三）体制调整与纠偏运动（20世纪80年代）

20世纪80年代，随着冷战格局的演化，古巴国内经济体制与政策调整经历了先扬后抑的历史阶段。20世纪80年代中期，在革命政权领导人民取得经济与社会发展的同时，帝国主义侵略不断升级，古巴国内自然灾害频发，古巴经济因领导和计划体制等历史问题也渐露颓势。1986年4月，国务委员会主席兼部长会议主席菲德尔·卡斯特罗提出"纠偏运动"的路线方针，以整治古巴革命进程中出现的一些不良倾向和背离革命原则的畸变问题。

1. 古共二大的召开与新经济体制的运行

1980年12月，古共二大通过了第二个五年（1981～1985年）计划，并明确了古巴面向21世纪的经济发展战略。古共二大中心报告指出，古巴试图通过社会主义工业化，建立社会主义技术物质基础，提升社会生产效率，逐步实现经济生产结构合理化、经济高速可持续发展与经济合作一体化，不断满足人民物质精神需要，促进人的全面发展。

20世纪80年代前半期，在经济领导和计划体制内，古巴逐步放宽了经济政策。1980年至1981年，古巴先后开放了农民自由市场和农副产品贸易市场。1980年，古巴政府削减了部分物价补贴和免费服务项目，并开始试行新工资和物价制度。1982年颁布的古巴《外国投资法》首次宣称古巴将实行有限度的对外开放，鼓励外商投资。

2. 古共三大的召开与纠偏运动

据1986年古共三大中心报告，古巴第二个五年计划实现了社会生产总值年均增长7.3%（原计划5%），其中工业年均增长8.8%，糖业累计增长

12.2%（远低于 30% 的目标）。菲德尔·卡斯特罗在报告中指出，古巴的出口及旅游业均未实现预期发展，经济计划缺乏整体性和集中领导，经济领导和计划体制未能得到持续改善。古共三大修订了面向 2000 年的经济发展战略，并确立了以经济年均增长 5%、出口年均增长 3.5%、进口年均增长 1.5% 及蔗糖生产累计增长 15% 为目标的古巴第三个五年（1986～1990 年）计划。古共三大通过的《关于完善经济领导和计划体制的决议》，总体肯定了古巴十年来新经济体制的探索，并提出完善该体制的十个总目标。

1986 年 4 月，菲德尔·卡斯特罗在纪念吉隆滩战役胜利 25 周年集会上，严厉批评了新经济机制及政策中存在的问题和不良倾向，并决定开展一场全国范围内的"纠偏运动"和"战略大反攻"。菲德尔·卡斯特罗曾多次在公开讲话中强调，经济领导和计划体制并非解决一切问题的"灵丹妙药"，古巴特殊的地缘政治环境决定了其不能照搬苏联社会主义建设与改革模式。随后，古巴政府关闭了农贸市场，恢复了国家统购统销制度，出台了限制工人奖金、提高部分劳动定额、禁止私人买卖房屋及工艺品和禁止私人行医等举措，并惩办了一批危害古巴社会主义的腐败分子。1987 年初，古巴施行了 28 项紧急经济措施，并进一步削减了公共开支、免费项目和定量供应，部分商品及服务价格也有所提升。总之，古巴 20 世纪 80 年代后半期的纠偏运动虽未能扭转古巴经济面临困难的局面，却遏制住了同期苏联改革对古巴革命政权的负面影响，为 20 世纪 90 年代初古巴抵御苏东剧变的意识形态冲击奠定了重要的社会思想政治基础。

3. 冷战末期古巴对外关系的调整

20 世纪 80 年代，对苏关系依然是古巴外交的重中之重。尽管古苏两国在 1989 年签订了为期 25 年的友好合作条约，但古巴领导人对同期苏联内政外交出现的问题已有所警觉。1989 年，中国与古巴两国外长互访，标志着两国关系进入全面发展新阶段。与此同时，古美关系在里根政府时期（1981～1989 年）持续紧张。1983 年，美国入侵格林纳达，古驻格人员在抗美斗争中伤亡惨重。1985 年，因美开设反古电台，两国于 1984 年签订的移民协议一度搁浅，1987 年得以恢复。此外，古巴与地区各国关系明显改善，并与巴西等国恢复了外交关系。1988 年，古巴、安哥拉及南非在美国调解下签署了解决南非洲问题的撤军协议，自 1989 年 4 月协议生效后古巴开始从安哥拉撤军。

总之，苏东剧变前的古巴革命虽历经冷战时期的内外考验，却彻底实现了古巴的民族独立，基本消除了种族和性别歧视，并在经济社会领域取得了瞩目的建设成绩。1959～1989 年，古巴 GDP 年均增长率达 4.4%，投资达 8.3%，劳动生产率达 3.4%，工业生产达 4.5%，农业达 2.5%。基础设施和 GDP 结构显著改善，尤其是工业和服务业的贡献较大。截至 20 世纪 80 年代末，古巴在医疗卫生领域建立起了包括家庭医生、综合诊所、专科医院和研究中心等在内的完备的医疗体系，全民免费医疗网络覆盖幼儿园、学校、工作场所及家庭等地；在教育领域，古巴公民识字率位居拉美各国之首，且没有一个儿童失学，教授、科研人员、幼师、医生等其他大学以上专业技术人员数量逐年增加；在体育方面，古巴已跻身世界十强之列。自革命胜利以来，古巴还先后建立了遗传工程和生物技术研究中心、国家科学研究中心、威廉·索勒儿童心外科中心（世界最大）、免疫测定中心和神经系统移植再生中心；建立了用于热成像图像可视化分析、激光手术的核磁共振成像系统；掌握了肾脏、肝脏、心脏和心肺器官移植技术；研制出脑膜炎双球菌疫苗、人白细胞 α 干扰素、治疗白癜风并获得表皮生长因子的新物质等，国内科研水平得到了较大提升。

第二节　苏东剧变后的危机与调整

1990 年 8 月，由于苏联未兑现石油等重要物资的进口协议，古巴宣布将采取特殊时期的"特殊政策"以应对危机。"特殊阶段"的"特殊"之处在于既要坚持计划经济，又必须依据现实需求，不断调整经济计划和工作重心。

在"特殊阶段"初期，古巴政府对古巴经济复苏的预期还相当乐观，认为凭借古巴多年的积累、与苏东国家既有的经济联系和变化中的国际经济形势，古巴能够较快地从 GDP 骤降中恢复元气。不幸的是古巴经济从 1990 年开始持续恶化，同年年底 GDP 降幅达 2.9%。1991 年，古巴经济形势加速恶化，GDP 降幅达 10.7%，许多重要储备已近枯竭。1991 年底，苏联解体，绝大部分经互会国家中断了同古巴的经济联系。1991 年 10 月，古共四大通过的经济决议调整了古巴经济复苏的预期，认为古巴面临的这场危机将是一次持久和深远的危机。

一　党代会确立"特殊阶段"应急调整战略

20 世纪 90 年代，古巴共产党四大和五大接连召开，为和平时期"特殊阶段"一度奄奄一息的古巴社会主义提供了新的发展契机。

（一）古共四大明确社会主义改革方向

苏东剧变后，古巴经济急转直下，思想政治领域也面临着空前的压力和混乱。为应对国内外的新情况和新问题，古巴共产党审时度势，提出以"保卫社会主义"和"调整开放"为主线的基本方略，试图以尽可能小的社会代价，争取必要的政治支持，施行应急经济举措。与此同时，古巴共产党力图发扬密切联系群众的优良传统，以期实现最大的政治共识。1991 年 5 月至 10 月，古巴民众就古共四大拟定的议题进行了广泛讨论，350 万参与讨论的民众中仅有 10 万人对"克服危机是否应坚持社会主义"表示犹豫，仅有 5000 人提出"市场经济"的解决方案。

1991 年 10 月，古巴共产党召开了第四届全国代表大会。此次大会的召开时逢古巴革命历史上最为困难的时期，事关古巴社会主义的全局与未来，因而具有重大的历史与现实意义。大会通过了修改古巴共产党党章、修改宪法、完善人民政权组织职能、发展国家经济、实行对外开放政策和授予中央委员会特别权力这六项决议。会议强调，社会主义事业是古巴人民用流血牺牲换来的，古巴人民为此奋斗了百余年，古巴将坚持社会主义道路，不搞多党制，并提出"拯救祖国、革命和社会主义"的原则和口号。古共四大关于修改古巴共产党党章的决议指出，古巴共产党是马克思 - 列宁主义政党，是古巴社会的领导力量，古巴共产党坚持共产主义理想，古巴革命的最高目标是建设古巴社会主义。为抵御危机和恢复经济，古共四大制定了有序、渐进的调整和发展战略。新战略试图通过重组政府财政和债务、振兴古巴国有企业和促进外国投资等举措，巩固社会主义经济基础，提升国民经济效率和竞争力，实行"对外开放"的基本国策，以重新融入国际经济体系。

（二）古共五大继续推进改革开放

1997 年 10 月，古巴共产党召开了第五届全国代表大会。此次大会旨在总结古共四大开放政策的实施效果，并制定面向 21 世纪的发展战略。古共五大重申，古巴将坚持社会主义道路和古巴共产党的领导，继续推进经济改革，并尽可能减少由此带来的社会代价，抵御美国的经济制裁和意识形态攻击。

大会通过了中心文件《团结、民主与捍卫人权的党》、菲德尔·卡斯特罗中心报告、关于经济问题的决议和新党章。中心文件《团结、民主与捍卫人权的党》强调，坚持社会主义和古巴共产党的一党领导是维护古巴主权独立、抵抗美国封锁和谋求生存的保障；以马列主义、马蒂思想和菲德尔思想为指导的古巴共产党是维护革命稳定的中流砥柱，社会主义和共产党的领导是古巴目前和 21 世纪的唯一选择。古共五大经济决议指出，古巴经济调整已进入谋求经济结构多样化、振兴出口、发展食品基地的新阶段，应提高能源、物资和财政部门的经济效益，提高效益是当前古巴经济政策的中心目标。关于市场经济，古巴领导人多次表示，古巴不搞市场经济不等于完全放弃市场手段。古共五大经济决议强调，计划在古巴经济领导体制中起主导作用，在国家调节的前提下将给予市场机制一定空间。

二 国民经济艰难复苏

1990～1993 年，古巴 GDP 累计下降了 34%，其中 1992 年和 1993 年分别下滑了 11.6% 和 14.9%。1993 年，古巴财政赤字高达 GDP 的 33%，人民生活水平也急剧恶化，卡路里和蛋白质日摄入量同比下降超过 30%，营养不良直接导致了 1993 年古巴视力神经炎和神经性流行病的泛滥。外汇枯竭、食品短缺和失业攀升三大问题迫使古巴政府不得不采取更为严厉的经济措施。1994 年，古巴经济开始止跌回升，当年经济实现了 0.7% 的微增长。1995 年，古巴经济增长了 2.5%，标志着古巴经济的复苏。1995~2000年，古巴经济虽实现了年均 4% 的增长率，但没有恢复到苏东剧变前的经济发展水平，2000 年古巴 GDP 仍比 1989 年的水平低 15%。

（一）经济领导体制的精简与调整

1993 年 7 月 26 日，菲德尔·卡斯特罗在讲话中指出，古巴经济必须做出重大调整。1994 年 5 月，古巴国务委员会颁布的第 147 号法令宣布精简和调整政府机构，将原有的 50 个部门缩减为 30 个，人员也将大幅裁减。此轮调整将原中央计划委员会改组为经济计划部，取消了原经济领导体制全国委员会，其职能由新建的经济计划部、财政和价格部以及国务委员会秘书处分担。财政和价格部是国家中央行政管理机构，负责领导和监督国家财政、税收、价格、金融、审计及保险等政策的实施与公共财政资金的组织及使用。

1994 年，为适应古巴国内经济发展和世界市场需求，古巴启动了金融体制改革和银行体系改组。1995~1996 年，古巴全国银行体系开始施行现代化和自动化升级，500 多家分行全部配置了电脑，1997~1998 年 200 家银行办事处实现了联网。1997 年，古巴政府颁布的第 172 号法令宣布成立古巴中央银行，原古巴国家银行仅行使商业银行职能，不再承担中央银行职能。1998 年，古巴新成立了 4 家银行，原银行系统被分别划归古巴中央银行和商业银行系统。同期，海外信贷也开始进入古巴。1999 年，古巴政府颁布的第 192 号法令《国家金融管理法令》明确规定了古巴金融管理的原则、标准、体系、机构及管理程序，并涉及古巴税收、预算、国库、公共信贷及政府簿记体系等内容。

1994 年，为应对"特殊阶段"的财政危机，古巴颁布了旨在改革税收制度、保护低收入人群、促进生产劳动和调节流动资金的第 73 号法令《税收制度法》。该法令遵循全面公正的原则，确立了 11 种应缴税收、社会保险费及 3 种税率。1996 年 1 月 1 日，古巴开始征收个人外汇收入所得税。

1998年，古巴政府加大了征税力度，明确了优惠项目，增加了税收种类。事实上，古巴政府仅对个体户的商业收入和某些行业有外汇收入的公民征收个人所得税，对领取比索工资的广大工薪阶层并未开征个人所得税。

1993年，古巴试行双重货币经济体制，允许私人持有美元。根据该政策，古巴居民的基本生活用品须用古巴比索购买，其他商品须用可兑换货币支付；企业须开立古巴比索和可兑换货币两个独立账户进行交易。此外，政府还引入了外汇激励机制，允许特定经济部门的工人有部分可兑换货币收入，以提高其工作积极性，但古巴公民外汇储蓄等可兑换货币不能用于古巴的生产和社会事宜。1994年，古巴政府发行了仅能在古巴境内使用、与美元等值的可兑换比索（CUCs），古巴居民可用其在外汇商店购物。古巴学者认为，上述措施出台前均得到了古巴民众的广泛讨论，古巴双轨制货币和汇率体系改革与其他国家强制实行的新自由主义货币政策有着本质区别。

1995年，古巴国有企业进一步扩大了硬通货的使用范围。1997年，古巴政府颁布的第187号法令标志着古巴国有企业管理体制改革的开始。随着国有企业改革的逐步深入，国家对国有企业的补贴逐步减少。

（二）所有制结构的重组与突破

1993年，为促进粮食生产，古巴政府决定将国有农场或企业转化为合作社性质的"合作生产基层组织"（UBPC）。此前，古巴可耕地占比一度从75%减少至33%，国营农场亏损严重且补贴过度。作为古巴农村经济改革的一项重大举措，新合作社的规模比国营农场小，但具有生产、经营及核算自主权，因此从一定程度上调动了个人和集体的生产积极性。但由于古巴农业资本化程度较低和历史累积的低生产率，新合作社体制未能在短期内彻底弥补古巴的粮食缺口，古巴粮食进口依存度仍然较高。

1991年，古共四大重新肯定了私人小土地所有制的贡献。1992年5月，全国小农协会召开"八大"，会上卡斯特罗表示"农民仍然是革命的基石"。1994年10月1日，古巴开放了农牧业产品自由市场，小农的生产积极性得到进一步提升，全国小农协会的作用不断加强。根据新规定，农民一旦完成了国家、私有农场和合作社的生产任务，即可在农贸市场自由出售生产剩余。农贸市场为农民增加了可观的收入。政府也采取了一系列措施，以遏制 20 世纪 80 年代初农贸市场中间商杀低农民利润、挫伤农民生产积极性等问题的再现。1997 年，古巴小农人数达 22 万，连同家属超过 100 万人，占有全国耕地的 22%，为农牧业产品市场提供了 70% 的产品。1989 年，从古巴的农村土地所有制来看，国家全民所有制占 78%，农牧业生产合作社占 10%，小农、信贷与服务合作社占 12%。截至 1998 年，古巴农村土地所有制结构发生了显著变化，国家全民所有制占农业用地的 33%，合作生产基层组织占农业用地的 41%，农牧业生产合作社占 9%，小农、信贷与服务合作社占 16%。截至 20 世纪 90 年代末，全国共有 1601 个合作生产基层组织、1806 个农牧业生产合作社，20 万个体农民。

由于 20 世纪 90 年代初的经济衰退，古巴非农部门绝大多数国有企业不再为职工提供生产性工作。即便处于非充分就业状态，大多数工人仍保留了原有编制，当然也有不少人开始自谋生路。1992 年 9 月，古巴政府允许在 135 个行业中建立个体企业。个体经营部门一方面为国有企业下岗职工提供了再就业的机会，另一方面也为古巴民众提供了许多国家无法提供的商品和服务。与此同时，相当一部分个体经营者处于地下经营状态，加强对个体经营的监管和规范税收将有助于社会福利的整体提升。在特殊时期，面临国有部门收缩、商品服务紧缺和现金过剩等境况，增加个体经营部门从某种意义上说是一个双赢的措施。1994 年，古巴手工业和小工业市场也取得了合法化地位。1996 年，古巴个体经营者达 20.8 万人，之后迅速降至 15 万人，2008 年登记注册的个体经营者仍有 14.16 万人。这些个体经营者的工资是平均工资的 2~3 倍，但人数仅占劳动力总量的 3%。有古巴学者认为，个体经营终究只是古巴特殊时期的一项重要政策，远无法满足古巴的就业需求，更无法解决古巴经济的所有问题。

（三）经济战略部门的困境与调整

20 世纪 90 年代初，受苏东剧变、美国封锁及自然灾害的影响，古巴农业产值连年下降，从 1990 年的 17.56 亿比索下降到 1994 年的 8.79 亿比索。为解决食品短缺问题，古巴政府拟定了一系列食品计划和以生态农业为突破口的粮食生产战略。自 1995 年后，古巴农业产值虽有所回升，但仍未恢复到 1990 年的水平。1999 年，古巴农业产值为 15.67 亿比索，农业占 GDP 比重从 1990 年的 9.2% 下降到 7.2%。总之，古巴"特殊阶段"的粮食生产未能实现大幅增长，一方面粮食安全始终存在较大隐忧，另一方面农业滞后导致农民收入不足，基本生活困难，农村人口严重外流，城乡差距进一步扩大。

为解决外汇短缺问题，古巴将经济发展重心转移到旅游、医疗器材及生物制药等创汇部门。以旅游业为例，自 20 世纪 90 年代以来，在政府优惠政策的刺激下，古巴旅游业迅猛发展，境外游客从 1990 年的 34 万人次增至 2000 年的 177.2 万人次，年均增速达 18%；旅游外汇收入从 1990 年的 2.43 亿美元增至 1998 年的 18.16 亿美元（净收入 7.2 亿美元），占 1998 年 GDP 的 8% 和外汇收入的 43.4%。古巴旅游业逐渐取代蔗糖业，成为古巴第一大创汇部门。

（四）对外经济关系的重启与开拓

20 世纪 80 年代，古巴经济与社会主义国家在贸易和投资等关键部门实现了广泛的一体化。这些国家为古巴提供了 85% 的进口和 80% 的投资，并接受了古巴 80% 的出口。1989 年至 1993 年，古巴进口（当时价格）下降了 75%。为打破依附经济的发展瓶颈，古巴政府试图有效利用国际、国内两个市场和两种资源，重塑对外经济关系，以尽快恢复与世界市场及全球经济的有效连接。

1992 年，古巴宪法修正案消除了国家对外贸的垄断，古巴出口公司将自负盈亏，以自身出口盈余支付进口，政府则利用出口公司的外汇盈余尽可能支持社会服务或非出口生产企业的进口支出。同期成立的股份公司旨在规避美国经济封锁，从而促进古巴经济的进一步放权。20 世纪 90 年代以前，古巴外贸结构较为单一，出口商品以蔗糖、烟草、镍等矿产品为主，进口商品以食品、石油及机械设备等为主。进入和平时期"特殊阶段"后，古巴外贸商品结构发生了较大变化，蔗糖出口占比从 1989 年的 73.2% 降至 1999 年的 31.8%，矿产品出口占比从 9.2% 增至 27.22%，消费品进口占比从 10.4% 增至 23.46%，资本货物进口占比从 22.8% 降至 13.42%。此外，受苏东剧变影响，古巴与苏东国家及地区的贸易往来骤减，与西班牙、加拿大等西方国家，墨西哥、委内瑞拉、阿根廷等拉美国家及中国的贸易额则逐年上涨。

尽管 1982 年的《古巴同外国合资企业法》已承认合资企业中外资的合法性，但 20 世纪 90 年代的古巴依然缺少具有实质意义的外资。1992 年，为发挥外资在重启古巴闲置生产力、开辟国外市场、促进技术转移与管理等方面的积极作用，古巴政府对 1982 年《古巴同外国合资企业法》进行了修订，进一步放宽了对外资的限制。根据 1992 年新修订的古巴宪法，合资企业是古巴经济中的一种所有制形式，这为外资提供了宪法保护。1992 年 9 月，古巴政府允许在 135 个行业中建立合资企业。1995 年，古巴颁布的第 77 号法令《外国投资法》规定，除防务、教育和医疗卫生外，所有经济部门都向外资开放；外国投资可采用合资企业、外国独资企业和国际经济联营合同三种形式；境外法人或自然人可在古巴购买房地产，进行不动产投资，可投资自由贸易区和出口加工区，古巴侨民可回国投资。1996 年，古巴颁布的第 165 号法令《免税区及工业园区法》鼓励境外法人或自然人在古巴免税区和工业园区进行投资，并在海关、税务、劳工及公共秩序等领域实行特殊制度。截至 1999 年，古巴已开设了贝罗阿、瓦哈伊、马里埃尔和西恩富戈斯四个自由贸易区。截至 2001 年年末，古巴在镍矿开采、石油开采、烟草加工、旅游业及电话业等 30 多个部门累计建立了 400 家合资企业，约 50 个国家在古投资总额达 55 亿美元，其中西班牙、加拿大、法国、英国、墨西哥、委内瑞拉及中国的投资总额位居前列。尽管受制于美国 1992 年《托里切利法》和 1996 年《赫尔姆斯－伯顿法》，但古巴始终坚持对外开放政策，积极拓展与世界各国的经贸往来。截至 2001 年年底，古巴已与 163 个国家建立了经济合作关系，与 110 个国家建立了双边混合委员会，与 68 个国家签订了促进和保护投资协议。

三　多元外交不断拓展

20 世纪 90 年代以来，古巴先后与哥伦比亚、智利、海地、危地马拉、多米尼加及巴拉圭等拉美国家复交。截至 2001 年年底，在拉美及加勒比地区 33 个国家（包括古巴）中，除萨尔瓦多、哥斯达黎加及洪都拉斯外，其余 29 国均与古巴建立了正式外交关系。1993 年，古巴成为加勒比共同体观察员国，并成立了古巴 - 加勒比共同体联合委员会。1994 年 7 月，古巴加入了新成立的加勒比国家联盟。1995 年 3 月，古巴签署了《拉丁美洲禁止核武器条约》。1998 年至 2003 年，菲德尔·卡斯特罗主席先后多次访问巴西、多米尼加、委内瑞拉及厄瓜多尔等国，并出席了加勒比论坛首脑会议和加勒比国家联盟首脑会议等重要会议。自 1991 年起，古巴连续参加多届在拉美及西班牙、葡萄牙举办的伊比利亚美洲国家首脑会议。1999 年 8 月，古巴成为拉美一体化协会成员国。1999 年 11 月，古巴作为东道国，成功举办了第九届伊比利亚美洲国家首脑会议。

苏东剧变后，美帝国主义及迈阿密反古集团加紧发动各种恐怖主义反古颠覆活动，并通过"马蒂电视台"等反古媒体对古巴进行意识形态攻击。为谋求生存与发展，古巴对美封锁采取"斗而不破"的策略，一方面坚持有理、有力、有节的斗争，另一方面不排斥改善双边关系的可能。克林顿政府时期（1992～2000 年），美对古制裁虽有所松动，但依然严苛。1992 年 10 月，美国政府通过了《托里切利法》，该法赋予美国总统制裁同古保持经贸关系国家的权力，并禁止驻第三国的美国企业对古开展补贴贸易。截至 1995 年，美对古封锁造成的经济损失累计达 450 亿美元，其中 1990～1995 年高达 150 亿美元。1996 年，在灭古计划屡屡受挫后，美国政府又出台了进一步制裁古巴的《赫尔姆斯 - 伯顿法》，企图阻断古巴的外商投资和一切形式的外部融资及物资供给，并对与古巴保持经济关系的企业和企业家予以制裁。移民问题是导致两国摩擦不断的又一导火线。1995 年，古美两国就非法移民问题达成协议，即美国仅承认成功登陆的古巴偷渡者为合法移民，而海路偷渡者将被遣返。1999 年，两国因"小埃连事件"[①]再次交

---

① 1999 年 11 月，古巴 7 岁男孩小埃连的母亲和养父在偷渡美国的途中遇难，同行的小埃连却成功获救。随后，古美两国围绕小埃连的监护权问题进行了一系列舆论和司法斗争，最终小埃连交由其古巴生父抚养。古巴将"小埃连事件"视作反对美国移民政策的重要胜利之一。

恶，折射出美古两国在非法移民问题上依然分歧严重。小布什执政期间（2001～2009年），古美关系有进有退。小布什政府曾多次对古施压，要求古巴实行民主政治选举，否则将继续加强对古封锁和颠覆，并把古巴列为"支持恐怖主义的国家"之一。2002年5月，美国前总统卡特对古巴进行了为期6天的私人访问，这是美国自古巴革命胜利以来访问古巴的最高级别政界人士。

20世纪90年代以来，古巴同欧盟及西欧各国的往来有所增加。古巴领导人先后访问了西班牙、葡萄牙、法国、瑞士、意大利和梵蒂冈等西欧国家，并多次参加该地区重要的国际会议。在欧盟国家中，西班牙是古巴最主要的贸易伙伴和投资国之一。1996年，卡斯特罗主席访问梵蒂冈。1998年1月，罗马教皇约翰·保罗二世应邀访古。约翰·保罗二世访古，对古巴打破美国封锁、赢得国际认同及发展与欧盟国家关系产生了积极影响。加拿大奉行对古接触政策。1994年，加拿大恢复了中断十六年的对古援助。20世纪90年代下半期，加拿大成为古巴的第一大投资国、第一大旅游客源国及主要贸易伙伴之一。

东欧剧变、苏联解体后，古巴继续深化同中国、越南及朝鲜等社会主义国家和亚非拉发展中国家的友好关系。自20世纪90年代以来，古巴主动改善和加强了同中国的全方位外交往来，两国党政主要领导人均实现了互访，两国在农业、轻工业、食品、化工、生物技术、电信、核能和平利用等领域均开展了一系列技术经济合作。1995年和2003年，菲德尔·卡斯特罗主席先后两次访问越南。1999～2002年，越南共产党中央总书记、越南国家主席及越南总理先后访问古巴。1993年，古巴与朝鲜签署贸易与科技合作协定，朝鲜向古巴提供7500万美元贷款，用于修建两座水电站。2003年，菲德尔·卡斯特罗出席了在马来西亚举行的不结盟国家第13次首脑会议。古巴同非洲及中东国家的关系也较为密切。1991年，古巴从安哥拉撤军，从而结束了其在非洲的军事存在。1994年，古巴与南非建交，菲德尔·卡斯特罗主席亲赴南非，参加了曼德拉总统的就职仪式。1998年，菲德尔·卡斯特罗主席对南非进行了正式访问，并参加了在该国举行的不结盟国家第 12 次首脑会议。1997～2002 年，博茨瓦纳、尼日利亚及莫桑比克等非洲多国领导人先后访古。2000 年，中国、越南及柬埔寨等亚洲国家领导人和南非、阿尔及利亚、津巴布韦及刚果等非洲国家领导人，共同出席了在古巴举行的南方国家首脑会议。

苏联解体后，俄罗斯中断了此前对古巴的所有援助，贸易关系仅限于以国际市场价格用石油交换古巴的糖，且交易额也大幅下降。作为古巴能源的主要来源，俄罗斯对古巴的石油供给从 1989 年的 1200 万吨骤降至 1992 年的 600 万吨，致使古巴陷入严重的能源短缺。据估算，苏联解体致使古巴直接经济损失高达 40 亿美元。根据两国 1992 年达成的协议，苏联时期的所有军事教练人员及其家属在 1993 年上半年统一撤离了古巴。20 世纪 90 年代后半期，两国逐渐恢复了高层互访，经贸关系也随之转暖。两国先后成立了双边经贸及科技合作委员会和俄罗斯－古巴国际经济联合会，签署了"以古巴食糖换俄罗斯石油"等双边贸易协定和旅游、运输及轻工业等领域的合作协议。2000 年，俄罗斯总统普京访问古巴，这是俄罗斯国家元首对古巴的首次访问。其间，两国签署了多项经贸、技术及军事协议。1992 年，古巴先后与独联体国家建交。1992 年 1 月至 2 月，古巴外贸外资部长先后访问了塔吉克斯坦、吉尔吉斯斯坦和白俄罗斯，并同三国分别签署了经贸合作协议。随后，古巴陆续与乌克兰、摩尔多瓦、吉尔吉斯斯坦、土库曼斯坦、塔吉克斯坦、亚美尼亚、阿塞拜疆、哈萨克斯坦、白俄罗斯和格鲁吉亚建交。东欧剧变后，经互会也随之解散，古巴同东欧国家的经贸往来几乎不复存在。自 1990 年德国统一后，民主德国同古巴签订的所有协议被废止，古巴失去了民主德国这个仅次于苏联的重要经贸伙伴。90 年代后半期，古巴同捷克、匈牙利等东欧国家恢复了一定的经贸往来。

在和平时期"特殊阶段"，古巴还试图通过参与非西方主导的国际多边组织，寻求国际支持，提升国际影响力。2003 年，古巴被不结盟运动（NAM）第二次提名为主席国。2006 年，不结盟峰会在古巴首都哈瓦那举行。成立于 1961 年的不结盟运动绝大部分成员国为发展中国家，古巴当选主席国足以表明其在第三世界中的影响力。2003 年，面对美国的强烈反对，拉美各国仍然在联合国大会上推选古巴为联合国人权委员会拉美地区 6 个议席之一。古巴从 1991 年开始参加伊比利亚美洲国家首脑会议，并于 1999 年成为该会议的东道国。自 1992 年以来，联合国大会连年通过要求美解除对古封锁的决议，这表明古巴的多元外交战略已取得了显著成效。截至 2002 年，古巴已同 177 个国家正式建立了外交关系。

　　总之，"特殊阶段"的"特殊"措施虽使古巴在 21 世纪初实现了艰难复苏，却未能彻底解决古巴的结构性问题。有学者认为，古巴的"改革"是困难时期被迫作出的调整或开放，是暂时的"让步"，具有一定的应急性、阶段性特征，因此，困难一旦缓和，政策就会出现反复。[①]为维持国民经济的正常运转和古巴居民的基本生活，古巴政府在实施应急措施和生存战略的同时，也加大了中长期发展战略的规划和投入力度，以期实现单一发展模式的彻底转变和与世界经济体系的融合对接。

---

① 　袁东振：《古巴改革何处去》，《人民论坛》2010 年第 31 期，第 42 页。

第二章　模式更新的政治基础

古巴共产党是古巴模式更新的领导力量。作为拉丁美洲执政时间最长的无产阶级政党，面对不断变化的世情、国情、党情，古巴共产党始终立足于本党本国实际，在加强党的领导和建设的同时，不断提高执政能力，进行了一系列具有重大战略意义的理论创新和实践探索。

为顺利推进古巴社会经济模式更新，古巴党和政府试图在民主政治体制与实践的基础上，通过修改宪法进一步加强法制建设，为模式更新的理论化与制度化探索铺就社会政治基础。

第一节　党的领导与民主政治建设

古巴共产党是古巴唯一的合法政党。古巴社会主义的不断前行同古巴共产党强有力的领导密不可分。为保持党的先进性，古巴共产党高度重视组织建设与作风建设。

古巴社会主义的根本目标是人民作为社会的基本组成享有平等的权利与机会。深刻的社会变革为古巴创立社会主义代议制民主制度创造了历史条件。面对西方舆论对古巴民主的质疑与攻击，古巴共产党坚持探索具有古巴特色的民主政治实践，并建立了以人民政权代表大会制度为核心的民主政治体制和以群众组织为基础的社会动员体系，从而为古巴模式更新的推进提供了重要的制度资源与社会支持。

一　古巴共产党加强党的领导与建设

古巴实行古巴共产党一党制，该制度的建立与完善符合古巴特殊的历史和国情。1961 年，原人民社会党、"七二六爱国主义运动"和"三一三革命指导委员会"合并成立古巴革命统一组织，次年更名为古巴社会主义革命统一党，1965 年正式改称古巴共产党。古巴宪法规定，古巴共产党是马蒂思想和马列主义先锋组织，是古巴社会和国家的最高领导力量。古巴共产党继承了 19 世纪何塞·马蒂创建的古巴革命党"统一古巴、解放古巴"的遗志，为抵制美对古封锁和入侵做出艰苦持久的努力。与此同时，古巴共产党把马克思主义普遍原理与古巴革命的具体实践相结合，走出一条古巴本土的、可行的社会主义道路。

（一）从组织和作风上加强和改善党的领导

2011 年 12 月 21 日，古共中央召开六届三中全会，古巴共产党六大《纲要》发展与执行常务委员会向大会提交了《党和革命经济与社会政策纲要》落实办法。会议指出，古巴共产党反腐斗争查处了一批腐败案件和人员，具有重大的战略意义。古共中央第一书记劳尔·卡斯特罗强调，必须坚决抵制损害国民经济的玩忽职守行为，一些领导人的消极作为和部分党组织运转不畅导致了腐败的滋生；经济斗争的胜负发生在劳动场所，党和政府领导下的所有措施都必须从劳动场所得到检验。

2012 年 1 月 28 ~ 29 日，古巴共产党召开第一次全国代表会议，该会是古共六大的历史延续。[1] 会议重点讨论了古巴共产党的党建问题，明确了古巴共产党未来的工作方向和目标，力图从党的领导、组织和思想政治上确保经济模式更新路线、方针、政策的贯彻与执行。代表会议正式通过了《基础文件》草案（2011 年 10 月公布）的修订版——《古巴共产党工作目标》（共 100 项，比原草案增加了 3 项，简称《工作目标》）和《第一次全国代表会议关于党工作目标的决议》两个重要文件。

《工作目标》包括党的基础、序言和四章内容。"党的基础"指出，古巴共产党是古巴社会和国家的最高领导力量，是革命的合法成果，是有组织的先锋队；古巴共产党是马克思主义、列宁主义的党，是马蒂思想的党，

---

[1]　古巴共产党党章第 46 条规定："在两次党的代表大会之间，中央委员会可召开全国代表会议，讨论党的政策等重要议题。"

是古巴唯一的政党，其主要使命是团结所有的爱国者建设社会主义，保卫革命成果，并为实现古巴和全人类的公正理想而继续奋斗。"序言"指出，古巴共产党第一次全国代表会议的任务是以客观和批判的视角来评价党组织的工作，并锐意革新党的工作，使其与时俱进。第一章至第四章对党的工作方法及作风、党的思想政治工作、党的干部政策、党团及党群关系分别进行了阐述，并强调要转变思想观念，克服教条主义和不合时宜的思想观念，积极开展反腐斗争，推进党政职能分开，从基层选拔优秀干部（尤其是妇女、黑人、混血种人和青年干部）。

《第一次全国代表会议关于党工作目标的决议》强调，民主集中制和集体领导原则是密切联系群众、保持行动一致的必要前提，党的基本路线是通过思想政治工作，捍卫古巴社会价值和民族团结，鼓励人民积极参与决策，加强社会主义民主。该决议授权古共中央委员会、政治局等，修改党的章程、党的组织结构和相关规定。

劳尔在闭幕式上再次强调，古巴将坚决捍卫一党制，勇于直面历史错误，实行最多连任两届、每届五年的党政领导干部任期制；与腐败斗争到底，力行党政分开，坚持独立自主的外交政策，严防美帝国主义的颠覆渗透等。

（二）推行领导干部任期制和执政结构年轻化

古巴共产党成立以来，菲德尔·卡斯特罗曾长期担任第一书记。2011年4月，在古巴共产党第六届全国代表大会上，菲德尔正式卸任古共中央第一书记，其弟劳尔·卡斯特罗继任。古共六大还选举产生了古共第六届中央委员会、中央政治局和书记处成员。2012年10月至2013年2月，古巴先后举行了包括市级人民政权代表大会、省级人民政权代表大会和全国人民政权代表大会在内的三级选举。2013年2月25日，古巴举行第八届全国人民政权代表大会，全体代表通过不记名投票的方式选举产生了新一届全国人大领导班子，并选举产生了包括国务委员会主席和第一副主席在内的、由31人组成的国务委员会。劳尔·卡斯特罗再次当选古巴国务委员会主席兼部长会议主席。大会同时选举时年52岁的米格尔·迪亚斯-卡内尔为国务委员会第一副主席兼部长会议第一副主席。69 岁的埃斯特万·拉索·埃尔南德斯当选全国人民政权代表大会主席。据统计，新一届国务委员会的 31 名领导成员中有 17 位新面孔，占 54.84%，平均年龄降至 57 岁。劳尔·卡斯特罗在第八届全国人民政权代表大会成立大会上指出，要保持国家政策的稳定性和连续性，古巴应通过渐进有序的方式，在未来 5 年内完成领导班子的新老交替。劳尔·卡斯特罗还提议修改宪法，实行古巴国家领导人任期制度化，并明确表示这将是他最后一届任期。

2013 年 7 月 2 日，古共中央召开（六届）七中全会，决定对中央委员会组成进行较大人事调整，包括原古巴全国人大主席阿拉尔孔、原共青盟第一书记柳德米拉在内的 5 位原中央委员被解除职务，另新增选 11 名中央委员。劳尔强调，古共领导人应看到问题，预见未来，站在模式"更新"的最前列，寻找困难的真正原因，并发动群众直面问题，这才是党的主要任务。

2021 年 4 月召开的古共八大进一步贯彻古共中央关于党的领导干部年轻化与多元化的原则。

古巴国家主席、生于 1960 年的米格尔·迪亚斯 - 卡内尔接替近 90 岁高龄的劳尔·卡斯特罗，当选古共中央第一书记。古共八大中央委员会委员共有 96 名，政治局委员 14 名，书记处书记 6 名。77 岁的全国人大主席、76 岁的国家副主席和 78 岁的革命武装力量部部长均连任政治局委员，新当选的 5 人为"60 后"和"70 后"。以老带新、新老搭配仍将是未来一段时间古共人事布局的重要原则。新当选的政治局委员大部分为中央领导人，另有一人兼任地方领导，一人兼任基因工程与生物技术研究中心主任。6 名书记处成员分管党的组织和干部工作，意识形态工作，经济工作，农业食品工作，工业、建筑业、旅游业、交通和服务业工作，教育、体育和科学工作，其中排名第一的、分管组织和干部工作的书记首次兼任政治局委员。

古共新领导集体具有年轻化、专业化和多元化的特点。迪亚斯 - 卡内尔主席获得科学博士学位，并发表了若干科技治国的学术文章，这表明古巴新一代领导人高度重视依法治国和科技兴国，力图通过科技创新和治理现代化，谋求古巴的繁荣、民主与可持续发展。随着革命元老一代逐步淡出权力核心，全面确立古共中央第一书记迪亚斯－卡内尔在党内的领导核心地位对巩固古共党内团结、开展各项工作至关重要。

二 古巴民主政治建设的历程与特色

古巴政治制度是古巴人民自主选择和创建的制度，是旨在实现民族自决权、独立和社会正义的制度，是真正建立在人类平等和团结基础上的制度。[①]古巴政治制度主要由政党制度、议政行政制度与选举制度组成。古巴政治制度的优势在于古巴党和政府能够根据人民的意愿，在人民充分、真实及系统的参与下，不断完善现有系统。[②]

古巴学者认为，社会主义民主是民主的最高形式，是对大部分人民和劳动者而言真正的民主，其经济基础在于生产方式的集体所有制；社会主义民主通过法律实现公民权，消除剥削、强迫失业和生产危机是社会主义民主区别于资本主义民主的根本所在。[③]古巴民主政治建设的核心目标是切实保障人民的民主权利，实现人民广泛高效的政治参与。为推进民主政治建设，古巴党和政府在坚持古巴特色社会主义政治制度的基础上，不断探索符合古巴国情的社会主义民主实现形式。在实践中，古巴经历了60年代对直接民主的追求、70年代代议制民主的确立、90年代后对参议制民主的探索过程。[④]

（一）以人民政权代表大会为核心的民主政治体制

古巴全国人民政权代表大会及其常设机构国务委员会和部长会议是古巴最为重要的议政和行政机构。古巴人民通过地方及中央各级选举和各类群众团体行使政权权利，表达政治意愿。

---

① 参见 http://www.cubaportal.org/paginas/conocercuba.aspx? id=312。
② 参见 https://www.ecured.cu/Democracia。
③ 参见 https://www.ecured.cu/Democracia#Cuba。
④ 张金霞：《卡斯特罗关于古巴民主政治的探索与实践》，《社会主义研究》2011年第4期，第60页。

1. 议行合一的政治传统与结构

全国人民政权代表大会是古巴最高权力机关，代表全体古巴人民的主权意志和诉求，是古巴唯一享有修宪和立法权的政治机构。1976 年 12 月，古巴首届全国人民政权代表大会经市（县）人民政权代表大会选举产生，大会由 601 名代表组成，每届任期 5 年，每年举行两次例会，下设 10 个常务委员会。作为国家最高权力机关，古巴所有立法、行政、司法权力及职能部门隶从全国人民政权代表大会，古巴国家及政府首脑无权解散大会。全国人民政权代表大会具有修宪权，法律批准、修改和废止权，全国经济发展计划审议权，国家预算审批权，国家货币和信贷体系决定权，内政外交事务审议权和政策制定权等。古巴全国人民政权代表大会是各国议会联盟、拉丁美洲议会等国际议会组织成员。

国务委员会是古巴全国人民政权代表大会休会期间的常设执行机构。1976 年取消总统制后，国务委员会经由古巴全国人民政权代表大会代表选举产生，负责执行大会有关决议并行使宪法赋予其的所有权力和职责。国务委员会由主席、第一副主席、5 名副主席、1 名秘书和 23 名委员组成。古巴宪法规定，国务委员会主席是古巴国家元首、政府首脑和武装部队总司令。古巴政府首脑须经两轮选举产生，首先由古巴人民通过自由、直接及无记名投票方式选举成为全国人民代表，然后由全国人民代表通过同样的方式选举产生国务委员会主席。2008 年 2 月，古巴革命领导人菲德尔·卡斯特罗在古巴第七届全国人民政权代表大会上，正式将国务委员会主席和部长会议主席的职位移交给其兄弟劳尔·卡斯特罗。劳尔强调，古巴党和政府应实行集体领导，要扩大各级人大代表的职责。2013 年举行的第八届全国人民政权代表大会选举产生了包括国务委员会主席和第一副主席在内的新一届国务委员会。劳尔·卡斯特罗再次当选古巴国务委员会主席兼部长会议主席。大会同时选举米格尔·迪亚斯－卡内尔为国务委员会第一副主席兼部长会议第一副主席。据统计，新一届国务委员会的 31 名领导成员中有 13 名为女性，12 名为非裔和混血人种。

部长会议是古巴最高行政管理机构，即古巴共和国政府。部长会议由主席、第一副主席、副主席及下设机构的部长或主席组成，部长会议主席由国务委员会主席兼任，其主要职责是根据全国人民政权代表大会的精神和决议，组织落实政治、经济、文化、科学、社会、国防等领域的相关工作，向全国人大提交国家社会经济发展宏观计划，并负责计划通过后的组织、领导、监督和执行。部长会议执行委员会是古巴政府系统中最重要的机构，由部长会议主席、第一副主席、主席组成，负责部署和协调各部工作。

古巴全国分为15个省、1个特区（青年岛特区）和168个省辖市。古巴宪法规定，各省市人民政权代表大会是古巴地方行使国家权力的最高机构，具有议行合一的性质。地方人民政权代表大会通过其下机构直接领导各辖区经济、生产和服务工作，为促进地方经济文化发展提供必要的制度保障和政策支持。

最高人民法院是古巴最高司法机构。共和国总检察院负责行使司法监督权。最高人民法院院长、法官，总检察长、副总检察长均由全国人民政权代表大会选举和罢免。

2. 具有古巴特色的民主选举制度

古巴每五年举行公民自由选举，任何政治组织不得发起和参与选举募集活动。古巴凡年满16岁的公民均享有自愿、免费和普遍的选举权。基层选民直接向基层人民政权组织提名候选人，选举采取自愿和无记名投票方式，所有古巴公民都具有选举与被选举权。不设党员候选名单，群众可直接提名、选举候选人。选举由青少年代表参与监票，公开唱票，国内外新闻媒体、外交官、游客及所有感兴趣的人士均可观摩选举。候选人赢得50%以上的有效选票方能当选。如所有候选人在第一轮选举中均未获得50%以上的选票，选票领先的两位候选人将进入第二轮选举。基层代表、省市代表和全国人大代表均由直接选举产生。国家候选人委员会由来自古巴工人中央工会（CTC）、保卫革命委员会（CDR）、古巴妇女联合会（FMC）、全国小农协会（ANAP）、大学生联合会（FEU）和中学生联合会（FEEM）的代表组成。国务委员会及其主席由全国人民政权代表大会代表选举产生。古巴国家权力机构由选举产生，实行任期制，当选代表对选民负责，且可被罢免。

1993年2月，古巴首次举行人大代表直接选举。99.7%的古巴公民在此次大选中投支持古巴革命的选票，另有0.3%的空白票和弃权票。1994年1月至3月，古巴共计300万工人（约占劳动人口的8%）在8万多个工作场所进行了讨论，这一壮举被称为"工人议会"，极大地影响了古巴全国人民政权代表大会草案的拟定与颁布。1995年7月，古巴人民对地方人民政权代表大会代表进行了选举。无记名投票的直接选举方式，集中体现了古巴社会主义民主政治的原则和精神，古巴公民也通过这一民主程序表达了对社会主义革命的支持。尽管不断受到弃选宣传的滋扰，仍有97.1%的古巴公民参与了选举投票，其中87%的选民表示支持古巴革命。1998年1月，古巴举行了全国人民政权代表大会代表和省级人民政权代表大会代表的选举。此次选举，共有98.35%的选民参与了投票，其中无效票和空白票分别占1.64%和3.36%，有效票数达95%，94.39%的人投票同意古巴国家选举委员会提名的候选人。

2012年10月至2013年2月，古巴先后举行了包括市级人民政权代表大会、省级人民政权代表大会和全国人民政权代表大会在内的三级选举。2012年10月至11月，古巴通过两轮市级人民政权代表大会选举，产生了169个市级行政单位的1.45万名市级代表。2013年2月3日，古巴800多万名选民通过等额选举方式，选举产生了15个省级人民政权代表大会的1296名代表和全国人民政权代表大会的614名代表，约2/3的代表被替换。

（二）以群众组织为抓手的社会动员体系

古巴党和政府高度重视工人、农民、青年及妇女工作，把相关群众组织作为古巴共产党密切联系群众、加强社会动员和凝聚社会共识的重要载体。古巴践行人民民主的重要经验之一是将关乎党和国家发展大局的立法草案或发展规划在提请全国人大审议前，交由各人民团体与群众组织进行广泛的征询与讨论，这一过程充分体现了古巴社会主义民主的特色与优势。

成立于1939年1月的古巴工人中央工会（La Central de Trabajadores de

Cuba，CTC）是古巴工人群体的核心组织，也是古巴唯一合法的全国性工会组织。1939～1947年，该组织由古巴共产党的前身人民社会党领导，其后一度成为巴蒂斯塔独裁政府的御用工具。古巴革命胜利后，工会领导权又重回工人运动的手中。古巴工人中央工会下设19个全国性行业工会，截至2013年共有会员约340万人，占古巴全国劳动人口的97%，入会人数占总人口比重位居世界第一。①古巴工会遵循自愿入会原则，工会不强制收取会费，由工人自主决定是否交付。古巴工会秉持依靠工人和为了工人的组织宗旨，其高参与率与发达国家工会的低参与率形成了鲜明对比。在发达资本主义国家，工会集会和集体谈判权等基本权利受到政府及媒体等保守机构的严重损害，劳动关系持续恶化。据2008年国际劳工会议的全球报告，美国工会参与率仅为12.2%，加拿大为31.5%，意大利为38.1%，英国为30.4%、德国为29.2%、西班牙为16.3%、法国为9.8%，而日本则低于5%。②

古巴工人中央工会每五年召开一次全国代表大会，其领导机构为全国委员会和书记处。2019年4月，古巴工人中央工会召开了"二十一大"，时任总书记为乌里塞斯·希拉尔特（Ulises Guilarte）。古巴工人中央工会与其下设工会独立于古巴国家机构，领导层由工会成员选举产生，具有自己的规章、制度、结构、资金与流程，并与其他国家的工会及国际组织保持着联系。古巴工人中央工会干校系统包括"拉萨罗·培尼亚"全国工会干校和14个省级工会干校。古巴所有机构、单位和工作场所都设有活跃的工会组织，工会总书记有权参与关涉劳工关系和工人问题的高级管理会议。古巴各级工会的代表性和决策力在法律条款和日常实践中均有所体现。古巴工会权利包括参与企业生产与服务计划的制定、执行和管控；在工作场所

① Alfredo Morales Cartaya, "Labor Relations, Labor Rights, and Trade Unions: Their History in Cuba", qtd. in Al Campbell, *Cuban Economists on the Cuban Economy*, University Press of Florida, July 16, 2013, p. 228.

② Alfredo Morales Cartaya, "Labor Relations, Labor Rights, and Trade Unions: Their History in Cuba", qtd. in Al Campbell, *Cuban Economists on the Cuban Economy*, University Press of Florida, July 16, 2013, p. 228.

有权代表工人个人及集体，倡导改善工人的工作和生活条件,；要求并监督对劳工法律的遵守以及关于工资、安全、医疗和社会保险方面规章制度的执行；持续改善工人履责的相关环境；推进技术、职业和文化培训相关活动；推进工人非工作时间的娱乐活动；推动工人积极参与劳动场所的各项活动；关注工人纪律、生产力、效率及平等问题。[①]除工会内部工作，古巴工会的主要职责之一是代表工人与企业管理层就劳动协议进行集体谈判。为保障工会领导履行工会职责、行使工会权利，古巴法律规定企业管理层无权撤换工会领导，企业有义务向工会提供免费活动场所，工会必须参与政府及企业决策的咨询与评估。关涉工人权益和福利的新法律法规或经济措施出台前，必须通过基层工会广泛严格的讨论，从而使工人与企业管理层和国家中央机关达成共识。

古巴宪法还授权工会就国家立法草案提出意见或修正案，许多工会通过征求所在单位工人的意见和建议，提出完善法律的相关修正案，不少意见建议被最终的法律文本采纳。1994 年，古巴工人中央工会及其下设工会成立了具有广泛代表性的工人代表大会。约 300 万名工人就古巴政府应对苏东剧变和美国封锁的措施在各单位工人代表大会上进行了广泛讨论，全国人大代表也参与了这些会议。工人们就有效解决预算赤字、价格增长、国内财政失衡及其他经济问题提出宝贵意见。在大会中，工人们反对在经济衰退期工资较低或停止增长的情况下征收工资税，但同时也表示一旦经济形势有所改善应重新征收工资税。古巴全国人大采纳了这些意见，直到经济形势有所好转后才开始征收工资税。根据古巴工会章程，每五位劳动者可组建一个工会小组。一些受到美帝国主义渗透和资助的工会组织虽具有形式上的合法性，却从事着名不副实的破坏活动。古巴政府对这些非法工会的组织者依法进行了惩处，但这并不构成对工人自由结社和组织权的干涉。这些工会组织指责古巴政府损害工人权利，但事实上这些组织与古巴

---

① Alfredo Morales Cartaya, "Labor Relations, Labor Rights, and Trade Unions: Their History in Cuba", qtd. in Al Campbell, *Cuban Economists on the Cuban Economy*, University Press of Florida, 2013, p. 227.

的工人权利没有任何关联，相反大部分古巴人认为这些组织的存在是对古巴主权的极大伤害。①

　　成立于 1961 年的古巴全国小农协会（Asociación Nacional de Agricultores Pequeños，ANAP）是古巴合作社成员、农民及其家属的群众组织，其经济社会利益与社会主义和谐发展的目标相一致，旨在实行古巴革命的土地及农业政策。协会共有 4331 个基层组织，包括 1089 家农牧业生产合作社和 3242 家小农、信贷与服务合作社。协会现有 331874 名成员，其中约 11% 是女性，农牧业生产合作社有 62494 名成员，小农、信贷与服务合作社有 269380 名成员。② 2011 年，古巴政府允许承包闲置土地，古巴小农的生产积极性得到进一步提高，协会的作用也更加凸显。

　　古巴共产主义青年联盟与"何塞·马蒂"少年先锋队组织是古巴共产党培养革命预备队的重要组织。成立于 1962 年的古巴共产主义青年联盟（Unión de Jóvenes Comunistas，UJC）是古巴先进青年组织，旨在宣传和贯彻党的方针政策、团结教育广大青年、组织青年积极投身社会主义革命与建设事业，并向古共输送优秀党员和干部。成立于 1961 年的"何塞·马蒂"少年先锋队组织（Organización de Pioneros José Martí，OPJM）是古巴小学生和初中生的少年儿童组织，旨在对 5~15 岁青少年进行社会主义和共产主义的思想教育，将他们培养成为革命事业的接班人，培养古巴青少年的学习兴趣、爱国热情、劳动习惯和社会责任感。成立于 1922 年的古巴大学生联合会（Federacion Estudiantil Universitaria，FEU）是古巴最早的青年革命组织之一。古巴革命胜利后，大学联在贯彻党的方针政策、领导和教育大学生积极投身社会主义革命与建设、捍卫革命胜利成果等方面发挥了重要作用。成立于 1970 年的古巴中学生联合会（Federacion de Estudiantes de Ensenanza Media，FEEM）是古巴高中生和中等专科学校的

---

① Alfredo Morales Cartaya, "Labor Relations, Labor Rights, and Trade Unions: Their History in Cuba", qtd. in Al Campbell, *Cuban Economists on the Cuban Economy*, University Press of Florida, 2013, p. 229.

② 参见 https://www.ecured.cu/ANAP。

学生组织。

女性在古巴社会政治经济生活中扮演着重要角色。成立于 1960 年的古巴妇女联合会（Federación de Mujeres Cubanas，FMC）是古巴党和政府开展全国性妇女工作的重要载体。古巴妇联旨在团结、教育并组织古巴女性平等地参与社会主义革命和建设事业，每五年举行一次全国代表大会，现有会员 400 多万人，会员占 14 岁以上妇女的 90% 以上。[①]古巴妇联的领导机构是全国委员会，下设省市分会、基层组织和小组。

保卫革命委员会（Comités de Defensa de la Revolución，CDR）是古巴群众基础最为广泛的社会组织，14 岁以上居民均可参加。全国委员会现有 800 多万成员和 13.8 万多个基层委员会，成员总数占 14 岁以上公民的 92.6%。随着时代的变化，保卫革命委员会的职能从配合内务部维持社会治安、与犯罪行为和颠覆活动作斗争，扩展到教育、组织群众参与社会主义革命和建设并服务社区居民等。

经过半个多世纪的探索与发展，古巴社会主义政治制度日渐完善，形成了以古巴共产党为领导，以全国人民政权代表大会制度为核心，人民当家作主、广泛参与的民主政治制度。尽管西方舆论从未停止过对古巴一党制、领导人更替制度等政治敏感问题的曲解和发难，但古巴共产党始终坚持共产主义的理想和信念，坚守无产阶级政党的底线和使命，坚持马克思主义执政党建设和创新，最大限度地实现了政治稳定与政治发展的辩证统一，为古巴进一步探索政治民主化与法制化奠定了坚实基础。

第二节　宪法修订与政治体制更新

2018 年 7 月 21 日至 22 日，古巴第九届全国人民政权代表大会（以下简称"全国人大"）第一次会议审议并通过了《古巴共和国宪法草案》（以下简称草案）。这是古巴自 2011 年召开古共六大并正式启动模式更新以来首次提出修宪草案，也是古巴自 2018 年 4 月实现最高领导层更替后推出的

---

① 徐世澄、贺钦编著《列国志·古巴》，社会科学文献出版社，2018，第 143 页。

重大举措。此次修宪关乎古巴政治、经济、社会及外交等领域的核心问题及诉求，因而受到了广泛关注和热议。

一 修宪为社会主义模式更新保驾护航

古巴宪法规定，古巴的社会主义制度不可更改，古巴共产党是古巴社会和国家的最高领导力量，古巴是法治、民主和主权独立的社会主义国家。

（一）修宪的背景与契机

作为治国安邦的总章程，古巴宪法集中体现了古巴共产党和古巴人民的意志，在古巴社会主义建设和更新进程中具有不可替代的重要作用。自古巴革命胜利后，古巴政府先后颁布了 1959 年根本法和 1976 年宪法。现行宪法经 1976 年全民公投通过并实施后，又于 1992 年和 2002 年经历了两次修订。

为贯彻 1975 年古共一大精神，古巴全国人大于 1976 年颁布了旨在确立党和国家社会主义政治经济体制的新宪法。1992 年 7 月，古巴全国人大通过了关于党和国家指导思想、国家安全、政治选举、经济调整、对外开放及宗教自由等重大问题的宪法修正案。1992 年宪法对原宪法 141 条中的 76 条作了修改，另删补了近 30 条。2002 年 6 月，经全民公决提议和古巴全国人大特别会议通过，古巴宪法增补了一个特别条款——"古巴的社会主义性质及体制不可更改"。

自劳尔·卡斯特罗主政古巴以来，为应对古巴社会经济发展中长年累积的诸多问题，古巴各界掀起了新一轮思想解放和结构变革。2008 年爆发的国际金融危机使古巴经济形势变得更为严峻，古巴各界对开展社会经济模式更新的历史必然性认识日趋统一。2011 年，古共六大重点讨论了古巴经济社会模式更新的大政方针与具体政策，并通过了《党和革命经济与社会政策纲要》（以下简称《纲要》），从而正式开启了古巴经济模式更新进程。劳尔·卡斯特罗政府试图通过渐进改革，为美国封锁禁运下付出高昂代价的不发达岛国寻求可行的发展模式。古巴领导人曾多次表示，模式更新旨在超越短期目标，从根本上改变 50 年来统治古巴经济的一些落后体制。

2016 年，古共七大集中阐释了古巴经济模式更新的主要成就及问题，并发布了《关于古巴社会主义经济社会发展模式理论化的决议》等五项文件。这是古巴共产党在治国理政方略上做出的一次重大理论创新，标志着古巴社会主义进入理论化和制度化探索的历史新阶段。2016 年 5 月 28 日，古巴共产党机关报《格拉玛报》发布了修改后的两项重要文件《古巴社会主义经济社会发展模式理论化》和《2030 年古巴经济社会发展国民计划：关于国家愿景、战略核心与战略部门的提议》全文。前者总计 330 条，分为"模式更新的原则与变化""所有制""计划经济领导体制""社会政策"四章；后者共计 251 条，分为"导论""制定国民计划的主要原则与核心议题""2030 年国家愿景""战略核心""经济核心部门"五部分，另附七大文件中提出的 33 个理论关键词释义。

根据古共七大公布的数据，仅有 21% 的《纲要》内容在过去五年得到了落实。有古巴学者认为，考虑到改革初期更新范围主要集中在阻力较小和争议较少的领域，更新进展显然还不够理想。[1]劳尔·卡斯特罗在古共七大报告中指出，古巴将在未来几年内对 1992 年宪法进行修改和全民公决，新宪法旨在适应古巴社会经济模式更新的历史新阶段。

（二）修宪的程序和内容

古巴宪法规定，古巴全国人民政权代表大会是古巴最高权力机构，具有立法及修宪权；如部分修宪，须经全国人大 2/3 以上代表表决通过；如全面修宪或修改宪法中关于全国人大和国务委员会组织职能的规定、关于权利和义务的规定，除经全国人大代表投票表决外，还须经全民公决多数通过。

面对不断变化的党情、国情和世情，古巴修宪酝酿已久。为确保修宪合法、权威、科学与民主，古巴早在 2014 年便组建了由古共中央政治局领

---

[1]　〔古巴〕里卡多·托雷斯·佩雷兹：《古巴经济模式更新：十年回顾与反思》，贺钦译，《当代世界社会主义问题》2018 年第 2 期，第 38 页。

导、各方专家共同参与的专业工作组，负责修宪相关问题的研究、咨询和报告。2014 年 6 月，工作组向古共中央政治局和中央全会提交了《修宪法律基础》报告。2018 年 4 月，新当选的国务委员会主席兼部长会议主席迪亚斯－卡内尔在古巴第九届全国人大上指出，古巴将开展新一轮修宪工作。2018 年 6 月，古巴全国人大特别会议宣布，古巴将正式启动 1976 年宪法的第三次修订工作，并组建了负责制定修宪草案的修宪委员会。委员会共有 33 名成员，劳尔·卡斯特罗亲任委员会主任，国务委员会主席兼部长会议主席迪亚斯－卡内尔和古共中央委员会第二书记何塞·拉蒙·马查多等多名党和国家领导人任委员会成员。根据古共七大等重要会议精神和古巴更新进程的实际，修宪委员会汇总专业工作组前期意见建议，并参考世界各国宪法实践，经多轮研究和讨论，历时一个多月完成了草案修订工作。

2018 年 7 月 21 日至 22 日，古巴第九届全国人大第一次会议审议并通过了草案。古共中央第一书记劳尔·卡斯特罗和古巴国务委员会主席兼部长会议主席迪亚斯－卡内尔等党和国家领导人出席了会议。605 名全国人大代表对草案进行了分组讨论。古巴国务委员会秘书、修宪委员会成员奥梅罗·阿科斯塔代表修宪委员会在会议上发言。奥梅罗指出，新宪法草案共 224 条，其中对 1976 年宪法（后经 1992 年和 2002 年两次修改）中的 113 条做了修改，新增 87 条，取消了 13 条。

在政治领域，新宪法草案中有关古巴领导人任期制和古巴政治体制调整等内容广受关注。根据 1976 年宪法，古巴的国家元首和政府首脑由国务委员会主席兼部长会议主席兼任，而新宪法草案提议恢复于 1976 年取消的总统（主席）职位，并增设副总统（主席）、总理及副总理职位，由总统取代国务委员会主席担任国家元首，由总理取代部长会议主席任政府首脑。总统人选须年满 35 周岁，由全国人大选举产生，任期五年，最多可连任一届，首任年龄不得超过 60 岁。副总统人选须年满 35 周岁，选举方式和任期规定与总统相同。总理人选须年满 35 岁，由总统提名，经全国人大任命，任期五年。修宪草案还规定，古巴全国人大是古巴最高国家权力机构，国务委员会为全国人大常设机构，国务委员会主席、副主席和秘书长由全国人大主席、副主席和秘书长兼任。部长会议为古巴最高行政执行机构，由总理、副总理、各部部长和秘书长等人员组成。部长会议、最高人民法院、共和国总检察院及选举委员会的成员均不得担任国务委员会委员。草案还提出，调整原议行合一的地方行政体制，取消省级人民政权代表大会，组建省政府，赋予市级行政机构更多的自主权，由市政委员会行使所在地区的管辖权。此外，作为常设国家机构的国家选举委员会和总审计署被首次写入宪法。草案对国家领导人任期制、议行分立制、集体领导制和地方行政体制等做出新规定，既维护了古巴上下的政治团结与稳定，又有力地促进了古巴政权体系和行政体制的民主化、科学化与法制化。[①]

　　经济改革是古巴更新进程中最为复杂的领域之一。西方舆论普遍认为，伴随古巴领导层的更替，古巴国内必然存在改革派和保守派的分野和争鸣，继而出现革命逆转的可能。事实上，古巴各界对社会主义经济改革的方向具有高度共识，但在改革的方式和进度上仍存在一定争论，如何制定既能保增长、提效率，又能增进人民福祉的经济政策是各方关切的焦点。新宪法草案对古巴所有制结构、资源分配方式和外资等核心问题的阐述有力地回应了各方猜测和疑虑。该草案指出，古巴经济制度的基础是社会主义全民所有制和计划经济领导体制，同时根据社会利益，考虑市场作用，并对其进行监管；古巴承认的所有制形式包括社会主义全民所有制、合作社所有制、混合所有制、政治及群众组织及个人所有制；为确保平等和社会公正，古巴反对任何自然人或非国有法人的财富集中；国有企业是国民经济的主体；劳动是古巴社会的根本价值，除按劳分配外，古巴人民还享有广泛和平等的社会服务及福利。关于外资，草案强调，作为国家经济发展的重要因素，国家鼓励外资发展，但外资须合理保护和利用古巴人力及自然资源，尊重古巴主权独立。总体而言，草案重申了社会主义基本经济制度的各项原则，对制约经济更新的各种结构性问题均给予了正面回应，但对

[①]　贺钦：《古巴修宪："坚守"与"更新"是核心要义》，《世界知识》2018年第16期，第45页。

市场经济、私营经济、外资利用等热点问题的表述较为有限，且态度审慎。①对于未尽之意，草案导言指出，新宪法旨在确立古巴的根本原则和价值观，因此不可能穷尽对古巴政治、经济和社会生活等方面的法律阐释。

在对外关系方面，草案重申了古巴试图加强与拉美及加勒比国家、第三世界国家和其他社会主义国家合作的意愿。此外，新宪法草案还明确了古巴在裁军、反恐、反核武器、网络战、网络空间民主化及气候变化等全球问题上的立场和态度，并对双重国籍、同性婚姻合法化等公民权问题做出新的诠释。

（三）全民公决通过新宪法

2019年，古巴经全民公决通过了新宪法，并颁布了若干关涉党和国家全局的新法律法规。为进一步落实模式更新纲要，古巴党和国家在政治、经济、社会及外交等领域的调整有序推进，与民生密切相关的问题得到持续关注和改善，模式更新的理论化工作也不断深入。

2018年12月，古巴第九届全国人大第二次会议在广泛听取群众意见建议的基础上，对宪法草案中的134项（约60%）条文作了修订，由此形成了新宪法终稿。2019年2月，经全民公决通过的新宪法包括序言、11篇、24章和18部分，共计226条，比草案增加了2条，比1976年宪法增加了89条，涉及古巴国体、政体、基本经济制度、公民权利及义务和外交等方方面面。新宪法强调，古巴是法治、公正、民主、独立和享有主权的社会主义国家，古巴共产党是古巴国家和社会的领导力量，马克思－列宁主义是古巴党和国家的指导思想之一。关于国家领导体制，新宪法规定国务委员会是全国人大常设机构，国家元首和政府首脑不再由国务委员会主席兼任，而改由新设立的国家主席和总理分别担任。国家主席由全国人大选举产生，须年满35岁，首次当选不得超过60岁，任期5年，可连任一届。总理由国家主席提名，经全国人大选举产生，负责政府日常工作并领导部长会议。

---

① 贺钦：《古巴修宪："坚守"与"更新"是核心要义》，《世界知识》2018年第16期，第45页。

在经济领域，新宪法指出，全民所有制是古巴的主要所有制形式，古巴经济体制以计划为主，同时考虑市场因素。新宪法规定，古巴经济所有制包括七种形式，其中私有制首次得到宪法承认。新宪法还肯定了外资在古巴经济发展中的作用，认为外资是促进国民经济发展的重要因素，应支持和保障外资在古发展。

新宪法还增加了反对恐怖主义、反对使用大规模杀伤性武器、保护环境、应对气候变化、维护网络民主化、谴责以网络手段颠覆主权国家并制造不稳定事端等新内容。古巴新宪法的颁布与实施，彰显了古巴党和政府依法治国的决心和信心。古巴新宪法将从国家根本大法的高度，进一步扫除制约古巴社会主义模式更新的落后观念和制度羁绊，从而加快实现建设繁荣、民主与可持续社会主义的更新目标。

（四）修宪的意义及影响

此次修宪遵循依法、科学和民主的原则，为古巴社会主义模式更新的理论化与制度化提供了有力的宪法保障，具有重大的历史和现实意义。

从古共七大选举产生新老结合的古共领导集体，到 2018 年 4 月迪亚斯 - 卡内尔当选古巴新一届国务委员会主席，困扰古巴多年的国家领导人制度性更替问题得到初步解决。完善国家领导人任期任职制度，实行国家元首权与政府行政权分离等新变化，有利于完善古巴社会主义政治制度，推进政权体系和行政体制的法治化与现代化。

面对前所未有的复杂局面，"坚守"与"更新"无疑代表了古巴此轮修宪的核心要义。一方面，古巴始终认为，社会主义制度是实现国家主权和独立的根本保障，修宪将进一步夯实古巴社会主义的制度基础。另一方面，古巴试图通过修宪，坚定依法治国的决心和信心，并积极寻求国家治理体系的现代化，从而加快实现建设繁荣、民主与可持续社会主义的更新目标。

劳尔政府高度重视改革的合法性，并反复强调"应把法律框架及相关法规作为公共政策执行的根本遵循"，反对决策过程中的随意性。实施相关领域改革，须先行提出政策框架，再出台相应的法律规范。更新进程既寻求重点突破，又试图确保政策的延续性，从而避免特定领域新旧法规之间的摩擦与矛盾。为深化结构调整，加强对外开放，古巴陆续颁布了新《移民法》、新《外国投资法》和《马里埃尔发展特区法》等多部法律法规，而新宪法草案将从国家根本法的战略高度，进一步扫除制约古巴更新的各种观念和制度羁绊。

2018年8月13日至11月15日，古巴就修宪草案展开了全民讨论。据古巴官方消息，有近900万古巴公民参与了此次讨论，170多万人在13.3万次各级各类会议上发言，古巴政府总共收到70万条建议和56万条修改意见。古巴新任领导人迪亚斯-卡内尔主席强调，古巴民主是真正的民主，古巴人民将直接参与宪法草案的讨论和表决，新宪法代表了祖国的现在和未来。古巴学者也对新宪法草案积极建言。例如，有学者认为，应积极推进古巴省级和市级人大的拆分和行政委员会的建立，并在宪法层面给予保护和监督。

2018年12月11~12日，古巴共产党七届八中全会集中讨论了由古巴修宪委员会根据全民讨论意见出台的新宪法修正案。2018年12月22日，古巴全国人大第九届二次会议一致通过了新宪法修正案。新宪法修正案对7月的草案进行了高度完善，修改之处多达60%。原草案取消了1976年宪法中三处"共产主义""共产主义社会"的提法，新宪法修正案保留了有关"共产主义"的提法，并决定将同性恋婚姻合法化问题留待两年后的《家庭法》出台及全民公决时决定。2019年1月5日，古巴党刊《格拉玛报》等官媒正式公布了古巴全国人大通过的新宪法修正案。2019年2月24日，新宪法修正案交由全民公开表决。

二 政治领导与行政体制更新

在劳尔·卡斯特罗的领导下，古巴党和政府加快推进政治领导与行政体制更新，并通过新宪法（2019年）和新《选举法》确立了后卡斯特罗时代的古巴党和国家领导制度。2021年4月召开的古共八大选举产生了古共中央新一届领导集体，古巴革命后出生的新一代领导人逐步接替元老一代掌舵古巴社会主义。

（一）模式更新以来党和国家领导人更迭的基本路径

在劳尔·卡斯特罗主政古巴前，菲德尔·卡斯特罗曾长期兼任古共中央第一书记、古巴全国人大常设机构国务委员会主席（国家元首）、古巴最高行政机关部长会议主席（政府首脑）和古巴革命武装力量总司令。2006年，80岁的菲德尔·卡斯特罗由于身体原因退居二线，其胞弟、同为古巴革命元老一代的劳尔·卡斯特罗接替其行使一切权力。劳尔仅比菲德尔年轻5岁，继任时已达75岁高龄。

2008年2月，劳尔接替菲德尔·卡斯特罗当选国务委员会主席、部长会议主席和革命武装力量最高指挥。2011年4月，劳尔在古共六大上当选古共中央第一书记，从而正式接替菲德尔成为古巴党和国家领导人。2016年4月，劳尔在古共七大上连任古共中央第一书记。同年11月，菲德尔·卡斯特罗逝世。2018年4月，迪亚斯-卡内尔接替劳尔当选国务委员会主席兼部长会议主席，成为古巴国家元首兼政府首脑。根据古巴2019年新宪法和新《选举法》规定，古巴将增设国家主席（国家元首）和总理（政府首脑）职位。2019年，迪亚斯-卡内尔当选古巴首任国家主席，埃斯特万·拉索·埃尔南德斯当选全国人大主席兼国务委员会主席，曼努埃尔·马雷罗·克鲁斯当选总理（负责政府日常工作并领导部长会议）。

劳尔时期，古巴领导人的更迭路径具有两个特点。一是从国家领导权开始，依照国家元首、政府首脑、革命武装力量最高指挥的顺序依次交权，最后以党领导权更迭为标志，彻底实现权力的代际交替，从而体现出党的核心领导地位。二是在推进领导层新老更替的同时，逐步建立有助于权力分散化的政治运行与制衡机制。自1959年古巴革命胜利以来，迫于特殊的社会历史条件，古巴在近半个世纪中多次出现由菲德尔·卡斯特罗一人同时担任古巴党、国家最高权力机关和古巴行政机关领导人的情形，党政不分和议行合一是这一时期政治体制的主要特征，这也成为西方舆论攻击古巴社会主义的主要原因之一。

在更新党和国家领导制度的过程中，劳尔·卡斯特罗起到了承前启后、不可替代的重要作用。劳尔接替菲德尔时，古巴已从苏东剧变后的危机中慢慢复苏，模式更新成为古巴社会主义面向未来的战略选择。民主集中制和集体领导制是古巴社会主义的内在要求，为打破政治建设滞后给古巴社会经济发展带来的不良影响，古巴政治体制更新被提上日程。

（二）模式更新以来行政体制更新的路径与举措

2019年6月19日，古巴全国人大宪法和法律事务委员会主任何塞·托莱多（José Toledo）对《选举法》修改草案作了说明，6月21~26日古巴全国人大代表对该草案进行了讨论。2019年7月13日，古巴举行了第九届全国人大三次会议，包括古共中央第一书记劳尔、国务委员会主席兼部长会议主席迪亚斯－卡内尔在内的556名全国人大代表出席了会议。会议表决通过了新修订的《选举法》、《国家象征法》及首部《渔业法》，选举产生了国家选举委员会，并听取了财政价格部部长博拉尼奥斯关于2018年国家预算决算情况的报告和经济计划部部长吉尔关于2019年上半年国民经济运行情况的报告。会议还决定于2019年10月选举主要国家领导人，12月选举部长会议成员。

根据新《选举法》，古巴市人大代表将由市民直接选举产生，不再设省级人大，全国人大代表经由间接选举产生；由全国人大代表选举产生国家主席、副主席和总理（目前国务委员会主席和部长会议主席由一人担任），国务委员会人数将从31人减少到21人。从第十届全国人大起，全国人大代表由605人减至474人。各省将设立省长和副省长，并取消省级议行合一制度及相关机构。

2019年10月，根据新宪法和新《选举法》，古巴召开了第九届全国人大第四次特别会议，选举国家主席和副主席，国家主席为国家元首。1976年以前，古巴设有总统和总理，菲德尔·卡斯特罗曾任总理一职。1976年宪法通过后，菲德尔·卡斯特罗兼任国务委员会主席和部长会议主席至2008年，其后由劳尔·卡斯特罗接任两职，2018年迪亚斯－卡内尔继任。经选举，59岁的迪亚斯－卡内尔当选古巴首任国家主席；74岁的萨尔瓦多·瓦尔德斯当选国家副主席；埃斯特万·拉索·埃尔南德斯（Esteban Lazo Hernández）当选全国人大主席，并兼任国务委员会主席。会议还选举了由21人组成的国务委员会。劳尔·卡斯特罗自2018年4月卸任古巴国务委员会主席后，仍担任古巴共产党中央委员会第一书记，直至2021年。

2019年12月21日，经古巴国家主席迪亚斯－卡内尔提名，古巴第九届全国人大第四次常规会议选举古巴现任旅游部部长曼努埃尔·马雷罗·克鲁斯（Manuel Marrero Cruz）为古巴国家总理。作为继菲德尔·卡斯特罗后、古巴43年来首位总理，曼努埃尔·马雷罗将负责政府日常工作并领导部长会议。国家主席迪亚斯－卡内尔在提名总理人选时表示，马雷罗对党、对革命忠诚，作为古巴前旅游部部长，他在振兴古巴旅游业中发挥了重要作用。古巴各界也对马雷罗维护古巴党政大局与团结的能力表示了肯定。古巴第九届全国人大还任命了6位副总理、1位部长会议秘书和26位部长。

总之，古巴新国家领导体制的确立充分体现了古巴社会主义民主政治的进步与成熟，是古巴模式更新进入制度化历史新阶段的重要标志。

第三章　模式更新的议程与纲要

2007 年，古巴新一代领导人劳尔·卡斯特罗主席对古巴的经济形势做出深刻判断，并提出应深入推进古巴社会主义的结构变革与思想变革。2011年，经过多年理论酝酿与实践探索，古共六大通过了古巴社会主义模式更新的重要指南——《党和革命经济与社会政策纲要》。2016 年，古共七大提出模式更新理论化与制度化的新要求和建设"繁荣与可持续社会主义"的新目标。古巴模式更新议程与纲要的不断明晰与完善，体现了古巴党和政府布局社会经济中长期发展、更新古巴社会主义发展模式的战略考量与决胜信心。

第一节　模式更新的议程与阶段

半个多世纪的经济封锁、苏东剧变后的经济危机、延续多年的体制痼疾和自然灾害等原因，使古巴社会日益出现了权力过度集中、效率低下、腐败、不平等和贫困、人口失衡和基本消费得不到满足等不良现象，严重损害了古巴社会主义的根基和成果，社会团结面临空前挑战。2005 年前后，古巴经济趋于平稳。自劳尔·卡斯特罗主政古巴以来，为应对古巴国民经济和社会生活长年累积的历史性与共时性矛盾，古巴各界开始积极酝酿和备战新一轮思想和结构变革。古巴民众也积极参与到这场关乎古巴社会主义未来的大讨论中。2008 年以来的国际金融危机使古巴经济雪上加霜，古巴新一轮经济调整势在必行。古巴各界对社会主义模式更新的历史必然性与必要性达成了高度共识。

一　古共六大的召开与模式更新的启动

从古共五大到六大的十四年间，古巴社会政治形势保持平稳，古巴共产党的执政地位较为巩固，但经济状况却不容乐观。进入新世纪以来，古巴年经济增长速度有所放缓。自2008年国际金融危机爆发以来，古巴主要出口产品镍矿价格持续走跌，出口外汇收入锐减，访古旅游人数急剧下降，侨汇收入也面临较大损失，而古巴急需大量进口的国际粮食与食品价格却接连攀升。此外，古巴难以获取国际信贷的局面未有根本改变，美国在贸易、金融、传媒、信息等领域的对古封锁依然严酷，古巴国民经济效率低下的问题愈发突出，加之自然灾害频发，飓风旱灾损失严重，古巴经济雪上加霜。

2008~2011年，古巴国内生产总值呈整体下滑趋势，年均增长率仅为2.6%，低于相关专家指出的古巴经济克服生产与基础设施建设资金短缺所允许的最低增长率4%。另外，国家财政赤字超过了3%的允许范围，赤字率一度高达6%。为扭转财政失衡局面，古巴政府先后采取了取消补贴、通过新《社会保障法》、将女性和男性退休年龄分别延长至60岁和65岁、重新调整和界定古巴中央行政机构（OACE）职能、减少投资和进口、严格实施节约能源等政策。

（一）古共六大启动更新进程

2011年4月16日至19日，古巴共产党召开了第六届全国代表大会，以纪念吉隆滩战役胜利50周年和古巴宣布实行社会主义制度50周年。这是自1997年古巴共产党召开五大以来的又一次党代会，也是古巴实现最高领导权顺利交接以来的第一届党代会，因此格外引人注目。2011年召开的古共六大旨在研究古巴经济与社会模式的创新与调整，会议通过了将在未来相当长一段时间内指引古巴社会主义模式"更新"的《党和革命经济与社会政策纲要》（简称《纲要》）。作为古巴建设社会主义的发展大计，《纲要》的重大意义与深远影响不言而喻。古共六大的成功召开，昭示着以经济模式更新为主线的古巴新一轮社会主义改革正式拉开大幕，古巴革命五十多年来（尤其是苏东剧变后的二十多年来）累积的各种矛盾与危机将再次面临时代考验与人民的抉择。

古巴共产党第六届全国代表大会重点指向经济领域，旨在讨论与制定古巴经济与社会模式更新的大政方针与具体政策。内含 313 项条款的《纲要》共计 12 章，其中总则包括经济管理模式，宏观经济政策，对外经济政策，投资政策，科学、技术、创新和环境政策，社会政策六章。《纲要》在阐述古巴经济模式更新的性质与目的时强调，古巴将坚持社会主义方向，不断完善和"更新"经济与社会模式，发展国民经济，提高人民生活水平。在经济制度、体制和机制方面，《纲要》指出古巴未来仍将坚持以计划经济为主导，并适当考虑市场因素的作用；逐步实现党政分开，政企分开，适度放权，赋予国有企业更多自主权；在坚持以公有制为主体的前提下，力图调整就业结构，削减国有部门岗位，减少国有部门冗员，增加非国有部门的就业岗位，鼓励更多私营经济，扩大个体户、承包、租赁、合作社、外资等所有制形式，扩大个体劳动者的活动范围，并向其提供银行贷款，允许其进入原材料批发市场等。在利用外资及金融改革方面，《纲要》指出应继续吸引外资、寻找资金来源以遏制生产部门的资金流失；重新调整外债偿还期，严格履行偿债承诺以改善诚信；建立更加先进的金融体制，严控货币政策，逐步取消货币双轨制；向个体户和居民发放贷款；等等。在产业政策方面，《纲要》强调高度重视农业发展，深化农业改革，积极推进土地承包制，给农业以更大的自主权，力图降低古巴农业对进口的依赖，促进商品和劳务出口的增长等。在居民生活与社会保障方面，《纲要》指出古巴将继续实行全民免费医疗和全面免费教育，逐步取消低价定量供应日用品和食品的购货本制度，削减不必要的社会开支和政府补贴，放松对居民买卖房子和汽车的限制等。

劳尔·卡斯特罗还代表古巴共产党中央委员会在古共六大上发表了中心报告，报告围绕《纲要》主旨，就古巴未来经济与社会变革的路径及突破口提出重要的指导性意见。

2011 年 7 月，为确保落实《纲要》，古巴政府成立了《纲要》发展与执行常务委员会，古共中央政治局委员、古巴部长会议副主席马里诺·穆里略任主任。该机构旨在指导和协调《纲要》的法规编制、具体实施、宣传及干部培训，并向古巴全国人大和古巴部长会议汇报《纲要》的年度落实情况。其制定的《落实〈纲要〉计划（2011~2015年）》对更新的路径和步骤做出统一规划和安排。

随着模式更新的推进，古巴党和政府试图使经济模式更新从克服危机的权宜之计上升为国家未来发展的整体战略。[①]古巴领导人指出，"我们的经济模式更新不仅仅是为了生存，为了消除当前古巴社会结构与政府职能上的错误，而是为了实现模式运行的现代化，创新发展战略，使其既能肩负巩固社会主义的历史大任，又能助力古巴成功融入国际社会"。

在模式更新的第一阶段，古巴政府出台的若干措施旨在加强与改善制度建设，取消影响古巴居民日常生活的各种限制。改革重点包括：（1）加强制度化建设，包括国家与政府机构的重组；（2）根据古巴现有资源调整经济计划；（3）制定相关政策措施，优先促进经济增长、多元化发展和进口替代；（4）调整投资政策，提升投资的整体性，避免资源浪费和低效利用。改革的具体措施包括：（1）重新分配可支配外债，重点扶持短期内对国际收支平衡影响较大的领域；（2）重新安排外债偿还期；（3）推进国民经济的结构调整，农牧业领域颁布了第259号法令，允许农民承包闲置土地，承包期限为10年，以促进农业生产、减少粮食进口；（4）继续开展能源革命，重组全国交通运输运力；（5）布局和启动关涉古巴未来发展的战略性产业投资；（6）为减轻国家负担，对国营食堂职工和国营运输企业的工人试行下岗分流，向私人运输车辆和客运出租车发放许可证。

（二）模式更新的三大方向

围绕《纲要》的讨论与制定，古巴上下就既有改革的成效、问题和未来更新路径进一步达成了社会与政治共识。这场古巴国内空前广泛和深入的改革大体可归纳为以下三个主攻方向。

---

① Juan Triana Cordoví，"Cuba:¿de la «actualización» del modelo económico al desarrollo?"，*Nueva Sociedad*，No. 242，noviembre – diciembre de 2012.

1. 减少国家对国民经济的干预，对所有制结构和经济管理方式进行必要的改革与调整

所有制结构和经济管理方式调整的重点如下。（1）政府将闲置的国有土地承包给合作社或个体农民。截至 2011 年年底，原闲置农地的 80% 已承包给 17 万户农民及合作社，仍有约 200 万公顷的土地闲置。（2）为提高国有部门经营效率，减少冗员，古巴政府从 2010 年 9 月起对国有部门（包括各部委及其下属单位和国有企业）约 50 万人实施下岗分流。由于政策推行过程中受到较大阻力，目前这一政策已放缓步伐。（3）鼓励个体经济的发展。古巴政府在 176 项经济活动中放宽了对个体经营的限制，并向个体经营户发放贷款。仅 2011 年一年，古巴政府就颁布了与个体户相关的 10 项法令和 60 多项决定。例如，将数百家原国有理发店、美容店（三个座位以下）、各种修理店及照相馆等交由原单位职工承包经营；允许个体户参与小商品、部分农产品（主要是蔬菜、水果）零售业务。（4）削减不必要的公共事业补贴，减少凭购货本低价配给的消费品数量。

2. 重组国家机器，促进国家行政机构的现代化

古巴政府力图重新设置部委结构，建立新的制度与法规，通过间接手段调控国民经济，使国有经济保持最大限度的独立。2011 年 8 月 1 日，古巴全国人大通过决议，决定在新设立的两个省阿尔特米萨省和马亚贝克省搞试点，进行行政改革，将省政府与省人大原议行合一的行政管理分开。在精简政府机构方面，古巴政府又先后于 2011 年 9 月和 11 月将糖业工业部和邮电总局改制为企业集团。作为传统计划经济国家，古巴机构臃肿成为困扰模式更新的社会重症，因此劳尔力主精简政府机构和国有企业人员。2010 年，古巴政府宣布到 2015 年裁减 50 万公务员。2010 年至 2011 年，古巴政府裁员近 42.3 万人。2011 年至 2014 年，古巴政府新裁员 55.2 万人。①

---

① Jorge I. Domínguez, Omar Everleny Pérez Villanueva, et al., *The Cuban Economy in a New Era: An Agenda for Change toward Durable Development* (Series on Latin American Studies), David Rockefeller Center for Latin American Studies, January 8, 2018, p. 6.

2012 年 10 月，轻工业部和钢铁机械工业部合并为工业部。2012 年 11 月 29 日，设立能源和矿业部，取代原来的基础工业部。2013 年 2 月 15 日，撤销民用航空委员会，将其并入交通部。此前，古巴民用航空委员会与交通部同为部级单位。2013 年年中，古巴政府在保留原外贸外资部的同时，决定成立由 12 个外贸企业组成的外贸企业集团负责商品与劳务输出，医务人员劳务出口由卫生部企业负责。至此，古巴已成立包括航空、电力、石油、镍、盐、化工、轻工、冶金机械、食品、糖、药品等部门在内的 12 个企业集团。

3. 解除限制古巴居民个体活动的各种禁令，如放开私人购车、购房市场，颁布新《移民法》，改善居民生活状况，促进私人投资等

2011 年 9 月 28 日，古巴政府颁布法令，解除了关于私人买卖汽车近半个世纪的禁令。同年 11 月初，古巴政府宣布允许住房买卖和转让，允许银行向个人发放小额贷款，并决定向个人建房或修房有困难者发放补贴。自 2011 年 12 月 1 日起，政府取消国家对农产品收购后销售的垄断，允许农民直接将农产品销售给旅游饭店或旅游公司。允许向持有可兑换比索（类似外汇券）的古巴普通居民销售手机、电脑、DVD 机、彩电等商品。允许古巴本国公民入住涉外旅游饭店（需支付可兑换比索）。自 2013 年 1 月 1 日起，古巴实行全面税收制度，这是自 1959 年古巴革命胜利并废除全部税收制度以来的第一部全面税法。比照新税法征税规定和古巴民众的实际收入水平，新税法对普通劳动者影响不大，主要是对古巴改革开放中包括个体户、私人企业主在内的一些收入增加较快、较多的群体增加税收，旨在增加政府财政收入，调节居民收入分配。2013 年 1 月 14 日，古巴新的《移民法》正式生效，新法案简化了古巴公民的出境手续，规定只需出示有效护照及目的地国签证即可自由离境，公民境外逗留期限从 11 个月延长至 24 个月，从而真正使古巴的移民政策和程序合乎国际惯例。2013 年 2 月 21 日，古巴官方公布新规定，古巴银行放宽对个体劳动者及个人建造自住房的贷款申请条件。此次新发布的补充规定，将允许申贷者提供其他资产进行还贷担保，例如珠宝首饰、车辆、避暑休闲住房等都可以用来作为担保。这

些资产用于还贷担保时，其价值将按市场价格确定。

2013 年 7 月 7~9 日，古巴第八届全国人大召开第一次会议。这次会议对古巴经济模式改革的进展情况进行了全面梳理，并提出取消货币双轨制及推进国企改革等政策建议。古巴国务委员会主席劳尔·卡斯特罗在大会上表示，2013 年上半年古巴国民生产总值增长达 2.3%，比上年同期有所增长，但整体来说，古巴普通家庭经济条件并没有好转。劳尔特别指出，要用多劳多得的分配原则来调动古巴人民的劳动积极性。

有学者认为，古共六大以来改革最重要的特点就是强调更新社会主义经济模式，强调调整计划和市场的关系，改革更注重内部革新图强，提高效率，而不再大张旗鼓地强调对外开放和投资的作用，即不再强调对对外关系的依赖；从改革措施来看，大多涉及国内计划与市场、国家与市场之间关系的调整与改革，不再强调依靠任何外国和外国集团。①

二 古共七大的召开与模式更新的推进

2016 年 4 月 16~19 日，古巴共产党第七届全国代表大会在古巴首都哈瓦那胜利召开。这是古巴共产党在 2011 年古共六大上启动古巴"社会经济模式更新"后召开的首次党代会，也是 2014 年年底古美关系开启正常化进程后召开的首次党代会，其历史风向标意义不言而喻。

在为期四天的会议中，劳尔·卡斯特罗在开幕式上作七大中心报告，集中阐释了古巴经济模式更新的复杂性、主要成就与不足。其后，1200 余名大会代表分别就"古巴社会主义经济社会模式的概念""古巴 2016~2030 年发展计划""古共六大《纲要》实施五年来的情况和未来五年的更新""古共第一次代表会议通过的《工作目标》执行情况"进行了分组讨论，并最终发布了《关于古共七大中心报告的决议》《关于古巴社会主义经济社会发展模式理论化的决议》《关于 2030 年古巴经济社会发展国民计划的决议：关于国家愿景、战略核心与战略部门的提议》《关于六大通过的〈党和革命

---

① 杨建民：《古共"六大"与古巴改革的主要特点和前景分析》，《拉丁美洲研究》2011 年第 6 期，第 19 页。

经济与社会政策纲要〉执行结果及 2016~2021 年更新的决议》《七大关于执行〈工作目标〉及第一书记方针的决议》五份文件。

大会还选举产生了新一届中央委员会、政治局委员和古共中央书记。新当选的中央委员会委员共 142 名，政治局委员 17 名，其中 12 名为第六届政治局委员，5 名为新当选委员，书记处书记 5 名。85 岁的劳尔·卡斯特罗和 86 岁的何塞·马查多·本图拉分别连任古共中央第一书记和第二书记。

古共七大闭幕式上，久未露面的古巴前革命领导人、90 岁高龄的菲德尔·卡斯特罗发表了“古巴人民必胜”的讲话。劳尔·卡斯特罗在闭幕致辞中表示，发展国民经济、为和平而斗争、坚定意识形态是古巴共产党的主要使命。

此次与会代表平均年龄 48 岁，其中 35 岁以下的青年代表 35 人，占 5.5%，妇女代表占 43%，黑人和混血种人代表分别占 43% 和 36%。会议期间，古巴共产党还举行了庆祝古共七大召开和吉隆滩战役胜利 55 周年的文艺晚会。

（一）古共七大对更新问题的反思

在古共七大开幕式上，劳尔表示古巴将继续推进经济模式更新，不急躁，不懈怠。劳尔指出，当前古巴面临的主要困难是思想落后，作风松懈，对未来缺乏信心，既有怀念苏联和社会主义阵营时期的人，也有幻想资本主义复辟的人。

1. 《纲要》实施的进度与原则

劳尔在谈及古共六大《纲要》的实施情况时表示，目前已完成 313 条中的 21%，另有 77% 的纲要处于实施阶段，2% 尚未启动；与此同时，古巴政府还通过了 130 项新政策，颁布了 344 项各类新法规，修改了 55 处法规，废止了 684 项法规。此次提交古共七大审议的 2016~2021 年纲要共包含 268 条，其中保留了 31 条原提议，修改了 193 条，补充了 44 条。

劳尔认为，评判古巴模式更新的快慢，不应忽视古巴面临的现实——古巴绝不会推行以牺牲社会弱势阶层利益为代价的所谓的“休克疗法”；这一前提与古巴“保护全体公民”的原则相一致，并在很大程度上决定了古巴经济模式更新的速度。与此同时，国际经济危机和经济封锁对古巴经济模式更新造成的影响也不容忽视。劳尔进一步强调，旨在加快国有资产及社会服务（医疗、教育、社会保障等）私有化的新自由主义药方永远都不会在古巴实行。

尽管经济条件有限，但劳尔表示古巴仍将坚持为全民提供教育、医疗、文化、体育及社会保障等社会服务。虽然古巴国内仍有不少抱怨和不解，但社会领域的调整将有助于古巴在预算不足的前提下实现服务质量的提升。劳尔举例说，古巴新生儿死亡率为 4.2‰，目前仅有少数发达国家实现了这一指标。教育系统的调整主要体现在教育中心和 25 万寄宿生的减少上，而旨在加强中等技工与熟练工人培训的职业技术教育扩招也将改变古巴教育的"金字塔"结构，教育基础设施的维护与建设亦在进行中。在医疗卫生领域，古巴本着合理利用资源的原则，通过医疗领导结构的完善与医护人员的编制调整，实现了 15.2 万个岗位的减少和 2 万多名医生的再分流，医疗预算也由此减少了 20 多亿比索。与此同时，古巴药品进口和生产出现了一定困难，诊治传染性疾病的医疗卫生条件尚不理想。

劳尔强调，古巴经济模式更新绝不意味着对平等正义的革命理想的背弃，也绝不该破坏拥护古巴共产党的绝大多数古巴人民的团结，更不该让古巴民众陷入不安定和不确定中；《纲要》的执行需要古共倾注更多的心力，一方面需要向民众做更多的解释，另一方面需要更多的纪律、要求和执行力来推动这一进程，脚踏实地，真抓实干。

2. 社会主义模式更新面临的阶段性问题

在中心报告中，劳尔重点阐释了古巴社会经济模式更新面临的主要问题及相关举措。

首先，古巴货币汇率双轨制集中体现了更新进程的复杂性。由于流通领域高达 1∶25 的汇率差异，社会主义国有企业与不断增长的非国有部门相比处于极为不利的地位。古巴货币体制改革旨在扭转古巴社会收入分配领域的不公平，消除平均主义的负面影响，真正践行按劳分配的社会主义原则，最大限度地调动劳动者积极性、激发责任感。劳尔进一步指出，古巴始终致力于货币双轨制的解决，但即便结束了双轨制也并不意味着古巴经济结构问题得到彻底解决，经济模式更新的各项任务仍有待整体推进与落实。鉴于一些旧办法既不能增加劳动者收入，又无法确保自由市场特定商品的稳定供应，古巴将逐步取消一些不合时宜的免费措施或过度补贴措施。尽管部分凭本供应的物资已减少或取消，转而实行自由市场非补贴价格的零售，但仍有丰富的基本产品和服务保持着较高的补贴水平。其次，古巴难以逆转的人口老龄化及城市化问题，成为影响古巴发展全局的战略性问题。为此，古巴采取了76项措施和252次相关行动，而问题最终能否解决将取决于古巴经济的表现及这些举措的长期效果。

新《外国投资法》的颁布和马里埃尔发展特区的建立旨在吸引外资，刺激出口，促进就业和发展经济，投资过程仍有待加强监管，以期改善供求关系和提高生产效率。古巴投资方向调整显著，生产和基础设施建设领域的投资占比从2011年的45%增长到2015年的70%。在全球经济危机的背景下，古巴2011~2015年国内生产总值实现了年均2.8%的增长，却依然无法满足生产及基础设施建设的需求，无法实现居民消费的改善。为此，古巴政府积极调整外债结构，履行外债协议，平衡国际收支，重塑古巴国际信用，改善贸易融资条件。

为增强社会主义国有企业的作用和自主性，古巴将进一步推进政企分开。政企分开不可能一蹴而就，需要中长期内加强组织建设、人员培训和创新激励。进一步精简和调整国家机关，尤其是涉外和生产领域，同时向服务部门加大倾斜力度。积极推进人民政权代表大会的职能转变和基层行政模式的试点创新。《纲要》的执行结果表明，相关机构（包括《纲要》发展与执行常务委员会本身）存在不同程度的工作失误和失职，出现了执行不力、监管不严、缺乏整体考虑、风险预估不足、宣传教育不到位、缺少紧迫感等问题。

古巴重申全民所有制占主导地位的社会主义原则，同时承认国家在非决定性领域放权的必要性。一方面，劳尔在中心报告中表示，供需规律的引入与计划原则并不冲突，正如中国改革和越南革新的成功经验所示，两者并行不悖，相互补充，有利于国家的发展；古巴将这一过程称为"更新"，是因为革命的根本目标没有改变。古巴将着力提高国有生产和服务部门的效率与质量，并积极探索贸易、粮食、技术服务、轻工业和建筑业等非农牧业生产合作社的实践经验。另一方面，劳尔认为承认市场在社会主义经济运行中的角色并不代表党、政府和人民团体放弃对人民利益的维护，一个革命者、正直的人或共产主义者最败坏的行为莫过于在问题面前袖手旁观。近年来，古巴的非国有经济部门不断发展，国有部门的就业比重从2010年的81.2%下降到2015年的70.8%，50余万古巴居民成功注册个体户并开始从事相关生产与服务工作。尽管古巴国内正逐步形成正视个体户、摈弃歧视的社会风气，但由于存在腐败、偷税漏税及其他非法现象，实现非国有经济部门的规范仍有待时日。

目前，古巴居民的工资与补贴仍难以满足家庭的基本生活需求。自从政府采取了有利于公共医疗部门劳动者、外国投资和体育界的政策并采用灵活的企业支付系统后，古巴人均工资在2010~2015年增长了43%，但居民购买力不足的问题仍然突出，而提高所有预算单位的工资水平也是不现实的。古巴劳动与社会保障部关于推行新支付系统的相关举措仍有待探索。此外，古巴还将着力解决农业、旅游业、医疗卫生等战略部门和出口创汇行业的可持续发展问题。

此外，古共七大决议中提及的几个重要变化值得重点关注。一是承认了个体所有制的社会角色；二是把与非国有机构的合作关系列入了共同所有权的范畴；三是放松了对公共资产管理的管制，减少了国家对价格形成机制的干预。

（二）古共七大对更新前景的展望

古共七大通过的五项决议充分表明了古巴共产党力行社会经济模式更新的决心和逻辑，从而正式开启了古巴社会主义模式更新理论化和制度化的新阶段。

《关于古共七大中心报告的决议》写道，劳尔发表的中心报告阐明了古巴革命的历史延续性及其历史性领导人菲德尔同志的精神与教诲，勇敢、客观、尖锐、清晰和批判性地总结了过去五年的成就及挑战，表明了古巴人民建设"繁荣与可持续社会主义"的信心；文件指出，思想僵化是当前的主要障碍，例如懈怠、缺乏信心，执行更新任务的干部和公务员缺少必要准备、自我要求、外部监管、合理预见和工作积极性等。"模式理论化"和"国民计划"的提出为古巴共产党、国家和政府在做出重大决策时提供了有利于讨论、分析和谋求共识的工具，是一次重大进步。劳尔强调，建设繁荣与可持续的社会主义绝不意味着牺牲古巴主权、国家财富、人民福利和安全；发展国民经济、为和平而战及坚守意识形态是古巴共产党的主要使命。关于干部政策，古巴共产党将不断完善干部任用工作，扩大妇女、青年、黑人和混血种人担任重要职位的比例，建立后备干部选拔机制以确保党、国家和政府领导岗位后继有人。古巴将坚持一党制，坚持马蒂、巴利尼奥、梅里亚和菲德尔的党，以确保古巴团结、党积极作为和党群间广泛交流。与会代表一致认为，反对意识形态颠覆、培育古巴社会价值观及关心下一代是关乎古巴未来的战略性问题。大会通过了古巴对外政策的主要原则，重申了古巴捍卫革命独立性的决心，号召古巴各政治团体、群众和社会团体，国家和政府机构及全体古巴人民为迎接挑战，实现古巴社会主义的主权、民主、繁荣与可持续发展而加倍努力。该决议通过了中心报告的所有内容，建议实行古共七大关于国家和政府领导人任期及年龄上限的政策，并组织党员、共青团员学习中心报告，促进全民大讨论。

《关于古巴社会主义经济社会发展模式理论化的决议》指出，古巴"模式理论化"工作旨在系统阐释古巴以人民尊严、平等和自由为基础的社会主义原则，总结古巴社会主义理想的本质特征，定义时代变革。该决议认为，只有通过有利于公平分配的财富增长、生活水平的提升、集体和个人追求，进而坚持社会主义价值观，提高劳动生产率，才能实现古巴社会主义的巩固与可持续发展。模式理论化的提议在古共七大开幕前便得到了古各级代表的讨论和支持。该决议原则上通过了对古巴社会主义经济与社会发展模式理论化草案的修改，并提请古共中央委员会、古巴全国人大等相关机构做进一步讨论、修订、审批、执行及宣传工作。古巴《纲要》发展与执行常务委员会委员、高级会计师阿方索·莱加拉多·葛兰达（Alfonso Regalado Granda）认为，古共七大公布的模式理论化决议是一份基于古巴社会主义现实、面向古巴社会主义繁荣与可持续未来的文件，既涉及长期的结构性改革，又包括短期的局部调整。模式更新既需要充分动员国内资源，也需要在短期内吸纳建立在互利互惠基础上的、有利于社会主义建设的外商投资。①

《关于2030年古巴经济社会发展国民计划的决议：关于国家愿景、战略核心与战略部门的提议》认为，作为古巴计划体制的主要文件，"国民计划"为指导古巴全面协调发展及中长期内战略性地解决经济结构失衡提供了基本概念，这是古共六大提出《纲要》后的必然要求，也是实现古巴模式更新理论化目标的主要工具。"国民计划"中的"国家愿景"包括主权独立、社会主义、繁荣和可持续。作为发展战略的支柱与动力，战略核心包括高效的社会主义政府与社会一体化，生产变革与国际融入，基础设施发展，人类潜力、科技与创新，自然资源与环境，人类发展、公平与正义。为推进古巴经济结构改革，"国民计划"还初步规定了古巴经济战略部门和相关分析原则与方法。鉴于古共七大代表及各省代表会前的积极讨论，古共七大原则上通过了该计划的草案，古共中央将进一步就草案的修改与完善征求意见，古共中央委员会全会负责审议并通过修改后的"国民计划"，古共中央委员会指导政府在2017年完成"国民计划"的制定工作，并负责领导全体党员、共青团员、人民团体和古巴社会各界进一步研究和完善"国民计划"的最终方案。

《关于六大通过的〈党和革命经济与社会政策纲要〉执行结果及2016～2021年更新的决议》指出，在领导和执行更新政策方面，古巴共产党存在干部培训不足和宣传动员不到位等问题。为实现2016～2021年更新目标，古巴共产党将对六大《纲要》中87.5%的规定予以保留、修改或合并，另

---

① Rosa Miriam Elizalde, A debate la Conceptualización del modelo cubano:¿A cuál socialismo aspiramos?http://www.cubadebate.cu/noticias/2016/06/26/a-debate-la-conceptualizacion-del-modelo-cubano-que-socialismo-aspiramos-podcast/#.XyaATDPhilw.

加入 50 条新规定，并最终调整为 13 个篇章的 274 条规定。古共七大决定，通过修改后的中心报告关于六大《纲要》执行情况的意见，并提请古巴全国人大表决通过；建议古巴全国人大、政府和相关机构制定相应的法律法规，不断完善有助于职能、结构和经济方面调整的法律及制度基础；古巴共产党将负责新阶段《纲要》的执行监管工作，古共中央委员会负责一年两次对《纲要》的执行情况、经济形势和"国民计划"的实现进度进行分析，并建议全国人大开展类似工作；古共中央委员会全会将根据"模式理论化"和"国民计划"的修改情况，审议并通过 2016～2021 年更新目标的相关调整；古共中央委员会负责领导全体党员、共青团员、人民团体和古巴社会各界进一步研究和完善相关文件，并继续提升党员干部的经济文化水平。

《七大关于执行〈工作目标〉及第一书记方针的决议》认为，古巴共产党第一次全国会议通过的《工作目标》旨在改善古巴共产党的工作作风及方法，优化干部政策、党群关系和加强意识形态工作，从而促进经济社会政策纲要的执行，维护古巴人民团结。古共七大召开前夕，古巴共产党就《工作目标》过去四年的执行情况广泛征求了各级党组织和七大代表的意见。讨论主要集中在明确党对《纲要》执行工作的监管责任、增强党员干部的战斗性和表率作用、履行党组织职责、改进工作方法和作风、重视劳动者和下一代的意识形态工作、增强人民在防范和打击社会丑恶现象中的作用等方面，其中"干部政策"和"党的扩编"被视为关乎古共战略发展的核心问题。基于《工作目标》执行过程中的成就与不足，古共七大决定加强爱国主义和思想道德教育，深入学习马蒂思想遗产、菲德尔思想和马克思－列宁主义，加强古巴历史和传统文化的教育与宣传，强化党在政策执行进程中的领导和监管责任等。古共七大再次强调，古巴共产党是古巴社会和国家的最高领导力量，是古巴革命的合法成果，是古巴革命有组织的先锋力量，古巴共产党将与古巴人民一起并肩保卫古巴革命的历史延续性。

三　古共八大的召开与模式更新的深化

自 2020 年下半年以来，古巴共产党在应对新冠肺炎疫情的同时，积极筹备古共八大。2021年4月16～19日，古巴共产党顺利召开了第八届全国代表大会。

大会选举迪亚斯－卡内尔为古共中央第一书记，并通过了《关于中心报告的决议》《关于党干部政策的决议》《关于六大以来〈党和革命经济与社会政策纲要〉执行情况和2021～2026年更新计划的决议》《关于党的职能、意识形态工作及党群关系的决议》《关于古巴社会主义经济社会发展模式概念更新的决议》。

（一）古共八大实现新老更替

古共八大最重要的议程之一是选举产生古巴共产党新一届党中央和领导人。由于古巴革命长期面临复杂的国内外斗争形势，党和国家领导权能否实现有序更迭关涉古巴的政治稳定和长远发展。近年来，在劳尔·卡斯特罗的领导下，古巴党和政府加快推进古巴政治体制更新，并通过新宪法（2019年）和新《选举法》确立了后卡斯特罗时代的古巴党和国家领导制度。

此次古共八大的选举进一步贯彻了古共中央关于领导干部年轻化和多元化的推举原则。根据古共七大关于完善干部任用工作的相关精神，古共八大继续扩大妇女、青年、黑人和混血种人担任党内要职的比例，并不断完善后备干部选拔机制，以确保党和国家领导层后继有人。根据古共七大关于新任党中央书记任职年龄不超过70岁的规定，作为古巴革命重要的缔造者和领导人之一，近90岁高龄的劳尔·卡斯特罗在古共八大上正式卸任古巴共产党中央第一书记。作为古巴革命后出生的新一代国家领导人，古巴现任国家主席迪亚斯－卡内尔接任古共中央第一书记。劳尔在中心报告中表示，"我圆满地结束了任务，并对国家未来充满信心，我将不再接受继续担任党内最高领导职务的提议，我将以一名革命战士的身份继续在党员队伍中奋斗，为党贡献绵薄之力，直至生命尽头"。尽管劳尔·卡斯特罗已不再担任党内最高领导职务，作为古巴革命元老一代的核心人物，劳尔对古巴党和国家的重大决策仍具有不可替代的重要影响。

在菲德尔·卡斯特罗主席逝世五周年之际，古共八大的召开进一步巩固了古巴共产党的执政根基和古巴社会主义的建设成就，成为古巴社会主义历史上一次继往开来的重要会议。菲德尔·卡斯特罗主席曾指出，"美帝国主义是无法摧毁古巴的，古巴只可能被自己打倒，那将是我们自己的错误"。面对发展中的问题，古巴领导人始终保持着革命的乐观主义精神，以自我革命的勇气、魄力和担当，不断深化对共产党执政规律、社会主义建设规律和人类社会发展规律的认识，不断探索符合古巴国情、人民利益和发展阶段的社会主义道路。东欧剧变、苏联解体后，面对世界社会主义和共产主义运动的历史低潮，古巴共产党通过深刻总结苏联社会主义模式的经验教训，提出"苏联社会主义模式失败不代表社会主义失败"的科学论断，并坚定不移地做出推进古巴社会主义模式更新的历史决定。在古巴共产党的坚强领导下，古巴社会主义不但走出东欧剧变、苏联解体后的经济危机，更制定了"面向繁荣与可持续"的社会主义中长期发展规划。

（二）古共八大聚焦党建工作

2020年11月，古共中央第一书记劳尔·卡斯特罗主持召开多次古共中央政治局会议，就八大筹备工作进行讨论和部署。会议对《七大关于执行〈工作目标〉及第一书记方针的决议》执行情况进行了评估，对研究报告《古巴社会政治气候研究》进行了讨论，并审议了拟提交古共八大的关于党的职能、意识形态建设、党与群众的联系、加强党建规划等相关报告。[①]

2020年12月2日，古巴国家主席迪亚斯－卡内尔参加了革命武装力量成立64周年和古巴党校系统成立60周年纪念大会。会上，古共中央第二书记何塞·马查多·本图拉简要回顾了古巴党校系统建立的初衷与历史，并强调了党校制度在加强古巴革命意识形态方面的重要作用。[②] 马查多·本图

---

① Granma, "Sesionó reunión del Buró Político Presidido por su Primer Secretario, el General de Ejército Raúl Castro Ruz, sesionó este martes el Buró Político del Comité Central del Partido Comunista de Cuba", 10 de noviembre de 2020, http://www. granma. cu/cuba/2020－11－10/sesiono-reunion-del-buro-politico-10－11－2020－20－11－14.

② Yaditza del Sol González, "Destaca Machado Ventura el papel del Sistema de Escuelas del Partido en el fortalecimiento de la ideología revolucionaria", Granma, http://www. granma. cu/cuba/2020－12－02/convocan-al-8vo-congreso-del-partido-comunista-de-cuba-02－12－2020－09－12－20.

拉还发布了古共关于召开八大的正式公告。公告指出，2021 年 4 月，古巴共产党将举行第八届全国代表大会，就党的职能、党与群众的联系、党的意识形态工作、党的干部政策、共产主义青年团、群众组织与政府工作等议题进行集中讨论。①公告强调，面对美国对古巴的敌视、封锁、意识形态颠覆和全球经济危机，以何塞·马蒂主义、菲德尔·卡斯特罗主义、马克思–列宁主义为指导的古巴共产党赢得了人民的信任，在维护国家团结、夺取战略性胜利的历史进程中负有高度的责任感；面对困难，古巴人民用坚定、纪律和良知进行回应，为国民经济发展提升效率做出卓越贡献，古巴人民通过创新思维和实践方式谋求日常劳动成果和国家繁荣。关于党风党纪，公告指出，古巴共产党将坚决打击和防范腐败犯罪，加强党的职能建设，使党员干部面对问题始终保持革命态度，提高分析问题和解决问题的能力，通过坦诚对话，在日常工作中表现出无可挑剔的道德风范。古巴共产党还将继续关注共产主义青年团和群团工作，着力培养社会主义接班人，使人民更加积极地参与未来国家政治、社会、经济发展进程。古共八大公告还指出，面对资本主义和新自由主义反攻，古巴的政治思想工作变得越来越重要，社交网络和互联网已经成为意识形态对抗的主战场；面对文化冲突，古巴共产党党员应坚决捍卫民族身份和文化认同，加强对古巴历史的学习，重申古巴的主权和独立。总之，维护国家主权和安全是古巴党和政府的最高战略考量。

在古共八大上，古共中央第二书记何塞·马查多·本图拉主持的"党的职能和意识形态工作"委员会重点讨论了《第一次全国代表会议关于党工作目标的决议》执行情况、党的意识形态工作、党群关系和加强党的建设等议题。与会代表认为，应加强大学与社会的联系，使之成为文化强国的纽带；应加强古巴社会主义意识形态和价值观的宣传与制度化建设；加强对有为青年的培养与教育；加强党的自身建设，开展网络思想战，密切

---

① Granma, "Convocatoria oficial al VIII Congreso del Partido Comunista de Cuba", 02 de Diciembre de 2020, https://www.pcc.cu/es/noticias/convocatoria-oficial-al-viii-congreso-del-partido-comunista-de-cuba.

党与共青团的联系。

（三）古共八大深化模式更新

2020 年 11 月 24 日，古共中央政治局就古巴社会经济形势召开会议。古巴总理曼努埃尔·马雷罗·克鲁斯向会议报告了拟提请八大讨论的"2016～2020 五年经济发展回顾"、关于《党和革命经济与社会政策纲要》执行情况等关于古巴社会经济形势的文件，并提交了《古巴社会主义经济社会发展模式概念化》和《党和革命经济与社会政策纲要（2021～2026）》两份更新建议。①

2020 年 12 月 2 日发表的古共八大公告指出，《党和革命经济与社会政策纲要》在执行中面临许多挑战，一些主客观问题制约了更新的节奏，但这不应成为更新滞后的理由，相反有必要加紧推进模式更新，以实现生产力与生产效率的提升。当前，古巴党和政府应充分动员经济社会各部门资源，不断提高粮食生产，加强科技创新研发，促进国有经济部门和非国有经济部门的协同发展、不断提升国内产业满足内需的能力，激发人民的积极性和创造力，进一步提高生产效率和服务质量，节约资源，增加出口，深化进口替代，吸引外国直接投资，凸显国有企业在国民经济中的主导地位。②

古共八大上，古巴总理曼努埃尔·马雷罗·克鲁斯主持的"经济社会工作"委员会重点讨论了古共七大以来古巴取得的经济社会成果、更新纲要的执行情况、社会经济模式更新概念的完善、中长期发展战略的推进情况、疫情背景下摆脱经济困境的举措等。与会代表认为，应大力发展古巴地方经济，提升古巴经济效率，促进外商投资，强调信息技术在社会经济发展中的作用，通过科技创新实现 2030 年战略发展目标。

---

① Granma，"Analizó Buró Político asuntos de la vida económica y social del país"，24 de noviembre de 2020，http://www. granma. cu/cuba/2020 – 11 – 24/analizo-buro-politico-asuntos-de-la-vida-economica-y-social-del-pais.

② Granma，"Convocatoria oficial al Ⅷ Congreso del Partido Comunista de Cuba"，02 de Diciembre de 2020，https://www.pcc.cu/es/noticias/convocatoria-oficial-al-viii-congreso-del-partido-comunista-de-cuba.

2021 年上半年，受全球疫情反弹的影响，古巴新冠肺炎疫情防控形势异常严峻，古巴政府及时加大了防控力度，密集出台了新一轮防控举措。与此同时，古巴党和政府决心在 2021 年全面深化以货币双轨制改革为先导的结构性更新。劳尔·卡斯特罗在谈到模式更新的问题时，曾多次强调要不断推进批判与创新意义上的结构变革与思想变革，做到不急躁，也不懈怠。未来，在古巴革命元老一代全面退出党和国家权力核心后，古巴新一代领导人将面临坚守社会主义道路与更新社会主义模式的双重考验。唯有处理好改革、发展和稳定的关系，古巴社会主义才能破局前行，继往开来。

第二节　模式更新的目标与原则

革命胜利前，政治经济高度依附美国的古巴没有能够胜任经济社会变革的民族资本主义和资产阶级。古巴民主革命的历史使古巴领导人深刻地认识到，只有建立社会主义国家制度，才能使古巴真正拥有实现经济增长和增加社会福利所需的财力和物力；经济与社会发展存在内在关联性，经济增长的最终目的是促进社会发展与增进人民福利，社会发展反作用于经济增长，真正的社会经济变革需要人民的广泛参与。古巴革命胜利后，为践行社会主义公平正义的价值追求、促进古巴人民的全面发展，古巴党和政府试图在巩固社会主义建设成就的基础上，不断探索社会主义可持续发展的模式与路径。

进入 21 世纪以来，古巴党和政府面对社会主义发展过程中的阶段性矛盾，试图通过模式更新开启古巴社会主义建设新的历史阶段。古巴模式更新是古巴社会主义制度的自我完善，是古巴社会主义应对全球化挑战的必然选择。在社会主义制度框架下，坚持"以人为本"的发展理念是古巴社会主义的内在要求，也是模式更新的根本遵循。为实现繁荣、民主与可持续社会主义的更新目标，古巴党和政府试图通过政治、经济、社会体制的理论化与制度化更新，谋求社会主义制度下公平与效率的交互促进与辩证发展，进而推进国家治理体系与治理能力的现代化。

一 强教育与稳就业是顺利推进模式更新的社会基石

教育和就业是确保古巴社会主义稳定与和谐发展的重要因素。古巴教育在发展中国家位居前列。根据古巴宪法和有关法律规定，古巴现行教育制度体现群众性原则、学习与劳动相结合的原则、全社会参与人民教育任务的原则、各类和各级教育齐头并进的原则和免费原则。20世纪90年代，在"特殊阶段"的艰难处境下，古巴政府提出"不关闭一所学校，不让一个孩子失学"的口号，千方百计保证教育系统的正常运行。教育事业的稳步发展为古巴经济复苏和社会团结做出重要的历史贡献。自1991年起，古巴政府要求中小学教师须具有大学文化水平；自1993年起，古巴幼儿园教师须具有幼儿师范专业毕业文凭。截至2000年，古巴教育支出占国内生产总值的7.2%，6~11岁儿童入学率达99.1%，12~14岁入学率达96.3%；全国学校总计12443所，其中小学8868所，中学1007所，大学48所，其他各类学校2520所；全国学生总计210.67万，其中小学生95.04万，中学生91.11万，大学生11.67万，等等，享受助学金的学生达35.16万人，半寄宿生达64.84万人；全国教职员工达19.18万人，平均每千人拥有17.1名教员。为实现模式更新的顺利推进，古巴党和政府高度重视教育资源整合与教育体系升级的先导作用，在坚持教育公平的基础上，积极推进古巴教育的创新发展。

除教育问题，就业是古巴模式更新优先关切的另一重要问题。确保人民的基本劳动权是古巴社会主义的内在要求。2002年，菲德尔·卡斯特罗主席在第四届国际全球化会议闭幕式上再次强调了古巴社会主义对失业的看法："失业应该消失，人不能成为多余的，如果一个社会有多余的人就是无用的社会，经受不起道德的分析，如经不起人类的分析，他就应该从道德和人类的角度受到谴责；在古巴没有失业，我们将持续培训我们的人民，我们承诺每一个年轻人都享有就业，前提是他们受过培训。"[1]古巴革命就业

---

[1] Rita Castiñeiras García, "Creating a Better Life: The Human Dimension of the Cuban Economy", *Cuban Economists on the Cuban Economy*, University Press of Florida, 2013, p. 147.

政策旨在为古巴人民劳有所得创造条件，帮助古巴人民在社会主义发展框架内实现工作的自由选择。作为古巴社会政策的核心价值，平等公正在就业政策中也得到了充分体现，例如消除性别与区域工资的差异，促进女性走出家庭参与就业以及充分保证中高等教育毕业生的就业需求等。1989年以前，古巴消除失业的目标就已经取得了实质性进展。在20世纪90年代的经济困难期，"促进就业"依然是古巴政府的工作重心之一。为应对"特殊阶段"的经济下滑、重组古巴生产性企业和维持低失业率，古巴政府曾制定更加精细化的就业促进计划，例如实行技能升级计划、失业和隐性失业人口继续教育计划等。2007年，古巴失业率仅有1.8%，低于国际标准，同期经合组织的失业率为6%。

古巴经济模式更新的结构性调整必然给古巴传统就业结构与方式带来冲击，能否保就业成为关涉古巴更新大局的关键因素。"在学习中就业"是古巴保持低失业率的一条重要经验。为避免17~29岁、既无工作又无学习机会的青年陷入失业，古巴政府推出为该群体提供就业技能的全面培训课程，例如信息技术和计算机等科技就业培训课程，一些古巴青年因此获得了在医疗卫生、教育文化及社会服务等领域的就业机会。

二 完善收入分配与社会保障制度是深化模式更新的必然要求

面对模式更新中出现的新情况与新问题，古巴政府始终坚持社会主义公平正义的价值追求，力图通过收入分配与社会保障制度的不断完善，确保古巴人民在社会主义更新进程中最大限度地享受社会主义福利与制度红利。

1. 高度重视收入分配领域的问题与调整

20世纪80年代末以前，古巴民众在收入和生活水平上的差距与差异并不明显。20世纪80年代末，古巴工资收入两极差仅为2.5倍，80%的家庭收入来源于工资，所有权收入非常有限。政府提供的免费服务和补贴进一步强化了古巴社会福利的平等性。截至1986年，古巴收入分配非常公平，基尼系数仅有0.25%。1953年，古巴最贫困的20%人口的收入仅占总收入的 2.1%，最富有的 20% 人口占有 58.9% 的总收入，而到 20 世纪 80 年代，两者占比分别为 9% 和 34%。[①]

支撑古巴社会平等的一个重要政策是所谓的收入消费模式。古巴民众主要收入来源是工资，因此劳动成为古巴民众获取商品和服务的决定性因素。古巴政府为居民提供低价稳定的商品和服务，也对高价的国际商品给予部分补贴，从而提高了居民工资的购买力。另一个支撑社会平等的因素是古巴政府为居民提供了大量全面的免费服务，这些服务构成了古巴居民消费的很大一部分，例如相对复杂和昂贵的医疗和教育等服务远远超出其他国家为居民提供的基本服务范畴。除以补贴价格满足居民最低鞋类和服装需求，产品配给市场还按规定为古巴民众提供了所需的营养。此外，古巴还存在一个商品与服务不限价的平行市场，因此对古巴普通居民而言，通过非市场途径获取耐用家庭用品、汽车、住房和旅游服务显得尤为重要。1980 年，古巴商品服务总消费的 56% 是由劳动收入支付的，其主要来自工资、合作社及私营经济的收入，而 44% 的消费是通过国家补贴、社会保险和免费服务等经济再分配形式实现的。[②]此外，还有两个社会因素对促进古巴居民生活水平的同质化和消除贫困尤为重要。第一个因素是职业女性及女性领导干部的增多大大提升了古巴妇女的经济水平和社会地位，有力地促进了古巴社会的性别平等。第二个因素是古巴历史性地实现了农村生活水平与城市的趋同。古巴农村人口通过劳动和教育培训，进一步实现了社会流动和生活水平的提高，从而避免了资本和土地所有权所导致的社会不公。20 世纪 80 年代，古巴人类发展指标的改善和家庭生活水平的均等化使"贫困"概念逐渐淡出古巴主流社会意识的范畴。自 20 世纪 80 年代末，尤其是苏东剧变后，由于经济增速和效率的下降，古巴经济模式开始显现出越来越多的问题与矛盾，一些古巴知识分子认为"只有引入一定程度的市场

---

① Ángela Ferriol, "Fighting Poverty: Cuba's Experience", Al Campbell, *Cuban Economists on the Cuban Economy*, University Press of Florida, 2013, p. 168.

② Ángela Ferriol, "Fighting Poverty: Cuba's Experience", Al Campbell, *Cuban Economists on the Cuban Economy*, University Press of Florida, 2013, p. 168.

经济改革才能使国家经济重新融入全球化经济"。随着经济调整的不断深化，古巴社会分化问题逐渐显现，尤其是就业及收入不平等所导致的两极分化现象饱受古巴民众诟病，贫困问题又重新回归公众视野，完善收入分配、缓解两极分化由此成为古巴经济模式更新的重要议程。

2. 坚持和完善古巴特色的社会保障体系

在发展中国家中，古巴的社会保障体系及服务水平长期处于领先地位。古巴现有的社会经济成就均建立在全面的社会保障体系之上，保障人民的基本福利是古巴社会主义模式更新的内在要求。无论年龄、性别、肤色、宗教信仰和政治意识形态，古巴公民均可享受古巴社会保障体系提供的无歧视性保障。

古巴社会保障体系由社会保险、社会福利和社会救济等子系统组成。1959 年古巴革命胜利后，古巴政府立即对社会保险和福利体系进行了改造。面对一些公司企图占用工人养老金和生活基金的做法，古巴政府立即出台了相应的社会计划来保证工人权益。在此基础上，古巴政府不断改进这些社会计划，并逐步建立了面向中长期并全面覆盖所有工人意外事故、失业、工伤、生育、养老及就医等的社会保险体系。古巴社会福利体系旨在为缺少家庭保护和援助的老龄人口或其他无劳动能力的人群提供物质资源、居所保护和医疗卫生服务等。该体系由若干社会福利计划组成，例如向老年人提供社区服务，照顾弱势儿童，为残疾人提供关怀，为单亲母亲提供就业等。进入 21 世纪以来，古巴政府还推出新的福利计划，例如为未接受大学教育的年轻人提供为期 10 个月的社会工作课程。这些年轻社工在结束学习后，可以向社区提供高水平及个性化的福利服务，每名社工定向服务专门社区，为辖区内居民提供有针对性的帮扶工作，从而满足民众的生活所需。截至 2008 年，古巴共有 31000 名社工从各地社工学校毕业。他们被分到不同的工作小组，在各地人民委员会的领导下工作。这些社工还可以参加与就业相关的大学课程。目前社工服务主要包括：为参加综合培训课程的青年人、老年人及残疾人提供个性化的陪护服务；在监狱开展相关教育活动；全面研究 15 岁以下的青少年，重点关注他们的营养状况、受教育情况、家庭环境和每个孩子的生活水平。这一研究已覆盖古巴 220 万青少年，并对 28.3 万个有食品、教育、医疗心理和其他需求的案例给予了鉴定。[①]此外，古巴社会保障体系还与面向全体公民的综合医疗卫生体系融为一体，为古巴的老年人和残疾人提供特殊保障。古巴独居老人和残疾人甚至可享受补贴性的上门服务，例如餐食配送、个人护理、社会引导和抚恤金发放等。由于古巴退休人口福利的增长以及古巴老龄社会的到来，古巴社会保险和福利体系对老龄人口的投入迅速增加。2007 年，古巴 1120 万人口中有200 万人领取养老金，总支出超过 50 亿比索，约占古巴 GDP 的 7%。[②]

20 世纪 80 年代中期，古巴社会保障体系的覆盖率已达 100%。20 世纪90 年代初，古巴失业及下岗人员剧增，社会保障开支面临巨大压力。截至1994 年 10 月，古巴的社会保障资金均由国家及国有企业负担，个人无须缴纳任何社会保险费。其后，为应对社会建设领域出现的新问题，古巴政府在坚持公平全面社会保障原则的基础上，对社会保障制度进行了一系列调整与改革。例如，自 1994 年 9 月 1 日起，对失业和下岗职工不再无限期发放 60% 的原工资，而采取按工龄发放救济金的新办法，第一个月发放原工资的 100%；工龄不到 1 年的，自第二月起，连续 3 个月发放 60% 的原工资；工龄满 25 年的，连续 6 年发放 60% 的原工资。[③]自 1994 年 10 月起，根据古巴新税法，古巴政府开始对国营、合资、外资、私营企业，以及国营农场、合作社、个体劳动者及高收入者征收所得税和社会保障税，以增加社保资金来源，缓解国家财政压力。2008 年底，古巴全国人大通过了关于社保制度改革的第 105 号法令《社会保障法》。新一轮社保改革主要涉及劳动者缴费制度的建立、退休年龄的延迟、养老金计算方法的调整、允许退休后继续工作、社保特殊计划范围的扩展和社会救助体系的完善等。新

---

① Rita Castiñeiras García, "Creating a Better Life: The Human Dimension of the Cuban Economy", *Cuban Economists on the Cuban Economy*, University Press of Florida, 2013, pp. 149 – 150.

② Alfredo Morales Cartaya, "Labor Relations, Labor Rights, and Trade Unions: Their History in Cuba", qtd. in Al Campbell, *Cuban Economists on the Cuban Economy*, University Press of Florida, 2013, p. 224.

③ 徐世澄、贺钦编著《列国志·古巴》，社会科学文献出版社，2018，第 235 页。

《社会保障法》的实施标志着古巴传统社会保障模式朝着更加灵活多元的方向迈进，国家将不再全权负担社保成本，但由国家主导的遵循全民全面保障原则的社会主义社保体系不会动摇。

三　兼顾效率与公平是模式更新遵循的重要原则

苏东剧变后，古巴经济发展战略的一个根本性转变是将提高劳动生产力和经济效率作为中心发展目标之一，古巴模式更新同样聚焦长期困扰古巴计划经济的效率问题。进入 21 世纪以来，古巴各界对计划经济体制引发的结构性矛盾和制度僵化已达成了一定的历史共识，但在如何解决经济效率的问题上却存在不同程度的思想争鸣和政策反复。

在古巴，有关社会主义社会是否客观存在或应该存在商品市场关系的争论持续多年。20 世纪 60 年代末，一些古巴经济学家认为，由于社会生产力仍处于不发达状态，劳动的社会性质还不能在社会主义中得到充分体现，尤其在现有社会的劳动分工下，个人经济利益和集体利益相对分离，即便是集体所有的生产方式也不足以实现自我调节，因此用市场手段来衡量个人对集体的贡献不可避免。古巴领导人则认为，理解社会主义市场与计划经济间的矛盾关系，对古巴革命的生死存亡具有十分重要的战略意义；真正的自由市场有悖于社会主义的社会政治目标，若使用市场机制又不理解其反社会主义的一面，必将迫使古巴重返资本主义。随着世界形势的演化，古巴领导人逐渐意识到，身处资本主义占主导的世界格局中，作为小规模开放经济体的古巴在面临重重危机时，彻底拒绝用市场机制缓解经济危机，就意味着革命的终结。1990～1993 年，为应对经济危机，古巴政府在坚持社会主义基本经济制度的基础上，采取了一系列刺激生产和服务的市场手段。1991 年召开的古共四大进一步明确了古巴经济调整思路，但一些备受关注的措施直到 1993～1994 年才开始谨慎施行。这些应急措施避免了古巴民众陷入群体性营养不良的严重后果，维持了古巴医疗、教育等领域的社会福利，有效遏制了人民生活水平急剧下滑的趋势。古巴舆论普遍认为，应急措施具有非常明确的经济与政治目的，这些目标一旦实现就应立即终止应急措施。古巴领导人对古巴迫于形势不得不采取资本主义手段以确保人民福利和革命生存的现实持开明的态度，并严控应急措施的实行范围，以防革命反对派借机复辟资本主义。1995 年，菲德尔·卡斯特罗表示，"我们不能以喜欢或不喜欢的标准来指导我们的经济调整，而应以古巴历史上这个关键时刻什么对国家及人民最为有利作为处事标准"，"在古巴经济中引人资本主义元素，这是事实，我们甚至在谈论运用市场机制对古巴造成的后果"。[1]

与此同时，古巴官方始终把维护古巴工人权利与劳动关系视为提升经济效率的重要前提和手段。尤其在古巴国有企业调整中，古巴政府力图在维护工人基本权益、尊重工人首创精神的基础上，通过实行有效激励，不断推进管理创新和人才培养。古巴学者认为，与发达资本主义国家在过去 20 年通过损害工人利益和劳工关系来获取利润不同，古巴建设社会主义的目标决定了古巴只能依靠劳工关系的发展和保护工人权益来实现生产力的发展。[2]

自 20 世纪 90 年代初以来，古巴在经济复苏方面取得了一些进步，但仍存在劳动收入无法满足人民生活所需的问题。在古巴国有企业中，提高企业劳动生产力和经营效益被视为解决工人收入不足问题的主要方法。一方面，若工人收入与其工作业绩挂钩，每个人获得基于工作业绩的工资，追求高工资的动力将促使工人对工作倾注更多想法和努力，这将直接促进古巴生产效率和生产力的提高。增强工作收入与工作表现间的关联并不意味着古巴革命将采取新自由主义的"休克疗法"，更不会将经济困难和危机后果分摊到古巴工人身上。高工资与高生产力之间的正相关将推动古巴经济朝着更为积极的方向发展。只有产品与服务持续增加和劳动生产率不断提高，才能实现从名义工资的增长到实际工资的增长。无论是短期还是中期，

---

[1] Fidel Castro, "Mientras el pueblo tenga el poder lo tiene todo", *Speeches at the International Festival "Cuba light"* (1995), Editora Política, qtd. in *Cuban Economists on the Cuban Economy*, University Press of Florida, 2013, p. 37.

[2] Alfredo Morales Cartaya, "Labor Relations, Labor Rights, and Trade Unions: Their History in Cuba", qtd. in Al Campbell, *Cuban Economists on the Cuban Economy*, University Press of Florida, 2013, p. 230.

提高效率和生产力都将为工人工资的持续增长提供可能。在此过程中，模式更新的理论政策和结构性调整将得到执行，生产制约和发展瓶颈将逐步被打破，工人立法变得顺理成章，工人参与问题解决的途径将不断增加，工会的作用也将得到进一步加强。为寻求效率的全面提升，企业将实行新的管理体系，并增加管理层和工会领导在企业内部运行和劳工问题上的决策权，使其在企业运行结构、工人人数、薪酬体系及企业运行评估上拥有更大的自主权，从而实现劳动力的合理使用和内部不充分就业的消除，并实现劳动力向更重要和更紧急任务的转移。另一方面，古巴政府强调古巴企业管理层不能用裁员来实现生产力和利润的提升。除合理利用劳动力，一个提升生产力的关键因素是增加科学技术和人力资本的投入，而工人的劳动技能也应得到持续提高。例如，通过培训，古巴工人每年有机会参加大学的短期课程，并获得等同于工资的贷款。在古巴第三产业部门，受到高等教育和具有高技术水准的劳动力在古巴经济中扮演着越来越重要的角色，而与知识经济相关的产业无论在国内经济还是对外贸易中的占比都越来越高。2007 年，古巴 GDP 67.7% 的贡献来自服务部门，包括医疗服务、基因工程、生物科技、信息和旅游业。[1]

　　总之，在社会主义制度下，古巴的工人权利与劳动关系得到了最大限度的保障和发展，而该领域的最大挑战在于如何提高古巴工人的生活水平，这需要在大力发展生产力的基础上不断提高工人工资。未来，古巴将进一步保护工人权利，促进劳工关系的发展，让革命成就更多地惠及工人群众，从而充分体现社会主义建设的宗旨与目标。

---

[1]　Alfredo Morales Cartaya, "Labor Relations, Labor Rights, and Trade Unions: Their History in Cuba", qtd. in Al Campbell, *Cuban Economists on the Cuban Economy*, University Press of Florida, 2013, p. 223.

第四章　经济模式更新的布局与攻坚

革命胜利以来，古巴经济虽经历了较长的危机和复苏期，但总体保持稳定。1959 年至 2009 年，古巴 GDP 年均增速保持在 3.2% 左右，接近拉美各国 3.8% 的均值。随着计划经济体制的酝酿、建立与调整，古巴经济所有制结构和产业结构均发生了不少变化。截至 2009 年，古巴革命以来的投资总额约为 1180 亿比索，年均增长率达 5.7%，50% 的投资流向基础设施和社会建设领域，31% 流入工业，19% 流入农业。与此同时，古巴的 GDP 结构也发生了较大变化，服务部门从 49% 扩张至 76%，第一产业从 22% 缩减至 5%，第二产业从 29% 减少至 19%。[1] 面对新的经济布局和发展瓶颈，古巴的经济模式更新力图在计划经济体制的基础上，通过调整所有制结构、宏观经济政策和战略经济布局，寻求古巴经济可持续发展的路径与模式。

第一节　计划经济体制的主导与演进

古巴社会主义经济制度历经半个多世纪的演变与调整，形成了独特的社会主义计划经济体制。

一　古巴计划经济体制的发展与更新

自 20 世纪 60 年代初建立计划经济体制到 80 年代，古巴社会主义计划

---

[1]　José Luis Rodríguez, "Fifty Years of Revolution in the Cuban Economy", qtd. in Al Campbell, *Cuban Economists on the Cuban Economy*, University Press of Florida, 2013, p. 51.

体制取代市场机制，成为古巴资源分配的决定性工具，这与当时被广泛认可的社会主义经济理论相契合。然而，随着古巴经济结构与政策的不断调整，古巴计划经济的发展始终伴随着各种挑战。

（一）20世纪60~70年代计划经济体制的酝酿与建立

1960年2月，古巴政府建立了中央计划委员会。自1963年社会主义改造完成后，古巴围绕计划体制和市场手段的调和问题，展开了长期曲折的理论争鸣与实践探索。20世纪60年代中叶，时任工业部部长的格瓦拉主张企业实行预算拨款制，即中央通过预算拨款无偿向企业提供资金，企业将利润完全上缴国库，逐步消灭货币，取消物质刺激手段；全国土改委主席罗德里格斯则主张经济核算制，即企业拥有一定的自主权，自负盈亏，留成外的利润全部上缴国家，留成部分用于扩大再生产和发放奖金，用物质刺激提高劳动效率。双方分歧的核心在于，前者认为过渡时期的社会主义应加速消灭市场和商品生产，实行生产资料国有化和高度集中的计划体制；后者则认为价值规律在社会主义经济中将长期存在，国家可以利用它来调节计划经济。1968年，古巴启动"革命攻势"，私人中小企业、手工作坊和商店被纷纷接管，新的簿记制度取代了前期并存的预算拨款制与经济核算制。

自20世纪70年代中期起，古巴共产党先后召开了四次全国代表大会，商讨并确立了不同时期国家经济改革与发展战略。在实施"一五"及"二五"两个五年计划期间（1976~1985年），古巴确立了经济领导和计划体制。政府一方面恢复了宏观预算制度，建立了全国财会体系，加强和完善了国家的计划体制；另一方面积极运用价值规律及其他经济手段进行经济调节，在企业实施自筹资金制、经济核算制、集体奖励基金制等，允许职工从事第二职业，建立各类平行市场和自易市场，并颁布了《外国投资法》，实施有限度的对外开放。1986年，古共三大通过的《关于完善经济领导和计划体制的决议》基本肯定了十年来古巴经济体制的探索与实践，但古巴政府旋即掀起了一场旨在清除改革流弊、巩固社会主义根基的"纠偏运动"，对市场及私人性质的经济行为和手段进行了整顿和清理。

（二）20世纪80～90年代计划经济体制的调整与讨论

20世纪90年代以前，古巴与许多东欧国家一样，面临着高度集中的指令性经济计划所导致的发展挑战。一方面，由于统计基础匮乏，经济计划的实施缺少充分和准确的信息参考；另一方面，由于政府把物质产出及物资平衡放在首位，放弃以财政统计为资源配置的重要手段，经济成本与收入的衡量变得困难。古巴采取物资平衡的经济评估方式部分是由于效仿苏东国家的经济实践，尤其是20世纪70年代古巴加入经济互助委员会（CMEA）后。20世纪90年代初，受苏东剧变影响，古巴的计划经济体制陷入僵局，传统计划经济模式限制了古巴经济的发展思路和对外开放度，使古巴未能适时转变经济发展方式。

自1990年9月进入和平时期"特殊阶段"后，古巴政府对计划经济体制进行了调整，更加倚重财政统计及相关决策，并把物资平衡作为资源分配的重要参考。1991年召开的古共四大和1997年召开的古共五大基本确立并巩固了苏东剧变后古巴加快改革开放的基本国策。古巴政府先后调整和精简了经济领导和计划体制时期的机构，进行了国有企业管理体制改革、税收制度改革、外贸金融体制改革，从一定程度上实现了所有制及分配方式的多元化和国民经济的复苏。

尽管市场因素开始在古巴计划经济中发挥一定的作用，但由于苏东外援的缺失和21世纪初委内瑞拉经济增长对古巴经济的利好，古巴计划经济资源配置扭曲问题始终未得到根本解决。古巴政府虽认识到改变计划经济体制的必要性，并试图把有控制的市场作为资源配置的关键手段，但在实践中仍然存在一定的政策反复与滞后，多重汇率制度积重难返是制约古巴经济体制改革的重要原因之一。一些古巴学者认为，古巴经济仍受制于传统计划经济理论，缺乏思想解放；古巴的计划经济体制应致力于经济长期发展目标的制定，而非突破古巴短期经济发展瓶颈；古巴应接纳有控制的市场在国民经济中发挥作用，把市场机制引入政府的计划过程中；打破非财政物资平衡思想的禁锢，从高度集中的指令性经济向间接市场调控方式转变，把财政预算作为资源配置的重要手段；从商品和服务市场的垄断或寡头偏好转向鼓励国有和非国有部门企业竞争，以实现高效优质的生产与服务。①

（三）21世纪以来计划经济体制的反思与更新

21世纪初，古巴经济虽有所复苏，但依然存在不少负面因素和不确定性。据2010年古巴官方数据，2009年古巴进出口价格波动较1997年水平产生了109亿美元的净损失，出口商品购买力平均下降了15%。②与此同时，美国加紧了对古封锁，对与古巴有资金往来的第三国银行实行高额处罚，而严重的自然灾害使古巴经济雪上加霜。2004年，美洲玻利瓦尔联盟成立，古巴与委内瑞拉开展的医疗援助换石油等合作计划虽部分弥补了古巴的经济损失、增加了古巴外汇收入，但古巴经济的结构性矛盾依然突出。

1. 双重货币体系制约下的计划经济体制

制约古巴计划经济效率提升的一个重要因素是古巴双重货币体系导致的经济扭曲，货币流通的高度碎片化和国民经济价格体系的高度分离使计划经济体制下的中央调控和资源分配变得更为复杂。1994年，为应对苏东剧变后"特殊阶段"的经济危机，古巴政府决定实行部分美元化政策，即实行两种并行的货币流通和汇率体系，一种采用传统的古巴比索，另一种使用美元。双重货币体制构建了两个流通空间，个人和企业作为不同的经济主体被限制在各自体系中，使用相应的货币购买商品和服务。一些经济主体需要获得古巴比索，而另一些需要获取美元，这就要求相关经济主体通过外汇操作来实现货物和服务的购买，而外汇市场把两者联通到了一起。个人可以1USD：25CUP（古巴比索）的汇率参与市场买卖，企业（法人）则须用古巴比索以1：1的官方汇率兑换中央计划体制分配的硬通货份额。这种双重货币体制要求中央政府对所有涉及硬通货的事项进行调控和决策。

---

① Jorge I. Domínguez, Omar Everleny Pérez Villanueva, et al. , *The Cuban Economy in a New Era: An Agenda for Change toward Durable Development* (Series on Latin American Studies), David Rockefeller Center for Latin American Studies, January 8, 2018, p. 12.

② Oscar Fernández Estrada, "The Planning Paradigm in Cuba: Tethering the Economic Takeoff", qtd. in Jorge I. Domíguez, Omar Everleny Pérez Villanueva, et al. , *The Cuban Economy in a New Era: An Agenda for Change toward Durable Development*, Harvard University Press, 2017, p. 57.

直到 2003 年，一些有硬通货收入的企业才开始在硬通货预算的支出上有了一些自主权。

2004 年，古巴国内的美元流通彻底消失，但古巴官方并没有消除二元货币体系，而是用古巴可兑换比索（CUC）取代了美元（其与美元汇率约为 1∶1），并保留了并行的两个流通市场。根据新的货币流通规定，企业的美元账户转为可兑换比索账户，如需购买境外商品，须将可兑换比索先转换为美元。从理论上说，如果严格遵守可兑换比索取代美元的规定，首先须确保两者可以按照约 1∶1 的汇率进行自由兑换。然而，古巴的去美元化进程大大加剧了古巴双重货币政策的复杂性。正如古共六大报告指出的，古巴经济面临着国际收支赤字、高额债务到期和银行开始停止国际转移等发展限制。为应对这种复杂局面，古巴政府不得不推出一种新的干预工具，即所谓的偿债能力证书或系数（Certificate or Coefficient of Liquidity，CL），以确保古巴企业用于支付国际机构的硬通货具有充分的可兑换性。[1]为满足企业对硬通货的需求，中央政府须通过协商和谈判，进一步细化用于进口生产线、履行经济协议、执行社会目标等领域的硬通货预算。在理论上，一些企业可以使用任何一种本地货币购买商品，但事实上多元货币体系无法保证企业充足的可兑换性，中央计划体制不得不在实践中加强系统性调控。中央计划经济体制以纵向方式分配资源（以实物资源为主），并保留了对中间和最终产品价格的中央调控，这使各级计划领导机构不得不对众多企业生产线的实际消耗进行管控与限制。在实践中，企业可能会面临燃料配给不足或电力消耗限制，也可能面临进口产品匮乏所导致的增产困难。为实现硬通货的合理分配，中央计划体制对生产过程实行物资管制，从而提高了协调成本，提高了错误分配的可能性和调控的随意性。

古共六大以来，古巴政府致力于古巴的货币统一进程，并公布了适用于农业、旅游业和外商投资等经济部门的新汇率试行方案。新方案采用的汇率比照官方 1∶1 汇率贬值，比公众部门 1∶25 的汇率高估。就货币统一

---

[1] Jorge I. Domíguez, Omar Everleny Pérez Villanueva, et al., *The Cuban Economy in a New Era: An Agenda for Change toward Durable Development*, Harvard University Press, 2017, p. 61.

进度而言，古巴的双重货币体系改革仍面临难以逾越的结构性矛盾。当国际收支成为影响国民经济最为重要的变量之一，而古巴政府又缺少对外部分配进行中央调控的可能手段时，双重货币体系改革必将是一场难以权衡和评估的长期斗争。

2. 计划经济体制的历史局限与更新方向

古巴计划经济体制是在冷战特殊的历史背景下建立的。受苏联社会主义模式的影响，古巴计划经济体制建立的初衷是在不利的国际形势下，通过建立具有自主性和系统性的行政调解、管理和运行机制，统筹协调社会主义基本经济制度框架下各经济主体关系，从而实现无市场因素作用下更加公平的资源分配。中央计划经济体制对古巴社会经济生活的影响深远而复杂。一方面，中央计划经济体制使古巴革命政府在经济极其困难的情况下，实现了一系列重要的社会建设目标。另一方面，中央计划经济体制的过度干预限制了古巴国有经济（尤其是国有企业系统）的发展潜力。作为计划经济的主管部门，古巴经济计划部在规划、制定和执行经济计划过程中发挥着不可替代的重要作用，也正因如此，舆论往往把古巴计划经济内生的僵化与失衡问题归咎于经济计划部的官僚与机械。一些古巴学者认为，计划经济部门的过度干预增加了古巴经济的协调成本，生产和再生产的宏观预测遏制了企业层面的主观能动性，体制僵化成为经济主体快速适应时局的主要障碍，国民经济因此无法实现资源的最优配置。①

2016 年，古共七大发布的重要决议体现了古巴政府谋求国民经济长远规划的愿景，但在实践层面，古巴《党和革命经济与社会政策纲要》的执行仍面临传统计划经济体制的一些内生矛盾和短板。有古巴学者认为，古巴政府缺乏制定社会经济发展长远规划的经验，既没有组建负责设计、分析和检验国家发展规划及其可行性的专门机构和中心，也缺少相关学术支持和专家队伍。持续的外部危机使古巴政府不得不求助于一系列应急举措，

---

① Oscar Fernández Estrada, "The Planning Paradigm in Cuba: Tethering the Economic Takeoff", qtd. in Jorge I. Domíguez, Omar Everleny Pérez Villanueva, et al., *The Cuban Economy in a New Era: An Agenda for Change toward Durable Development*, Harvard University Press, 2017, p. 64.

因此很难从全球化视角对古巴经济社会发展模式和战略的调整进行长远规划。古巴政府最近一次提出经济发展规划还是在 20 世纪 80 年代中期，当时提出面向 2000 年的发展计划。在理论层面，古巴共产党和政府对社会经济发展长远规划给出明确定义，即发展必须超越经济范畴，其战略核心主要包括政府效率、社会一体化、自然资源和环境、人类发展、公平与社会正义、国际参与、基础设施建设和科技创新等。但在实践中，占主导地位的计划经济体制始终与变革生产结构的更新路线存在一定偏离。古巴经济学家里卡多·托雷斯（Ricardo Torres）认为，古巴高度集中的资源分配体系因无法获取充分信息，运行效率总体不高。[1]当前，落实经济发展计划的关键是解决计划经济信息不足与信息不对称问题。错误的投入产出信息极有可能导致各经济部门间的关系紊乱和各经济目标的冲突。尤其在双重货币体制下，错位的经济价值评估与缺少可行性的目标清单，必将对长期发展规划的可持续性造成难以估量的消极影响。

由于经济模式更新的首轮措施对古巴经济增长的促进作用未达到预期水平，进一步深化计划经济体制更新、加强宏观调控和转变经济管理模式势在必行。有古巴学者认为，更新计划经济体制应首先更新计划经济的概念，一方面把发展作为一个目标系统，另一方面把长期规划视为一个决定性视角。随着非公经济的兴起，古巴政府在承认其特殊历史作用的基础上，力图加强对非公经济部门的管理与引导，并尝试在宏观调控中做出与时俱进的调整，使中央计划指导下的市场成为资源配置的方式之一。引入市场手段并不意味着放弃中央计划经济体制，任由不同经济代理人的无政府主义发挥作用，而是进一步完善间接调控和财政监管，以降低资源配置的复杂性和刚性，使古巴逐步过渡到国家有限干预下的市场驱动型资源分配方式。国家对关键领域的调控依然具有显著优势，因此在特殊形势下国家仍

---

① Jorge I. Domínguez, "Cuba's Economy at the End of Raúl Castro's Presidency: Challenges, Changes, Critiques, and Choices for the Future", qtd. in *The Cuban Economy in a New Era: An Agenda for Change toward Durable Development* (Series on Latin American Studies), David Rockefeller Center for Latin American Studies, 2018, p. 10.

将承担实物资源中央分配者的角色。在计划经济时代，为便于中央调控和实现规模经济效应，古巴企业的生产线相对集中。但在新的历史条件下，生产应逐步避免因人为因素而集中，尤其不应出现外国合伙人在非竞争环境下享受特殊政策待遇的情况。随着商品和服务市场的建立健全，大多数产品价格应由需求而非供给来决定，从而避免产生"生产者暴政"的现象。①

建立计划经济体制的初衷是调控古巴经济持续的结构性失衡，但计划体制对全国范围内生产进程的严格管控严重抑制了生产力的发展，革除传统计划经济体制的不良遗存已刻不容缓。2011年，古巴六大研判经济形势的主要目的是商讨古巴计划经济体制的更新与完善。虽然古共在官方文件中承认了市场在社会主义经济中的客观存在，但对这一目标的论述，仅限于建立相应的原则，并不代表任何实质性的操作。2016年，古共七大在官方文件中依然保留了对市场的有限肯定："社会主义计划体制仍然是领导古巴国民经济的主要方式，它将获得持续改善，以确保宏观经济的平衡和社会经济发展长期目标的实现；计划经济体制承认市场关系的客观存在，并将发挥对市场的影响，考虑市场的相关特征。"尽管更新计划经济体制的目标早已确立，但古巴政府迟迟未能提出完善计划经济体制的切实方案，"如何让计划经济体制在与时俱进的同时继续发挥其对国民经济的主导作用"仍然缺乏有效的理论支撑和实践基础。

劳尔·卡斯特罗主席在推行模式更新之初就指出，应使古巴的经济体制变得更加灵活和有效。古巴各界对更新计划经济体制存在共识毋庸置疑，但这种共识能否促成新的变革仍取决于一系列复杂因素的博弈和古巴领导人的历史胆魄。更新中央计划经济模式既需要在理论上解放思想，打破一些陈旧认识，更需要付出空前的政治勇气，以建构新的理论与政策框架。在这一复杂的历史进程中，新旧现象的共存和冲突必将不断上演，政策试

---

① Oscar Fernández Estrada, "The Planning Paradigm in Cuba: Tethering the Economic Takeoff", qtd. in Jorge I. Domínguez, Omar Everleny Pérez Villanueva, et al., *The Cuban Economy in a New Era: An Agenda for Change toward Durable Development*, Harvard University Press, 2017, p. 64.

错与反复难免引发新的连锁反应。

二　古巴社会主义所有制的调整与完善

古巴经济模式更新的重要目标之一是在巩固和更新国有经济的基础上，通过所有制结构的调整与优化，更加灵活地处理经济主体关系，加强对私营经济的管理与引导，从而增强古巴经济模式更新的社会活力与创新动能。根据古巴宪法（2019 年）第 22 条，古巴社会主义所有制的实现形式包括社会主义全民所有制，合作社所有制，政治、群众和社会组织所有制，私营经济，混合所有制，非营利机构及社团所有制和个体经济七种形式；建立在生产方式基础上的各种所有制均以类似的方式互相影响，国家对其参与经济社会发展的方式进行监管，所有权的行使和实现均受到法律约束。

（一）古巴国有企业的发展与更新

古巴宪法（2019 年）第 27 条规定，社会主义国有企业是古巴国民经济的主要构成，国企在行政管理上享有自治权，在商品和服务生产中发挥主要作用，并履行其社会责任，古巴法律对国有企业组织运行原则进行监管。重振国有企业是古巴夯实社会主义经济基础的必然要求，经济模式更新力图通过重构国有企业管理模式，给予其更多自主性，从而进一步提高国有企业的生产率和经济效益。

1. 古巴国有企业管理体制的现状与局限

自 1959 年以来，古巴国有企业经历了不同的发展阶段，各类管理体系中的国有企业在同一性和集中性上有所区别，企业内部的组织架构也存在一定差异。随着古巴计划经济体制的确立与巩固，古巴国有企业呈现出不断集中和高度集权的趋势，在经营管理方面缺乏自主性和决策权成为制约古巴国有企业发展的重要因素。根据经济计划部下达的年度指标和行政指令，古巴国有企业须在有限的物资配给下完成指定计划，因此无法根据经营实际做出及时合理的调整。面对计划经济制约下的原材料和零部件短缺，古巴企业试图通过技术创新和组织创新开发产能，例如在企业内部设立

"青年技术班""创新者和理性主义者协会""科技论坛"等，以推动企业生产线、产品和服务的开发与创新。即便如此，部分企业的局部调整仍难以扭转古巴国有企业亏损的现实，一些企业不得不通过政府补贴来维持经营。2014 年，古巴政府对 151 家企业的补贴总额高达 4.39 亿比索，亏损行业除农业外，还包括工业和旅游业企业。[①]

经济模式更新对古巴国有企业的管理制度进行了部分修订，例如第 334 号法令（2017 年）、第 323 号法令（2014 年）和第 281 号法令（2007 年）均对古巴国有企业领导和管理体系进行了调整。根据新法令，古巴国有企业无论规模、地理位置及部门，均须使用相同的管理体系。该管理体系下设 18 个子系统，既包括标准化指导意见，也有针对各类国有企业的细化指南，对企业运营所需文件均有详尽要求。有古巴学者认为，现有的国企管理规定与其他国家机构出台的政策也存在一定的不协调，未能体现出对关键领域竞争力、创新、产品质量、消费者导向和战略管理等问题的关注；所谓的创新管理子系统既缺少对管理事项的讨论，也未提供创新定义，还将一些微小改进和理性化概念与创新科技转移混为一谈。[②]例如，第 281 号法令（2007 年）虽对国有企业战略创新目标的设计与执行有所涉及，但对企业技术转移与生产创新的定义模棱两可，更缺少对产品满意度的关注。尽管古巴政府已意识到国有企业创新规划和投入的重要性，但在现有制度架构下，生产创新作为企业未来投资的一部分，仍难以在企业层面得到贯彻与执行。首先，企业承担的指令性目标须在一个完整的财政年度内实现，因此在实践中由上级强制下达的年度计划对企业开展创新活动存在一定的约束。其次，在缴完国家规定的税金和利润（企业上缴国家利润不得低于

---

① Ileana Díaz Fernández et al. , "Innovation in Cuban State Enterprises: Limitations", qtd. in *The Cuban Economy in a New Era: An Agenda for Change toward Durable Development* (Series on Latin American Studies), David Rockefeller Center for Latin American Studies, January 8, 2018, p. 126.

② Ileana Díaz Fernández et al. , "Innovation in Cuban State Enterprises: Limitations", qtd. in *The Cuban Economy in a New Era: An Agenda for Change toward Durable Development* (Series on Latin American Studies), David Rockefeller Center for Latin American Studies, January 8, 2018, p. 126.

企业总利润的 50%）后，企业须从自留资金中拨付研发经费，而这种基于实际利润的自愿留存机制仍须通过企业所属的上级企业集团批准。

古巴国有企业既是古巴经济生产链中的基础环节，也是古巴国家行政体系中的较低层级，因此重组国有企业领导与管理系统对古巴模式更新全局具有重大意义和深远影响。2014 年，古巴政府对第 252 号法令和第 281 号法令中关涉国有企业效率和竞争力的条款进行了修订，试图通过调整古巴国有企业领导与管理体系，减少国家行政单位对国有企业下达的指令性计划，并在此基础上实现企业利润与工资的再分配。[1] 2016 年，古共七大在《关于古巴社会主义经济社会发展模式理论化的决议》中提出一系列创新议题，其中促进创新导向现代化，加强企业与科教机构、各类国有与非国有经济主体的合作，均与国有企业的系统性更新密切相关。决议强调了创新在古巴经济增长中的重要作用和国家在科技创新中的领导角色，提出应通过各种非正式的参与方式，促进对个人和集体的创新激励，但对国有企业如何在管理过程中实现创新并未做出具体阐释。古巴学者认为，古共七大的官方文件仍把企业管理表述为计划经济体制下企业对国家决策的服从，尽管企业在纳税和上缴利润后可对剩余利润做一定的自主安排，但国家在劳动力和研发体系激励上仍具有决定权，因此企业很难有实质性的自主权。[2] 古巴政府对国企系统的管控主要体现在计划执行情况上，管理系统和指令性计划规定下的企业运行程序较为繁复，对企业面临的未知风险缺少预见，对企业创造力和消费者社会满意度缺乏关注。

事实上，仅有研发机制不等于创新，作为创新的必要条件，对知识积累、传播和利用进行制度激励极为重要，如缺少体制层面的关注与扶持，

---

[1]　Yudy Castro Morales, *Toward a More Autonomous and Efficient State Enterprise Sector*, December 20, 2017, http://en. granma. cu/cuba/2017 - 12 - 20/toward-a-more-autonomous-and-efficient-state-enterprise-sector.

[2]　Ileana Díaz Fernández et al. , "Innovation in Cuban State Enterprises: Limitations", qtd. in *The Cuban Economy in a New Era: An Agenda for Change toward Durable Development* (Series on Latin American Studies), David Rockefeller Center for Latin American Studies, January 8, 2018, p. 126.

企业本身很难有真正意义上的创新，即便是风险较小的常规创新也难以承受。古巴经济学家曾对古巴 64 家国有企业的创新现状进行了调研，调研问卷涉及企业战略结构、创新目标和战略、创新激励条件和企业创新主要限制等。一些古巴企业认为，由于缺乏与企业目标和战略相一致的创新战略，企业在获取科技信息和创新融资方面存在短板，与大学和研究机构也缺乏合作。由上至下的创新领导体制包含了太多上级指令，而国际实践表明，指令性创新体制并不是最有效的创新，指令不是创新追求的唯一指标。迫于完成年度计划的压力，企业现有的目标和战略往往都具有一定的短视性。在年度计划与企业的实际需求并不完全匹配的情况下，短期内的创新并非没有可能，却伴随着较多的不确定性和风险，如无法完成年度任务，企业经理将受到处罚，与企业利润挂钩的职工工资也面临下降的可能，因此古巴企业在寻求创新和效率时不得不做出保守的选择。[①]

2. 古巴国有企业改革的方向与举措

创新是促进经济增长、改善人民福利、推动国家可持续发展的重要因素。企业的创新发展需要有知识、有能力、有创见和有批判性的人才队伍，更需要文化领导力、基础设施、政策资源等多重因素在企业管理中发挥积极作用。有效的创新管理，既需要赋予企业一定的经营自主权，也需要在广阔的制度环境与合理的组织架构下，给予企业更多的创新激励。

古共七大《关于古巴社会主义经济社会发展模式理论化的决议》指出，社会主义可持续发展只有通过提高劳动生产率和公平分配才能实现。古共七大虽承认了非国有经济部门的发展，但古巴领导人仍然强调，古巴国有企业是古巴财富与经济增长的重要引擎，在国民经济中担负着领导角色。为改善经营效益，古巴国有企业应积极寻求与其他经济主体的互动与合作，通过改进生产与服务，力图在实现经济计划的基础上，进一步满足消费者

---

① Ileana Díaz Fernández et al. , "Innovation in Cuban State Enterprises: Limitations", qtd. in *The Cuban Economy in a New Era: An Agenda for Change toward Durable Development* (Series on Latin American Studies), David Rockefeller Center for Latin American Studies, January 8, 2018, pp. 130 – 134.

需求。在更新背景下，古巴政府正试图探索计划与市场相结合的经济管理运行机制，一方面通过经济计划确保社会的战略需求得到满足；另一方面通过引导企业参与国内外市场，寻求企业的管理创新与可持续发展。在企业创新管理的宏观体制方面，指令性经济计划系统、央企监管组织（OS-DE）和国有企业领导及管理体系均存在制约古巴国有企业自主创新的官僚僵化问题。古巴政府应进一步加大对国有企业的放权力度，减少行政指令的过度约束，在权责明确的基础上，让国有企业在战略规划、运行决策和创新发展中发挥更多的自主性，并能够据其经营实绩、行业特征与增长潜能，探索建立更加灵活和定向的创新规划、激励与执行机制。

（二）古巴合作社的发展与更新

自 1959 年古巴革命胜利后，合作社始终是古巴农业部门重要的发展支撑。古巴政府力图通过合作社的多元探索，在巩固社会主义基本经济制度的基础上，不断提升国民经济的活力与竞争力。

1. 古巴合作社经济的历史演进

革命胜利后，古巴相继出现了农业、畜牧业、渔业、煤炭和纺织等经济部门合作社，服务和消费者合作社以人民商店的形式存在。20 世纪 60 年代初，在启动建立国有大型企业的政治进程前，古巴已有 485 个生产合作社、440 个服务和消费者合作社。1960 年，发放农业信贷的银行机构被取消，部分地区的烟草小农对信贷的迫切需求催生了 1961 年开始出现的小农、信贷与服务合作社。这些通过土地革命获取土地的个体小农自愿组成了合作社，共同享受银行贷款和现代技术，通过合作社就市场价格等重要事项达成统一协议，但仍保留了其土地所有权和自主经营权。1960 年蔗糖大丰收后，古巴第一个糖业合作社成立。通过这种方式，古巴逐步实现了农场国有化。由于合作者领导者缺少必要的教育背景和管理经验，一些合作社运行不佳，甚至出现了资源滥用现象。1962 年蔗糖大丰收后，古巴政府开始将此类合作社转为国有农场。这一时期，古巴还出现了一种被称为农牧业社的合作社，合作社成员将其土地所有权和生产设备社会化，并共享集体收入，这一形式被视为 20 世纪 70 年代出现的农牧业生产合作社的前身。

1975 年，古共一大决定支持和发展合作社，并试图使生产合作社成为在土地革命中获得土地的农民从事农业生产的最佳方式。此类劳动者合作社由小农贡献土地，合作社成员在这些土地上共同劳作。为改善农民生活，合作社内部还建立了社区、学校、医疗中心、操场、托儿所及俱乐部等社会机构。

20 世纪 80 年代后半期，古巴各项经济指标严重恶化，农业部门主要依托大型国有企业进行高度集中的工业化农业生产，在高投入的同时，也表现出极强的外部依附性。随着苏东剧变后经济危机的加深，古巴农牧业生产合作社和小农、信贷与服务合作社在资源极为有限的条件下，展现出比国有农场更强的危机应对能力。截至 1992 年，85% 的古巴农牧业生产合作社处于盈利状态，与此形成鲜明对比的是仅有 27% 的国营农场处于盈利状态。[1] 1993 年 9 月，古共中央决定将大型国有农企划分为经营小规模土地的若干合作社，以此建立"合作生产基层组织"制度。合作生产基层组织以租赁的方式获得原国有农场的土地，并以较为宽松的信贷条件购买了原国有农场的生产工具与资料。2011 年，古共六大发布的《纲要》指出，经济政策必须符合"只有社会主义才能克服困难并捍卫革命成果"的原则，社会主义国有企业是国民经济的主要形式，其他管理形式也应得到承认和促进。合作社作为新经济模式的重要组成，不仅限于农业部门，也应在其他经济部门得到推广。2012 年，古巴第 53 号特别公报公布了关于生产与服务合作社等非农合作社建立、运行及解体的相关规定。

2. 非农合作社的出现与发展

自古巴革命胜利以来，农业合作社一直是古巴农业最为重要的组织形式。随着古巴模式更新的深化，非农合作社的概念逐渐兴起。2011 年古共六大通过的《纲要》提出非农合作社概念，并指出非农合作社是非国有企业经济形

---

[1] Dayrelis Ojeda Suris, "The New Cuban Cooperatives: Current Situation and Some Proposals to Improve Performance", qtd. in *The Cuban Economy in a New Era: An Agenda for Change toward Durable Development* (Series on Latin American Studies), David Rockefeller Center for Latin American Studies, 2018, p. 92.

式的一种，应在经济模式更新中得到不断发展。[1] 2012 年，古巴政府颁布的第 305 号法令把非农合作社定义为：为实现社会经济目标，由合作社成员自愿贡献商品、让渡权利，通过集体管理方式生产商品和提供服务，以满足社会及其成员需求的社会经济组织。非农合作社建立在自愿、合作与相互援助的原则上，通过集体决策谋求合作社经济的可持续发展，并寻求与其他合作社及机构的合作；合作社成员享受平等权利，遵循内部纪律并履行社会责任。

非农合作社政策的出台经历了异常复杂的过程，需要市级、省级或国家级企业集团的批准和配合，一个非农合作社的建立还需要古巴部长委员会的批准。事实上，3/4 的非农合作社获得了经营许可，因为国有企业均希望从这一领域撤出。所有非农合作社都是在 2013 年至 2014 年获批的，其中一半在哈瓦那。此后，建立其他合作社的意见被搁置，因此再无新的非农合作社获得批准。

古巴政府还试图探索合作社分层机制，一级合作社须至少具备三位具有古巴国籍、年龄超过 18 岁且有能力从事生产及服务的初始成员，二级合作社则由两个以上一级合作社构成，但在实践中尚未颁布关于二级合作社的相关规定。一级合作社的组建包括四种形式：一是由自然人自愿出资组建合作社，二是自然人在保留物权的基础上就相关经济活动自愿联合，三是以租赁或其他不代表所有权转让的方式使用国有资产进行合作社经济活动，四是上述三种形式的结合。截至 2016 年 12 月，古巴获批的非农合作社共计 498 家，其中依据第一种组建形式建立的合作社占 23%，其他合作社均属于由国有经济转化而来的第三种组建形式，第二种和第四种组建形式尚未被纳入审批范围。[2]

---

[1] Dayrelis Ojeda Suris, "The New Cuban Cooperatives: Current Situation and Some Proposals to Improve Performance", qtd. in *The Cuban Economy in a New Era: An Agenda for Change toward Durable Development* (Series on Latin American Studies), David Rockefeller Center for Latin American Studies, 2018, p. 89.

[2] Dayrelis Ojeda Suris, "The New Cuban Cooperatives: Current Situation and Some Proposals to Improve Performance", qtd. in *The Cuban Economy in a New Era: An Agenda for Change toward Durable Development* (Series on Latin American Studies), David Rockefeller Center for Latin American Studies, 2018, p. 93.

目前，古巴政府关于合作社发展的宏观制度架构和执行细则仍有待完善，合作社审批程序复杂且等待期较长，合作社与政府间也缺乏有效的沟通渠道。例如，一些合作社在参与社会投标时，无法从官方渠道获取相关的公示信息。据古巴官方数据，截至 2017 年 1 月，古巴共有 397 家非农合作社，主要集中在食品、农产品零售和建筑业三个传统低效部门，其中大部分非农合作社由国企转变而来，存在不同程度的效率问题。新成立的合作社在地理分布上也呈现不均衡性，约一半集中于哈瓦那地区。①

尽管非农合作社的初步探索仍存在不少问题，但这种新经济形式的积极作用也在日益显现。非农合作社在一定程度上分流了国有部门的就业压力，也满足了古巴民众对稀缺商品和服务的多元需求。在合作社运行的最初 6 个月，不少合作社成员的工资增长了三倍，除年底盈余，合作社成员的月均预支收入达到了约 2500 比索的水平，许多成员因此实现了多年来第一次靠劳动收入获取足额生活费的目标。据古巴官方统计，截至 2014 年 12 月，古巴 291 家非农合作社总收入为 8.624 亿比索，盈利 3.179 亿比索；截至 2014 年 11 月，古巴 268 家合作社共纳税约 0.88 亿比索，其中销售税约 0.52 亿比索，利润税约 0.34 亿比索，共缴纳社会保险约 0.024 亿比索。②

一些根据合作社实际拟定并由合作社大会通过的经营计划均得到了较好的落实，而一些由国企转换而来的合作社，因未能做出及时调整，出现了经营不善甚至亏损。与国有企业被动接受上级指令性计划不同，合作社经济计划须建立在合作社成员的共识之上，立足于合作社的生产实际与市

---

① Dayrelis Ojeda Suris, "The New Cuban Cooperatives: Current Situation and Some Proposals to Improve Performance", qtd. in *The Cuban Economy in a New Era: An Agenda for Change toward Durable Development* (Series on Latin American Studies), David Rockefeller Center for Latin American Studies, 2018, pp. 96 - 97.

② Dayrelis Ojeda Suris, "The New Cuban Cooperatives: Current Situation and Some Proposals to Improve Performance", qtd. in *The Cuban Economy in a New Era: An Agenda for Change toward Durable Development* (Series on Latin American Studies), David Rockefeller Center for Latin American Studies, 2018, p. 98.

场需求。在理论上，合作社通过控制成本和改善经营，不但避免了财富集中，更实现了收入分配的优化。在民主原则的指导下，合作社大会就经济社会事项进行决议，作为产品和利润所有者的合作社成员以一人一票的方式平等参与决策，合作社大会有权判定成员资质，腐败和违法行为也因此受到约束。随着合作社内部运行机制的建立与完善，在关注物资调配和生产方式的基础上，合作社把保障成员就业、满足成员需求和提高成员生活水平作为更高追求。例如，一些合作社通过会计、经济学、管理学和法律等相关培训提升合作社成员的专业技能，建立了社区护理中心、托儿所和学校，甚至为困难成员提供免息贷款等。在伦理价值上，合作社倡导并践行集体主义与生态主义。为提升影响力和竞争力，合作社还试图拓展供应方和消费者，以寻求经济产业链中的不可替代性。

3. 合作社面临的问题与更新方向

目前，古巴合作社的发展仍面临许多体制约束与社会羁绊。例如，创建合作社的批复流程较为复杂，合作社租赁国有资产的程序缺乏透明度，合作社缺少银行信贷支持等。一些从国有企业脱胎而来的合作社由于缺乏专业的改制指导，仍处于国家和地方政府机构的干预之下。这些合作社的初创成员虽具有一定的法律及会计专业背景，但往往对国有产权转化与合作社运行原则缺乏认识，被告知组建的时间也仅有一周到半月，在短期内对合作社谈判、供应商、消费者及市场等问题形成概念较为困难。此外，一些国企或私营企业出于各种利益考量，虽改制成形式上的合作社，却有悖于合作社的运行原则和社会责任，对合作社的正常秩序与生态造成了一定干扰。

在实践中，古巴合作社往往仅限于执行基础会计事项，而缺乏财务分析、可行性研究和经济金融企划等方面的经验。由于国内生产部门薄弱，合作社往往难以在国内市场找到合适的生产资料，也无法从正规渠道及时获取进口原材料和生产技术。从国有批发商渠道获取的生产物资仅能满足合作社 30% ~ 50% 的物资需求，因此合作社不得不求助零售或地下市场，而这种做法又增加了商品和服务成本，造成了零售市场的物资短缺，从而引发了普通民众的不满。

目前，古巴政府对非农合作社的态度仍有所保留。在许多情况下，合作社被等同于私营经济，其法人地位不被承认，或经济活动受到限制。一些与合作社保持经济往来的国有企业往往受到更多审计，被要求解释与合作社而非国企订立合同的原因。古巴国家审计署下发的非农合作社的内部管理手册多达 67 页，而国有企业的指导手册仅有 21 页。在改善社区条件等问题上，合作社与当地政府间也缺少必要的沟通。一些合作社成员对合作社权利和义务、合作社法律法规、合作社组织管理等缺乏认识，在订立合同时经验不足，而政府决策者、管理者及咨询部门在处理合作社相关问题时也存在不同程度的局限性。因此，有古巴学者建议，古巴政府应设立服务合作社发展的专业机构，通过加强多方沟通和培训，协同解决合作社的发展问题。政策协调意味着把非农合作社的创立目标与现有法律框架及所有行为主体的作为联系在一起，尽快制定明晰连贯的"合作社一般法"，以减少创立合作社的审批步骤。由于地方行政机构对本地区发展需求最为了解，因此建议取消中央政府和部长委员会一级的审批机制，由市级或省级政府负责合作社审批，并设置批复期限。

此外，应按照现有法律规定，提升国有企业向合作社转化产权的透明度，通过官方媒体向公众通报相关建议书和申请结果，从而推进设置由国家管理模式向合作社模式转变的有效程序。具体建议包括在尊重合作社的基础上，允许合作社成员根据条件变化、围绕"社会目标、房屋及其他商品租金、国家对商品服务的具体需求"等进行谈判；为合作社成员提供合作社文化、法律法规、会计及税收等相关培训，提高公众、机构决策者及监管者、合作社顾问对合作社基本概念和运行规则的认识；鼓励合作社在自主开展可行性研究的基础上，与国内企业签订供应合同；将合作社纳入国民经济计划，消除区别对待国有企业与合作社企业的现象；允许合作社进口国内紧缺或性价比低的生产物资，建立非农合作社出口产品及服务相关机制，改善非农合作社产品服务质量，以期增加硬通货收入，满足自身进口需求；改善非农合作社与当地政府的关系，促进两者合作解决本地问题，建立为合作社提供政策咨询及援助的合作社促进机构等。①

（三）古巴非公经济的发展与更新

古巴经济模式更新的重要理论突破之一是承认非公所有制形式的存在和作用，并力图在实践中加强对非公经济部门的管理与引导，促进非公经济部门在社会主义经济模式更新中发挥积极作用。

促进中小私营企业发展是世界上许多经济体保持增长和创造就业的重要手段。早在古巴革命前，古巴就有数量可观的小企业，这些企业成为古巴创造就业岗位的重要因素。获取劳动力、资本和管理经验是发展中小企业的根本，如果无法保证这些资源的获取，中小企业将无从发展。在20世纪50年代的非糖业部门，古巴的中小企业广泛发展，而这一现象在20世纪60年代末结束。取而代之的是古巴国有大型企业，在牺牲企业间协调的情况下，由于一味强调计划体制下的垂直统一管理，从而诱发了物资囤积、开工不足、缺乏竞争和产能闲置等现象。20世纪90年代初，古巴开始尝试一系列新的经济政策，尤其是在1993年开始放开个体经营禁令。随着古巴经济的开放，具有私营经济许可证的古巴劳动者从1994年的12.1万人增至2005年的16.5万人，随后出现急剧下滑。对个体经营的种种限制（例如个体餐厅只能有12把椅子等）阻碍了这一部门的发展和就业，同时也催生了许多破坏现有法律法规的非法行为。2008～2015年，古巴劳尔政府先后公布了推动私营经济和合作社部门发展、国有企业放权、土地租赁等一系列促进古巴经济发展的重要政策。2010年，为刺激经济增长和创造就业，劳尔决定扩大个体户经营范围。2010年至2015年，古巴个体户数量迅猛增长。2016年，劳尔在古共七大上指出，"自营"概念已无法准确表述古巴私营部门微小及中小型企业的发展现实，必须在概念表述上承认私营部门的壮大。古巴政府高度重视新兴经济部门的发展，先后出台的相关政策与法

---

① Dayrelis Ojeda Suris, "The New Cuban Cooperatives: Current Situation and Some Proposals to Improve Performance", qtd. in *The Cuban Economy in a New Era: An Agenda for Change toward Durable Development* (Series on Latin American Studies), David Rockefeller Center for Latin American Studies, 2018, p. 102.

律法规为古巴中小企业创造了新的发展空间，但在执行过程中仍面临诸多现实问题。

2010 年 10 月，古巴政府第 32 号决议的颁布标志着古巴非公经济重启计划正式生效。根据第 32 号决议，古巴的非公经济种类从 157 种扩大到 178 种，2012 年又扩大到 201 种。为激发该部门经济活力，许多限制非公经济部门发展的规定被陆续废止。例如，个体经营的餐厅只允许有 12 个座位的规定被取消，个体经营者被允许雇用职员、接受信贷、开立银行账户以及与国有部门订立合约等。自 2010 年起，古巴非公企业经营执照的发放数量持续增长。截至 2015 年，古巴个体户经营执照持有者已超过 50 万人，如加上合作社成员和私营农户，古巴 2014 年非国有部门人数超过 100 万，而古巴全国人口仅 1120 万。①截至 2016 年 12 月底，古巴政府共发放了 53.5 万份非公经济经营执照，较 2010 年增加了 37.8 万份。较 2011 年和 2012 年的陡增情势，2014~2016 年的许可证发放速度有所放缓，部分月度存在波动，但总体呈上升趋势。②

尽管古巴政府仍沿用"个体劳动者"概述私营经济，但事实上，由于缺少对该类经济活动的限制，一些个体经济已逐渐发展成小微企业。有古巴学者认为，人口和地理因素是促进古巴微小中企业发展的有利因素。古巴国土面积约 11 万平方公里，仅有约 1100 万居民，在小城镇建立大型企业具有一定难度，大企业更适合 10 万以上人口的城市容纳，而小型工厂等中小企业可帮助人口稀少的小城镇改善生产和就业，减少向密集城区或已存在旅游、矿业等优势部门的热点地区集中人口。③2012 年 12 月，劳尔在古

---

① Jorge I. Domínguez, "Cuba's Economy at the End of Raúl Castro's Presidency: Challenges, Changes, Critiques, and Choices for the Future", qtd. in *The Cuban Economy in a New Era: An Agenda for Change toward Durable Development* (Series on Latin American Studies), David Rockefeller Center for Latin American Studies, 2018, p. 6.

② Omar Everleny Pérez Villanueva, "Small and Medium-Sized Enterprises in Cuba: A Necessary", qtd. in *The Cuban Economy in a New Era: An Agenda for Change toward Durable Development* (Series on Latin American Studies), David Rockefeller Center for Latin American Studies, 2018, p. 79.

③ Omar Everleny Pérez Villanueva, "Small and Medium-Sized Enterprises in Cuba: A Necessary", qtd. in *The Cuban Economy in a New Era: An Agenda for Change toward Durable Development* (Series on Latin American Studies), David Rockefeller Center for Latin American Studies, 2018, p. 81.

巴全国人大闭幕式发言中指出，古巴经济模式的理论化工作旨在应对和诠释古巴经济实践中出现的一些新现象和新问题。2016 年 4 月，劳尔主席在古共七大报告中再次强调，"对古巴经济实践中出现的一些新历史现象应给予名副其实的定义和解释，不能用不合逻辑的委婉语来掩盖事实；个体户及其雇员的增加已导致古巴经济实践中微小中私营企业的存在，而这些企业至今没有合适的法律地位"。古共七大颁布的《关于古巴社会主义经济社会发展模式理论化的决议》指出："古巴公民可从事以下活动：小企业基本由工人及其家庭来经营；微小中私营企业据其业务量和雇员人数认定为法人。"因此，加强对新兴经济部门新群体和新概念的理论界定和研究，成为古巴政府进一步规范和引导非公经济发展的必修课。

在古巴，中小企业正成为考验创业者雄心和管理水平的试验场，创业者须承担较高风险，该类企业的死亡率也相对较高。为寻求可持续发展，古巴中小企业亟须建立与大规模产业的联通机制，加强与国有部门的合作，并从政府层面获取必要的政策支持。政府对中小企业的定位如仍停留在"公有经济竞争者而非有益补充"的阶段，就不可能给予其足够的发展空间和必要支持，中小企业对古巴经济社会发展的正向作用也无从体现。目前，古巴非国有机构不允许直接进口原材料，如被允许进口，如何筹措用于进口和投资的资金是这一部门面临的又一挑战。非国有部门只能申请古巴比索的个人信贷，而无法获取兑换货币的信贷。根据 2011 年的规定，古巴比索的信贷也有相应限制，例如古巴比索的最低贷款额必须满足合 120 美元的要求。如需兑换美元，则须前往合法的国家外汇机构并支付高额手续费后。贷款利率根据贷款期限的长短有所变化，最短贷款期限为 18 个月，但借贷者必须提供相应的经营和资产抵押证明。因此，信贷的最低门槛被降至合 50 美元的古巴比索，贷款期限延长，抵押资产的范围也被扩大。大部分信贷没有发放给个体户，而是发放给了私营农户和非农合作社。个体户的增长与私营借贷者的信贷增长并不相关。有学者担心，目前的政策导向更有利于脱胎于国有企业的非农合作社，而非农合作社的经营表现并非一定优于个体经营者。① 2011 年年底第 289 号法令生效前，古巴中小企业数量比 2010 年增加了一倍，但其仍被隔绝于正式银行体系之外。这些企业的投资运营资金主要源自小微企业主个人存款、侨汇收入、亲友个人贷款等非正规融资渠道，一些古巴裔美国人甚至还利用亲友的古巴公民身份在古谋取经营利益。截至 2013 年年底，仅有 550 例贷款被发放给 44 万个体经济者。据古巴中央银行统计，2015 年古巴城市银行哈瓦那营业部的贷款协议中仅有 1% 的贷款发放给了小农、城市合作社和个体户，仅有 5908 个支票账户由个体经营者开立。古巴信贷商业银行（BANDEC）仅有 6% 的贷款是发放给城市合作社、个体户和居民个人（用以购买建筑材料及烹饪电器等设备）的。古巴人民储蓄银行仅有 5% 的贷款发放给了城市合作社、个体经营者和个体农户。

古巴银行系统对小额信贷的发放限制表明，经济模式更新阶段的非国有经济发展依然面临许多现实困难。经济政策缺乏连续性在信贷审批中表现得尤为突出，而信贷政策的高度同质化又进一步制约了非国有经济部门的发展潜能。此外，国有银行系统缺乏竞争，限制了非国有部门的授权范围，一些个体经营者因发展空间受限，不得不采取各种措施来逃避税务检查。针对古巴银行体系在中小企业融资问题上的滞后性和局限性，有古巴学者曾建议，应允许中小企业开立银行账户，并利用银行渠道的融资工具，减少企业运营成本和风险，例如可试行"允许总收入超过 5 万古巴比索的企业开立银行账户，账户存款可作为贷款抵押"等政策。②目前，古巴官方已允许中小企业开立用于发放工资的银行账户，以降低中小企业的运营成本，减少累积风险，管理过剩现金。中小企业既可通过银行账户纳税、参

---

① Jorge I. Domínguez, "Cuba's Economy at the End of Raúl Castro's Presidency: Challenges, Changes, Critiques, and Choices for the Future", qtd. in *The Cuban Economy in a New Era: An Agenda for Change toward Durable Development* (Series on Latin American Studies), David Rockefeller Center for Latin American Studies, 2018, p. 16.

② Omar Everleny Pérez Villanueva, "Small and Medium-Sized Enterprises in Cuba: A Necessary", qtd. in *The Cuban Economy in a New Era: An Agenda for Change toward Durable Development* (Series on Latin American Studies), David Rockefeller Center for Latin American Studies, 2018, p. 81.

与社保和缴纳公共设施费用，也可与国有企业及体制内机构进行资金往来，与其他私营企业及合作社建立联系并形成价值链，而偷税漏税等违法投机行为也有望通过账户监管得到一定程度的遏制。

2016年，古共七大再次强调了非公经济的从属地位，并表达了对创业致富的质疑与担忧，这表明古巴官方在中小企业问题上仍存在一定的理论与政策模糊。这一年，古巴甚至出现了关停正常经营企业、予以罚款和没收、要求出示购买凭据、冻结食品服务业许可证等政策回调现象。2017年年初，古巴官方对新兴经济部门的态度有所缓和，但古巴社会关于不平等现象的讨论却在不断升温。一些古巴社会学家、哲学家、记者及作家认为，不同群体参与更新的速度和程度不同，在更新中享受的机会红利也有所不同，模式更新以来逐渐凸显的社会不平等现象与私营部门企业主等新社会阶层的出现密切相关。一些社会特权群体利用现有资源和优势扩大经营范围或做出更多选择，而普通古巴人无法通过家庭收入、外部融资或其他社会资源实现创业梦想或分享改革红利。2009年至2014年，从古巴国有部门转移出来的劳动力达59.65万人，这一群体中的部分人口在20世纪90年代的经济调整中曾陷于公共部门工作繁重却收入微薄的困境。随着模式更新进程的深入，短期内从国有部门向私营部门转移劳动力的趋势仍将继续，这意味着许多国企职工将正式结束国有部门劳动关系，进入非公经济部门，如缺少必要的创业资源和条件，在现有信贷政策下，这部分劳动者最有可能成为私营经济的雇员。

已获私营许可证的部分古巴劳动者为国家和人民提供了一些有益服务，自身生活条件也有所改善，但个体经营活动范围依然有限，相关政策对非公经济的导向和激励作用并不理想。在政策协调方面，为统筹非公经济发展，古巴亟须建立服务中小企业发展的专门机构，并赋予该机构相应的自治权，通过一站式服务来维护其与国家不同地区和相关机构间的联系。在小额信贷方面，古巴国有银行和金融系统仍掌控着重点经济部门的储蓄与融资渠道，为微小中企业提供信贷服务的发展银行或其他有类似功能的金融促进机构有待建立，向墨西哥等在小额信贷方面有成功经验的国家寻求国际合作，将有助于古巴政府出台与中小企业发展需求更加契合的信贷政策。在宏观法律框架方面，古巴政府应充分观照非公经济主体的个体差异，进一步解除对中小企业的发展限制，使其平等获取各类发展资源，并从法律层面支持国有企业与中小企业开展业务往来，使中小企业参与出口导向型生产的部分环节，从而进一步提升其出口终端产品的竞争力。目前，宏观经济制度设计对非国有部门发展仍缺乏足够的激励，古巴官方虽显示出更新意愿，但实际成效远远不足。面对这一突出矛盾，古巴政府应继续扩大中小企业活动范围，为中小企业提供充足的贷款，建立生产资料批发市场，授予中小企业进出口产品的权利，促进城市私营经济与合作社部门的发展。总之，只有国家在制定宏观经济政策和分摊发展风险中扮演更加积极的角色，非公部门得到政府的有效引导和适度赋权，古巴才能实现更新阶段各类经济主体的平等发展和收入再分配领域效率与公平的辩证统一。

第二节　宏观经济政策的调整与更新

进入 21 世纪以来，古巴 GDP 增长稳定，但增幅有限，从 2007 年到 2016 年年均增长 1.6%。从苏东剧变中艰难复苏的古巴经济依然面临一定的财政收支缺口，短期外部债务偿还义务和财政赤字均有所增加。出口、旅游和外商直接投资增长有限，国民经济进口依存度高，两者对古巴国际收支平衡造成了较大压力。国有企业在国民经济中占主导地位，但其创造就业和扩大投资的能力较为有限。农业合作社及非农合作社与非公经济成为经济增长的重要支点，但其拉动基础设施建设和创造就业的潜力有限。[1]

---

[1]　Lorena G. Barberia, "The Availability and Quality of Data on Cuban Economic Development", qtd. *in The Cuban Economy in a New Era: An Agenda for Change toward Durable Development* (Series on Latin American Studies), David Rockefeller Center for Latin American Studies, 2018, p. 160.

为应对古巴经济发展中的结构性与周期性矛盾，古共六大颁布了《纲要》，对古巴宏观经济政策调整的原则与具体措施进行了系统阐释。

一　模式更新背景下的宏观经济形势

自殖民地时期以来，古巴的岛国经济就一直存在结构单一、基础脆弱、外部依赖性强的弊端，在此基础上建立的社会主义经济关系不可避免地受制于古巴经济的传统缺陷，同时也面临着诸多社会主义计划经济体制内的严峻考验与深层矛盾。20世纪90年代前，古巴经济就面临一定的增长瓶颈。除个别领域外，古巴物资生产水平远远落后于生产率的增长，制造业整体落后，产品缺乏国际竞争力，外部投资不足，经济效率低下。苏东剧变后，古巴经济外部失衡加剧，出现了进口非均衡增长和生产能力加速下滑的局面。1994～2010年，古巴商品生产对经济增长的累计贡献率仅为10.3%，而该部门却吸纳了就业市场1/3的劳动力。基础设施建设部门的生产成本居高不下，经济效益持续恶化，生产力受到严重束缚。农业发展停滞不前，粮食严重依靠进口，在菲德尔·卡斯特罗执政的最后五年古巴从美国进口粮食总计7.75亿美元，农产品运输、包装、加工等环节效率低下使古巴农业在丰收时节仍蒙受了巨大损失。[①]早在20世纪80年代末，古巴糖年产量已超过810万公吨，而2005～2006年却跌至200万公吨，其后产量也未得到完全恢复。

自2008年以来，在双重货币体制的制约下，古巴经济扭曲严重，商品出口增长乏力。汇率政策对劳动力市场也造成了一定的负面影响，机械工程师等高级技术人员纷纷辞职，转而从事出租车司机等受教育程度低但收入水平高的职业。受2008年国际经济危机影响，古巴主要经贸伙伴委内瑞拉、欧盟和巴西经济均受到了不同程度的打击，受此牵连的古巴决定暂停偿还国际经济债务，中止履行国际金融义务。自古共六大启动模式更

---

① Ricardo Torres Pérez, La actualización del modelo económico cubano: continuidad y rupture, *Revista Temas*, 08 - 06 - 2011, http://www.temas.cult.cu/catalejo/economia/Ricardo_Torres.pdf.

新后，古巴政府就国际债务进行重新谈判，重启有偿对外服务。2016年年中，劳尔主席曾就古巴经济衰退的原因进行了分析，其中一个重要原因是委内瑞拉已无法向古巴提供足够的石油，委方无法向古巴提供相应的劳务和产品。自21世纪初委内瑞拉总统查韦斯和古巴领导人菲德尔·卡斯特罗就"石油换服务"达成双边协议后，委内瑞拉经济便成为影响古巴经济的重要因素。"石油换服务"主要涉及古巴医疗服务输出，并涵盖社会、经济、政治和军事等双边合作。这一具有政治意义的双边贸易模式曾为古巴带来短期经济繁荣，GDP年增长率从2002年的2%跃升至2006年的12%。随着委内瑞拉经济徘徊不前，古巴经济增速在2009年跌至1.4%，甚至低于古巴1971~1985年与苏联保持良好经贸关系时的水平。2016年，古巴虽基本实现了对预算赤字和通货膨胀的调控预期，但GDP下降了0.9%，古巴官方首次承认自1993年以来的经济衰退和世界经济危机背景下古委经贸关系的倒退。

面对严峻的经济形势和低效的经济体制，劳尔主席在执政初期对市场导向的经济政策进行了谨慎探索。例如，通过外国公司与古巴国有企业合资而引入外国直接投资，开放国际旅游业，鼓励美国等国的古巴侨民通过侨汇支持古巴经济，并与美国签署了粮食进口协议等。劳尔政府初期实施的一系列经济政策虽范围有限，但方向较为明确，政策具有一定连续性，没有出现明显倒退。近年来，受全球经济波动及拉美经济疲软的影响，古巴GDP增速频繁波动，总体呈缓降趋势。2013年至2018年，古巴经济增速分别为2.7%、1.0%、4.4%、0.5%、1.8%和2.2%。[①] 2018年古巴人均名义GDP为8918比索，同比增长3.4%，扣除价格因素后，人均实际GDP为5084比索，同比增长2.4%。2018年，古巴名义GDP为1970年的17.57倍，实际GDP是1970年的3.94倍。人均名义GDP是1970年的13.65倍，人均实际GDP是1970年的3.06倍。2018年，古巴经济增长的主要制约因素在于金融封锁及旅游业、镍业等主要创汇部门未实现预期增长，而建筑、

---

① http://www.one.cu/aec2011/esp/05_tabla_cuadro.htm.

公共卫生、农业、畜牧业和林业等部门实现了增长。[①]

2019年，古巴经济发展面临空前考验。2019年1月的龙卷风灾害使古巴7872所住房遭到不同程度的破坏，其中730所住房完全倒塌，25万余名居民无家可归，190人受伤，7人遇难，部分医院、学校、工厂及电网受损严重。2019年美对古经济封锁和贸易禁运进一步加强，委内瑞拉对古原油运输受到重重阻挠，部分物资一度短缺，粮食生产、交通运输和民众生活均面临不同程度的困难。尽管如此，在古巴党和政府的正确领导下，古巴经济仍取得了难能可贵的历史进步。据联合国拉美经委会报告，2019年20个拉美国家中的17个增速放缓，古巴经济增长0.5%，略高于拉美各国0.1%的平均增速。[②]2019年7月，古巴经济计划部通过的经济发展战略旨在加强国内生产、促进出口多元化、实行进口替代、完善产业链、提升国有企业竞争力、捍卫国家粮食主权、促进地方发展、执行住房政策和重视科技手段等。[③]

二 宏观经济政策的调整与评估

古巴共产党第六届全国代表大会《纲要》第38~44条对宏观经济政策调整的总纲进行了阐述，指出要最大限度地协调国民经济计划目标与财政货币政策的制定与实施；寻求外部资金平衡，以确保实现与经济运行相符、可自由兑换货币的收支平衡；建立即期消费与积累间合理的财富分配机制，寻求个人消费与社会基金消费间的适度平衡，促进劳动生产力的发展。在计划经济运行过程中，应确保商品与服务生产的实现。在不损害国内货币

---

① Pese al bloqueo de EE. UU. la economíaía cubana no decrecerá en 2019, https://www. prensa-latina. cu/index. php? o = rn&id = 296790&SEO = pese-al-bloqueo-de-ee. uu. -la-economia-cubana-no-decrecera-en -2019.

② ACN, Confirma Cepal pronóstico de crecimiento de la economía cubana para 2019, http://www. acn. cu/economia/51823-confirma-cepal-pronostico-de-crecimiento-de-la-economia-cubana-para-2019.

③ En vivo, Mesa Redonda sobre nuevas medidas económicas y aumento salarial, http://www. cuba. cu/economia/2019 - 07 - 02/en-vivo-mesa-redonda-sobre-nuevas-medidas-economicas-y-aumento-salarial-video/47617.

均衡和国民经济效率的基础上，争取实现劳动生产力与劳动者平均收入的同步增长。将效率的持续提高作为经济发展的基础，逐步减小各级政府支持力度，完善民生产品与服务供应。在维持重要行业发展活力的同时，政府应为社会服务提供必要的资源支持，以寻求进口与创汇能力的适度平衡。

（一）国内经济政策的调整

双重货币体制约束下的资源配置低效是古巴经济模式更新面临的主要矛盾之一。双重货币体制导致古巴商品价格及汇率混乱，价格体系扭曲失真，经济决策缺乏参考。在生产领域，古巴地区与地方缺乏替代发展动力、生产性服务业与金融服务业发展滞后、用于知识分享的信息通信基础设施薄弱，而中央行政机关结构与功能设置不当、所有制及管理方式单一、党政不分等体制因素又严重限制了市场在促进产品专业化、提高生产力方面的作用，导致古巴国内市场分散，人为降低了经济发展牵引力，明显削弱了特定经济活动的溢出效应。为应对宏观经济出现的结构性紊乱，古巴经济模式更新试图通过货币、汇率、财政、税收、价格及投资等领域的宏观调控，对制约古巴经济发展的重点领域和关键环节进行矫正与更新。

1. 货币政策更新

自1994年起，古巴货币和汇率体系一直实行"双轨制"，古巴市场上同时流通着古巴比索和可兑换比索两种法定货币。其中，可兑换比索与美元等值；在古巴国有部门核算中，1可兑换比索等同于1古巴比索，但在银行等兑换点，1可兑换比索约等于24古巴比索。《纲要》指出，为实现国际收支平衡，古巴政府应从整体上把控古巴经济发展的短期、中期和长期金融规划；积极利用货币政策，调节流通中的货币总量和信贷水平，促进汇率及购买力平价稳定和经济的有序发展。古巴政府应尽快建立与货币政策相适应的货币发行规则和货币控制指标；构建合理规范的利率体系，使货币政策成为管理周期性失衡的有效工具，加强国家银行体系各机构间的关系。维持居民货币持有量与零售商品流通量间的协调增长，使其成为计划手段下实现货币及汇率稳定的重要工具，进而实现社会主义分配规律从"按能分配"到"按劳分配"的进步。信贷政策向出口创汇和进口替代性生产部门及其他确保社会经济发展的经济活动倾斜。建立必要的机制和条件，确保信贷发放与回收的灵活性。在考虑银行担保、居民支付能力、货币均衡和宏观经济计划指标的基础上，促进居民消费信贷供给的增长和多样化。为包括非国有经济部门在内的经济运行提供贷款等必要的银行服务，建立用于购买设备等的资本账户。保持银行存贷款利率间的适当关系。

鉴于双重货币体系的复杂性，《纲要》强调，应在关注劳动生产力、分配与再分配效率的基础上，从主客观两方面做好货币统一的各项准备工作。自 2019 年 10 月 21 日起，古巴政府开始允许古巴公民和具有永久居住权的驻古外国人向当地银行申请开立外汇账户，以便其在全国新开设的 77 家国有特许商店购买家用电动摩托车、平板电视、空调、电脑、手机及汽车零配件等紧俏产品。除满足民众生活所需，此举有利于古巴政府遏制外汇流失并回笼外汇，打击境外商品倒卖，促进本国相关产业发展。新开立的外汇账户既可接受古巴境内外账户的外汇汇款，也可存取美元、欧元及英镑等外币现钞。

2020 年，在美国加剧对古巴制裁和新冠肺炎疫情的双重冲击下，古巴国内物资短缺，外汇流失严重，经济形势堪忧。尤其是货币双轨制导致的经济社会矛盾进一步加剧，迫使古巴政府加紧制定货币统一方案。古巴《纲要》发展与执行常务委员会主任马里诺·穆里略强调，取消货币和汇率体系双轨制并不能解决古巴经济所有问题，但只有推进货币与汇率并轨才能深化其他经济改革。2020 年 2 月底，古巴宣布不再允许国营餐饮业接受可兑换比索，只允许收取古巴比索。为吸收外汇，自 2020 年 7 月 20 日起，古巴政府决定废除"境内使用美元征税 10%"[①]的规定，并在古巴各大城市开设售卖食品、卫生用品和五金产品等商品的 70 多家外汇商店，通过优先提供外汇结算的商品、利用外汇收入改善国内的物资供应。[②] 古巴居民可以

---

① 2004 年，为应对美国经济制裁，古巴政府决定禁止美元在境内流通，私人可合法持有美元，但须征税 10%。

② 朱婉君：《古巴颁布新规拉动外汇收入》，新华网，http://www.xinhuanet.com/world/2020 – 07/17/c_1126253216.htm。

用国有银行外汇储蓄卡购买 9 种商品，原有的本币和外币商店继续营业。
2020 年 10 月 13 日，古巴政府宣布了包括统一货币与汇率体系、改革国家
补贴体系和民众收入体系在内的货币整顿方案。根据这一方案，古巴将恢
复单一汇率制，废除可兑换比索，保留古巴比索，并通过提高民众工资和
退休金等收入，应对货币与汇率并轨后潜在的通货膨胀风险。此外，古巴
政府还计划取消过度补贴，将"补贴商品"变为"补贴个人"，以期构建更
为合理的收入分配格局。古巴政府宣布，并轨进程启动后至少会在 6 个月内
保留原有汇率，使古巴居民有足够的时间实现货币兑换，从而最大限度地
保护古巴普通民众的经济利益和保障其基本生活所需。

为规避货币双轨制改革对民生部门的冲击，古巴政府于 2021 年 1 月 1
日起，将最低工资标准调至 2100 比索，约合 87 美元。古巴政府根据古巴各
行业作息特点，按薪级表和每周工作小时数将收入水平划分为 32 个组别。
古巴舆论普遍认为，在推动货币汇率并轨进程的同时进行国家补贴体系和
税收收入体系改革，将有助于消除古巴收入分配领域的两极分化，理顺价
格领域的扭曲现象，从而进一步提高古巴民众的工作积极性，释放社会经
济部门活力。此外，同期推出的税收优惠政策和审批手续简化等利好，也
将成为促进私营经济和个体经济发展的积极因素。

自 2021 年 1 月 1 日起，古巴货币双轨制改革正式进入实操阶段。由
于改革初期须对外汇、价格、工资及信贷等领域进行全面和直接调控，古
巴经济运行和社会稳定将面临一定的系统性风险。据古巴官方预测，货币
和汇率并轨后，古巴预计将出现 3200% 的通货膨胀，居民工资收入和物
价将同期上浮，但各级教育和医疗仍然免费。古巴民众对改革带来的便利
普遍表示欢迎，但对收入和物价上涨的调适性与可控性也表现出一定的
担忧。①

2. 财税价格政策更新

考虑到古巴经济模式特点，古巴的财政政策应有利于经济效率的持续

---

① 贺钦：《新冠肺炎疫情考验下的古巴模式更新与古共八大》，载《国际共产主义运动发展报
告（2020～2021）》，社会科学文献出版社，2021，第 176～177 页。

增长和国家预算收入的提高，通过对各层级公共开支的支持，实现财政平衡。税务系统应以税负公平为基本原则，并充分考虑纳税主体履行纳税义务的经济能力及地域特点。

《纲要》指出，应对古巴高收入群体征收高额赋税，从而减少公民间的不平等。更新以来，古巴非公部门改革的间接影响之一是古巴税收收入的提升。2009 年至 2014 年，古巴税收收入（包括外商直接投资）增长了42%，而个人所得税收入增加了172%。个人所得税主要来自个体私营部门，也包括音乐家、艺术家、运动员及职工获得的国企奖金等。

古巴政府还计划对农业部门实行灵活的差异化税收，以提升其生产积极性。探索促进非国有经济有序发展的税收优惠政策，进一步提升税务系统的工作效率，意在使其逐步成为收入再分配领域的基础性调节手段和完善经济管理模式进的有效途径；维持经济生产领域关键部门的税收优惠政策，尤其是出口创汇及进口替代部门和地方发展及环境保护领域；推动新经济模式下关税体系的调整与更新，优先安排特惠关税和奖金体制，确保出口及进口替代部门盈利；做好税收文化的宣传和建设工作，使其成为稳定社会支出、严肃财政纪律的重要手段，强化公民及单位依法纳税的社会责任；根据财政资源的可支配性，合理安排预算支出，确保计划经济活动的水平和质量；加强财政管理机制，合理利用和保护国家物资，确保纳税义务的履行。

在价格政策方面，古巴政府拟通过制定与经济模式更新相适应的物价政策，全面修正物价系统，使其能准确反映经济现实，提升生产效率，促进出口增长和进口替代。维持经济社会相关产品及服务的集中定价特征，下放其他定价权。根据居民收入水平，按成本制定零售价格，逐步取消对相关产品和服务的过度补贴和不当减免。完善全国范围内同类产品及服务的价格与质量关系，避免不合理的价格差异。根据经济形势，采取相应措施，维持非国家供给领域的物价稳定，尤其是与居民基本生活需求相关的活动。

3. 投资政策更新

国内投资不足是制约古巴经济发展的一个重要因素。关键领域资源配置高度集中和经济决策的随意性，使古巴在利用金融手段、促进生产方面缺少内生动力和必要经验。古共六大颁布的《纲要》指出，应使基础投资适应国家短、中、长期发展战略的要求，消除投资的自发性、随意性及表面性，避免计划执行不力、缺乏深入可行性研究及投资整体性不足。重视各经济领域的技术和设施维护。国家应对短期内创造效益的生产及服务部门、促进国家经济可持续发展的基础设施领域进行重点投资。对中央行政机构和委员会加强管控，使其胜任核心投资者角色，全程负责从前期考察到结果评估的投资活动。

在土地与城市规划方面，《纲要》强调，应在考虑地震等自然灾害的基础上，提升国家、省、市等各级土地和城市整体规划的质量与层次，使上述规划同经济中长期计划和投资计划保持整体协调。遵守土地与城市规划纪律，确保咨询程序的深入、快捷和限期回复。为实现投资规划的放权创造有利条件，赋予中央行政机构、委员会及预算企业单位投资审批权。将合同作为规划和控制各阶段投资活动的工具，确保投资结果达到预期质量并限期执行。凡予以批准的投资活动，表明其有能力通过外部信贷或自有资本收回投资，资金偿还可通过投资收益自行解决。建立投资执行时间表，使长期目标占用的固定资源最小化。优先执行回报快的投资项目，或提升重点投资规划的整体性。制定长期项目分期执行重点，使各阶段投资均能实现独立运作和及时复工。产业投资计划应优先考虑国家的战略目标，并保持对投资规划新技术、国际经济组织设计施工经验的不断学习。高度重视外方设计者和施工单位的参与，确保投资执行过程的协调与顺利推进；高度重视设计、施工及服务等招标项目，通过严格监管提高投资效率、竞争力及质量。

目前，古巴经济部门的投资活动仍存在许多结构性问题。以服务业为例，古巴服务业扩张严重依赖社会及个体服务部门就业人数的增加，行业整体游离于国民经济主要生产链条之外，难以成为生产部门的有力补充，加剧了古巴经济的比例失调。古巴服务业主要出口创汇部门对外医疗服务也难以形成对国内就业及中间需求的刺激和产生溢出效应。此外，古巴金融、法律、技术、咨询等生产服务业发展乏力，专业化程度较低，国民经济价值链结构中存在一定的垂直僵化问题，行业横向联系也相对滞后。2020年，为进一步扭转国民经济颓势，古巴政府计划同比增加2.4亿美元投入工农业生产，大力推进进口替代和零售贸易流通，在降低国民经济对外依存度的同时，利用出口创汇反哺国内经济。①

（二）对外经济政策的调整

尽管面临美国重重封锁，但古巴官方始终把吸引外资和拓展对外经贸关系作为推动国内经济发展的两大助力。古巴领导人迪亚斯－卡内尔认为，吸引外资是当前促进古巴经济发展最可行的途径之一，古巴政府应革除官僚主义作风，简化外资行政审批手续，让外资入驻更为便利。

为实现对外经济部门的有序发展，古共六大《纲要》指出，力争在最短时间内，确保贸易、财政、信贷、关税、就业等政策的全面实施，以期实现古巴出口和进口替代等外贸部门的积极拓展。在国际经济参与方面，古巴政府力图通过履行国际经济义务，最大限度地提升古巴在国际经济关系中的信用评级。在人才培养方面，古巴政府高度重视选拔和任用德才兼备的国际经济人才，使其在经济、金融、技术和法律等国际谈判中发挥专业化优势，捍卫国家利益，在涉及国际经济关系的所有活动中，实行"决策者不谈判"原则。

1. 促进对外贸易多元化

古巴贸易监管机制决定了古巴经济主体参与国际贸易实践的特殊性，这一现实使国际价格难以对古巴国内价格形成机制和投资机制产生实质性影响。为扩大商品服务出口收入，古巴政府应着力消除内部经济秩序造成的出口壁垒，有效建立各层级出口体系，在市场调研的基础上进行战略决策。为确保出口收入稳定，应优先维护与主要贸易伙伴国的关系，促进商品服务出口目的地及出口结构的多样化，重视高附加值产品的出口规划与

---

① Prensa Latina, Incremento de las exportaciones, prioridad para economía cubana, http://www.opciones.cu/cuba/2019 – 12 – 25/incremento-de-las-exportaciones-prioridad-para-economia-cubana/.

服务。

古巴政府拟加强对公开上市产品及镍、糖、石油、咖啡等政府定价产品的价格保护，进而制定全面的出口服务战略，优先发展技术项目或方案出口，灵活处理个体劳务输出。古巴政府还须逐步建立合理的法律框架和高效的贸易结构，促进外资融合，以确保最大限度地释放国内潜力。未来，古巴政府还将制定和实施市场开拓战略，促进医疗服务和医药出口，恢复和规范龙虾等海产品出口市场，实现营销渠道的多元化。出口企业及相关实体部门应确保所有面向国际市场的商品及服务均与国际最高质检标准接轨，确保出口产品生产周期的可持续性，并设计与之相适应的组织架构。古巴政府将进一步提高国家进口管理效率，重视进口结构的合理性与进口质量，通过重组外贸企业、完善商品类别定义，实现国家购买力效用的最大化。国家在主导农业、工业及服务业等领域进口替代的同时，应大力发展批发市场，尤其是代销活动。国内机械设备进口企业应系统研定国内各类产品的制造能力，并在此基础上，借助技术转移、技术咨询及其他方式，促进古巴机械产业和外国制造商达成互惠互利协议，逐步实现零部件装配等环节的进口替代。古共六大颁布的《纲要》还强调，应促进工业高附加值产品出口的国际合作，设计并建立满足非国有生产部门进口需求的相关机制，提高外贸企业经营效率，重视国际市场价格研判。

始于 1983 年的哈瓦那国际博览会是古巴推广国际贸易的重要平台，现已成为拉美和加勒比地区最具代表性的商业博览会之一。2019 年，共有超过 60 个国家的 4000 多名企业和机构代表参加了第 37 届哈瓦那国际博览会，古巴参展公司多达 360 家，另有 14 个由部长及高级官员率领的官方代表团出席博览会。其中，来自西班牙和意大利的代表人数众多，安哥拉和阿拉伯联合酋长国代表团首次出席了博览会。为促进出口产品多元化，古巴政府还试图优化各省份出口产品结构，进一步扩大出口货物及服务种类。2019 年 12 月，古巴国家主席迪亚斯 - 卡内尔在全国人大上表示，促进出口增长及多元化是实现古巴经济增长的首要任务，提升古巴产品的海外销量至关重要。根据 2019 年年底计划，古巴拟出口 86 万吨糖和

5.3 万吨镍，并将进一步扩大烟草和朗姆酒等传统出口商品销量，生物制药、海产品、植物碳、椰子纤维及蜂蜜等产品或将成为新的出口增长点，预计全年出口将增长 3.7%。①

2. 寻求外债重组与均衡发展

自 1986 年以来，古巴在可兑换货币国际债务偿还方面一直存在拖欠，外债问题悬而未决。苏联解体后，古巴拒绝承认俄罗斯对苏联债务遗产的继承。2008 年至 2009 年，受世界经济危机影响，古巴陆续终止了部分官方和私人借贷偿还。

根据《纲要》，古巴政府拟对影响古巴国民经济运行的短、中、长期外债进行重组。设计并实施灵活的债务重组战略，将有助于古巴政府在尽可能短的时间内完成债务支付并重获融资。为实现外债对国民经济发展的促进作用，古巴政府在履行债务重组承诺的同时，拟将外部融资纳入国民经济计划，通过建立合理的信贷协调与使用政策，对国家债务水平进行科学监控，并合理规避其可能导致的金融风险。

近年来，古巴先后同墨西哥、俄罗斯、日本、荷兰、瑞典、意大利、英国、比利时、西班牙和加拿大等就外债重组进行了谈判，并达成了若干外债减免或推迟偿还协议。2013 年，墨西哥宣布免除古巴 70% 即 3.409 亿美元外债，余下 30% 即 1.461 亿美元外债分 10 年偿还。2014 年，俄罗斯宣布免除古巴 90% 即 315 亿美元债务，其余 10% 约 35 亿美元作为俄罗斯对古巴的投资在 10 年内兑现。2015 年，日本宣布免除古巴约 9.97 亿美元的债务。2015 年，古巴同巴黎俱乐部债权国集团达成了债务重组协议，古方承诺在未来 18 年内偿还剩余 26 亿美元逾期债务。②

由于古巴与一系列国家签署了外债重组协议，穆迪投资者服务公司 2015 年 1 月对古巴主权信誉评级为 Caa2，评级前景定为"稳定"。外债

---

① Prensa Latina, Incremento de las exportaciones, prioridad para economía cubana, http://www.opciones.cu/cuba/2019 – 12 – 25/incremento-de-las-exportaciones-prioridad-para-economia-cubana/.

② 徐世澄、贺钦编著《列国志·古巴》，社会科学文献出版社，2018，第 205 ~ 206 页。

重组从一定程度上减轻了古巴的债务负担，为古巴重新融入国际金融体系提供了契机，但新的偿还约束也为增长有限的古巴经济带来了一定压力。

3. 加强外资管控与引导

古巴政府早期推行的外国直接投资政策对古巴经济的促进作用并不理想。外汇收入高度集中于个别部门和企业，导致再分配领域分化加剧。1999年至2002年间，古巴外国直接投资参与的合资企业增长迅速，但至2008年合资企业数量却急剧下滑。始于2003年的古委"石油换服务"协议削弱了古巴政府促进外国直接投资的意愿，其间外国直接投资占古巴GDP的比例一度跌至0.5%，居拉美各国末位。

古共六大颁布的《纲要》指出，古巴政府将继续鼓励外国资本参与国民经济，使其在关涉国家利益的领域成为国家投资的必要补充，以适应国家经济社会短、中、长期发展。吸引外商投资旨在获取先进技术及管理方法，促进出口市场多样化，实现进口替代战略，促进外资在生产建设及资金运营领域做出中长期贡献，扩展新就业渠道。古巴政府将进一步完善外资评估与审批流程，对外资履行法规、程序及合同的情况进行严格监管；设立各类外商投资时限，如资金未如期到位，应避免无限期耗散资源。国内企业应在保证工资、税收、红利的前提下，引入外资并寻求投资组合的多元化。古巴政府还试图通过建立发展特区，推行进口替代战略，培育高新技术产业，促进就业和出口多元化。对于现有外资合作关系，古巴政府将根据国民经济发展的现实需求进行必要调整，在确保基础性生产部门和进口替代部门顺利运转的前提下，通过外资等替代性融资渠道，加强对非出口产业的政策和资金扶持。为维护古巴的国际经济利益，古巴政府还计划在条件成熟时组建驻外企业集团，加强与国际经济组织的沟通与合作。

2014年，古巴政府颁布的第118号法令《外国投资法》是在第77号法令的基础上全面修订的一部新外资法，旨在增加古巴外汇收入，促进古巴经济发展。根据第118号法令，外国投资者可通过可兑换货币自由汇出利润、免除净利润所得税、获准的再投资项目可获得优惠政策；政府不得征用外商资产，如确有公共社会原因需要征用，须根据资产商业价值、双方协议予以适当补偿。除国民医疗卫生、教育和武装机构（军队企业系统除外），外国投资可获准进入其他各行业。第 118 号法令批准后，受外国投资影响最大的涉及工业、旅游业、农林和食品、矿业、可再生能源、建筑、物流和专业服务等行业。①除开放市场，古巴政府还给予外资一定的税收优惠，例如对外国资本在古收益的利润税由 30% 减少到 15%，外资参与合资企业可免去前 8 年税务，古巴政府还承诺为外国直接投资提供更加完善的法律保障。

2019 年 11 月，由古巴政府主办的第一届哈瓦那企业家论坛和第四届投资论坛发布了简化古巴进出口手续的"外贸单一窗口"计划、《2019～2020年项目机会目录》和《古巴贸易名录 2020～2021》。古巴外贸外资部部长罗德里戈·马尔米耶卡在博览会上表示，美国通过实施《赫尔姆斯－伯顿法》第三条、限制古巴裔美国人向古巴汇款等措施不断收紧对古政策，对古巴经济产生极大的负面影响；许多与古有贸易往来或对古投资的外国企业也受到美方威胁，为此古巴将竭力为这些外国企业提供法律支持与保护；许多古巴公司也因此无法及时向供应商付款，但古巴将"坚决履行义务"，并努力改善古巴投资环境，扩大外商对古投资的规模，增加多样性。论坛还对马里埃尔发展特区新税收优惠政策和建设成就进行了宣介。成立于 2013年的马里埃尔发展特区运行初期并不理想。经过政府的大力引导和扶持，特区在 2019 年获批成立 50 家企业，外资承诺投资额超过 20 亿美元，并创造了 7000 多个工作岗位。

4. 拓展国际经济合作与一体化

为实现国际合作与国民经济计划的整体协调，古巴政府拟加强成本核算所需的数据采集与分析工作，进一步完善国际经济及科技合作的法律监管机制。在促进国际团结的同时，关注对外援助成本，避免给国民经济带

---

① Jeniffer Rodríguez Martinto, La inversión extranjera en Cuba crece en últimos tres años, afirma ministro del sector, http://bohemia. cu/nacionales/2019/12/la-inversion-extranjera-en-cuba-crece-en-ultimos-tres-anos-afirma-ministro-del-sector/.

来较大负担。通过联合国等国际或地区组织，积极推进多边合作，寻找契合古巴发展需求的金融与科技资源。在国际经济交往中，优先考虑可再生能源等国民经济发展急需的物资与技术。

在推动地区一体化方面，古共六大颁布的《纲要》指出，古巴将优先参与美洲玻利瓦尔联盟的组织与运行工作，深入开展短期、中期及长期政策协调与经济合作，推进联盟经济、社会及政治目标的实现。为实现拉美和加勒比经济一体化的战略目标，古巴将进一步巩固参与拉美一体化协会（ALADI）、加勒比共同体（CARICOM）、加勒比国家联盟（AEC）及加勒比石油计划（PETROCARIBE）等地区组织所取得的一体化成果，加强与各成员的团结与互信。

近年来，美国对古巴经济金融封锁不断升级，尤其是 2019 年美国政府宣布全面启用《赫尔姆斯－伯顿法》第三条、禁止游轮前往古巴及限制飞古航班等，对古巴旅游业、外国投资、公共交通、电力供应及粮食生产等经济部门和民生领域造成了难以挽回的负面影响。2020 年，受国际经济周期性调整和新冠肺炎疫情冲击，古巴经济增长预期并不乐观，较拉美地区整体经济形势而言，如未出现负增长就意味着重大成就。2019 年 12 月，古巴国家主席迪亚斯－卡内尔在部长会议上指出，预计 2020 年古巴 GDP 将增长 1%，古巴政府将一进步解放生产力，重点推动国有企业改革，促进外国投资，加强本国生产，谋求出口多元化，推进银行体系更新和落实住房建设计划。[1]

第三节　战略经济部门的重组与创新

常年经济封锁和岛国地缘条件使古巴经济存在天然的单一性和脆弱性。据古巴官方统计，目前古巴 40% 的进口商品与粮食和燃料有关，粮食和能

---

[1] Cubasí, Cuba traza estrategias de desarrollo económico en 2020, http://www.cuba.cu/economia/ 2020－01－03/cuba-traza-estrategias-de-desarrollo-economico-en-2020－/50124.

源自给率不足是制约古巴经济可持续发展的重要因素。[①] 为确保国家经济安全和经济模式更新的顺利推进，古巴政府在探索计划经济体制新突破的同时，高度重视粮农生产、能源替代、旅游创汇和知识经济等战略经济部门的重组与创新。

一 粮农安全与可持续农业的探索

自 1959 年古巴革命胜利以来，古巴政府克服重重困难，在保障居民食品供应和安全上实现了两个基本目标。一是古巴政府在 20 世纪 60 年代和 90 年代的经济困难时期解决了居民基本食品的供应问题。为保障食品安全，在"特殊阶段"的早期，古巴政府还动用了极其有限的外汇进口食品，而这些"硬通货"是古巴经济各领域都迫切需要的。二是在经济困难时期，由全体古巴人共同分担食品摄入量减少这一粮食危机。20 世纪 90 年代早期，经互会切断与古巴经济往来后，古巴食品进口能力大幅下降，而国内大部分食品生产依附国际生产链，需要进口肥料、杀虫剂及石油等生产资料，因此国内食品生产近乎停摆。食品短缺危机对古巴居民身体健康造成的直接影响之一是 1993 年第一季度古巴开始集中暴发一种神经性流行病，24 ~ 64 岁为易感人群。从 1993 年食品消费最低点恢复到正常水平，古巴经历了 10 年左右的波折。截至 2000 年，古巴居民食品摄入量已达到危机前的水平，并在数年内持续改善。截至 2006 年，古巴居民卡路里和蛋白质摄入量分别超过了建议每日最低摄入量的 37% 和 16.8%，而脂肪摄入量仅为建议值的 66%。其间，古巴政府还参考世界超重及肥胖人口的变化趋势，对古巴居民食品摄入量建议标准进行过调整。此外，为居民提供符合一定标准和较大规模的食品补贴与配给也是古巴在食品安全领域取得的重要成就之一。2006 年，古巴居民通过国家补贴渠道获取的食物占卡路里总摄入量的 64.1%，蛋白质占总摄入量的 62.7%。2008 年，古巴政府明确表示，因

---

① Cuba estima crecimiento del PIB en el entorno del 1% para 2020, asegura ministro de Economía, http://www.cubadebate.cu/noticias/2019/12/20/cuba-estima-crecimiento-del-pib-en-el-entorno-del-1-para-2020-asegura-ministro-de-economia/#.XilZgtPhg3k.

食品补贴性分配存在一定的效率问题，此类补贴数量将会减少，甚至被彻底取消，替代性举措仍在探索中，古巴政府将继续保障居民的食品安全。[①]

农业关涉国家经济安全，但古巴农业的发展现状和前景却并不乐观。同世界平均水平和周边国家相比，古巴农业大部分基础作物产出不足，生产效益偏低。若考虑到政府对农业的前期投入，该部门的效率问题更加突出，不仅主供国内市场的农产品，甚至主销国际市场的蔗糖和咖啡等产品也存在生产效率问题。由于缺乏有效的激励机制，古巴土地利用率极低，土地闲置问题严重，80% 的国内粮食消费依赖进口，粮食进口约占古巴年进口总额的 1/4，严重威胁到古巴经济的外部均衡和国家粮食安全。2008 年，古巴政府宣布出租闲置土地供古巴民众耕种，以促进粮食生产。该政策规定，国家享有土地所有权，民众享有十年土地耕种权，十年结束后可再次更新耕种权；承租期与农作物种植相分离，不鼓励承租人投资多年生农作物，后者经济回报需要更长周期。此外，在承租期期末，承租人向国家转移投资，国家会酌情给予一定补偿，但不会赔付承租人的居住费用，例如农业生产者一般居住在城市，但因承租需要，需搬到乡村居住。2007 年，古巴共有闲置土地 123.3 万公顷，而到 2014 年仍有 96.2 万公顷闲置土地。劳尔在 2011 年召开的古共六大上表示，因大量耕地闲置，古巴不得不继续进口农产品。以 1997 年不变价格计算，古巴农业产出从 2009 年到 2014 年累计增长了 7%，农业改革未达到理想预期。农业发展滞后导致古巴农民收入不足，基本生活困难，农村人口外流严重，城乡差距进一步扩大。

为保障粮食供应，古巴政府高度重视制度激励、科技研发与国际合作等因素对古巴粮食生产的促进作用。为调动农业部门生产积极性，古巴政府不但制定了面向国营农场，农牧业生产合作社，小农、信贷与服务合作社及合作生产基层组织等农业经济主体的激励制度，还制定了保护农民权益、促进农村建设及有机农业革命的战略计划。近年来，随着古巴模式更新的深入、古巴自然环境和国际形势的变化，古巴农业所有制结构和产业

① Rita Castiñeiras García, "Creating a Better Life: The Human Dimension of the Cuban Economy", *Cuban Economists on the Cuban Economy*, University Press of Florida, 2013, pp. 151–152.

布局均发生了一定变化。例如，制糖业向来是古巴最为重要的工业和出口创汇产业之一。近年来，因气候变化和自然灾害频发，古巴甘蔗歉收导致制糖业产量下滑。2016 年，蔗糖产业居出口项目第八位，落后于旅游、烟草、镍矿和制药业。为适应新的发展需求，古巴政府在立足传统农业生产的基础上，积极探索古巴农业新的增长点。作为古巴主要粮食来源，稻米和玉米等粮食作物的产量与古巴粮食自给率密切相关。截至 2019 年，古巴和越南合作的稻米项目进入研发末期，这将有助于古巴稻米种子的遗传改良和古巴一级稻米生产基础设施的完善。古巴卡马圭省谷物研究所研发的玉米新品种也取得了重要进展，新种子将更加适应当地气候和土壤特征，产量可达到约 5 吨/公顷。2019 年，蜂蜜作为古巴出口农产品新增长点，产量达 700 吨。古巴政府还不断推进乳制品行业与畜牧业的融合发展，利用遗传学等技术手段增加古巴乳制品种类，鼓励非公经济参与国家"奶酪计划"。农业部门还试图通过种植木薯、秋葵、南瓜、香蕉及一些湿度要求不高的蔬菜等抗干旱农作物，增加粮食产量。[①]

2019 年 11 月，由古巴全国小农协会主办的第七届"生态农业、可持续农业与合作社"国际会议在阿特米萨举行，来自 26 个国家的 140 多名代表参加了此次会议。2019 年 11 月，古巴国家主席迪亚斯－卡内尔在赴古巴卡马圭省和古巴粮食计划署等地视察和调研时，多次强调古巴粮食发展战略的重要性，并就古巴粮食计划的执行和食品工业发展等问题做出重要指示。

二 能源短缺与绿色能源的替代发展

能源匮乏是制约古巴经济可持续发展的重要内因。石油是古巴主要能源，但长期以来古巴石油产量较低，能源短缺问题未得到根本解决。2008 年，古巴北部曾被曝出发现可观的石油储备，但因技术所限未能实现有效开采。2014 年以来，国际原油市场价格大幅下跌，委内瑞拉对古巴的原油供应也被迫减少。为打破能源瓶颈、维护国家经济安全，古巴不得不寻求

---

① Cubadebate, Producción de alimentos, y vivienda, prioridades del gobierno cubano, http://www.escambray.cu/2019/produccion-de-alimentos-y-vivienda-prioridades-del-gobierno-cubano/.

绿色能源替代发展。

自 2014 年以来，古巴积极致力于可再生能源的投资与研发，并试图在 2024 年之前通过甘蔗发电、太阳能电池板、风电场和小型水力发电厂，从可再生能源中获得 24% 的电力，并在 2030 年实现以可再生能源为主要电力来源的目标。自 2019 年 4 月以来，特朗普政府设法阻止古巴燃油进口，不断制裁向古运输石油的船只和古巴及第三国的企业，导致古巴石油供应紧张，古巴政府被迫对国民经济短期战略和资源利用做出调整。2019 年 11 月，为应对能源危机，古巴石油联盟组织了能源投资招标会，数十名行业专家和企业家对古巴能源发展困境和应对方案进行了深入研讨。2020 年，古巴计划消耗约 800 万吨燃料，其中 38% 用于全国生产，特别是用于发电。

光伏太阳能是古巴发展最快的清洁能源之一，截至 2019 年 5 月古巴全国已建成 65 个太阳能农场。2019 年 11 月，古巴何塞·安东尼奥·埃切维利亚大学城（CUJAE）微电子研究中心落成了一座新实验教学光伏公园。该公园的落成旨在促进古巴提高可再生能源利用率的相关教研工作，其建造费用由德国联邦经济合作与发展部捐赠，由德国国际合作机构（GIZ）实施，是德国、墨西哥和古巴之间三角合作项目的成果。微电子研究中心是在古巴前领导人菲德尔·卡斯特罗倡议下于 1969 年建立的，旨在促进古巴集成电路技术的研发工作。

2019 年，古巴年发电量虽高于上年，但仍未实现计划。古巴政府将优先引进从事能源产业开发的外资，积极探索生物质发电、风电、太阳能光伏发电、水电及废弃物发电等多种发电方式，进一步加强油气勘探和开采工作。[①]

三　旅游业的重组与更新

旅游业是古巴第二大创汇产业，在古巴经济发展中发挥着不可替代的

---

① Angélica Paredes, Programas energético y de turismo, priorizados para el gobierno en Cuba, *Radio Rebelde*, http://www. cubadebate. cu/noticias/2020/02/12/programas-energetico-y-de-turismo-temas-priorizados-para-el-gobierno-en-cuba/#. XkYRptPhg3k, 12 febrero 2020.

重要作用。作为受经济封锁打击最大的行业之一，古巴旅游业在更新政策扶持下呈现难得的发展韧性与潜力。除创造外汇，古巴旅游业还为其他生产部门提供了改进服务质量和提升效率的有益经验。

1. 古巴旅游业发展历程与特点

作为加勒比岛国，古巴旅游业面临的地区竞争异常激烈，提高行业服务质量和经济效益至关重要。苏东剧变后，古巴旅游业通过整合优化现有资源，实现了生产率的大幅提升，其中最显著的进步是旅游业职工人均收入和销售量均实现了 5 倍增长。[①]古巴旅游业业绩大幅改善的一个重要原因是大量高学历人才的加入。截至 2013 年，古巴旅游部门共有 20205 名大学毕业生，是 20 世纪 90 年代的 8 倍多。苏东剧变后的"特殊阶段"，古巴经济整体低迷，许多经济领域的高水平专家处于被补贴或就业不足的状态，约 15000 名大学毕业生选择离职并迅速投入正在扩张的旅游部门，为旅游业的发展提供了重要的人才储备。[②]

不发达经济体的一个显著特征是内部经济缺少联系。古巴旅游业的发展为古巴经济提供了类似的启示——只有建立强大的国内生产链，才能实现经济的可持续发展。20 世纪 90 年代，古巴旅游业发展迅速，古巴外汇很大一部分用于购买旅游业运营及扩张所需的进口商品。尤其是在 20 世纪 90 年代早期，古巴旅游业仅有 12% 的采买需求是由国内生产商提供的。旅游业不仅在短期内成为古巴重要的创汇部门之一，还成功拉动了古巴国内生产链的发展，使国内生产商对接旅游业需求的生产能力大幅提高。从无法满足基本需求到升级创新，古巴生产商在重构旅游业上游产业链时，通过科技手段不断改进产品质量，在关注商品耐用性、包装及交付时间等标准化生产参数的同时，甚至开始探索个性化的订单式生产模式。截至 2000 年初，古巴旅游业 68% 的需求可通过国内供应商得到满足，古巴其他经济部

---

① Miguel Alejandro Figueras, "The Evolution of International Tourism in Cuba", *Cuban Economists on the Cuban Economy*, University Press of Florida, 2013, p. 243.

② Miguel Alejandro Figueras, "The Evolution of International Tourism in Cuba", *Cuban Economists on the Cuban Economy*, University Press of Florida, 2013, p. 243.

门在进口替代和多元化发展方面也显现出类似的积极变化。①

2. 古巴旅游业的更新与挑战

古巴是加勒比地区著名的旅游胜地之一。除外国游客，古巴居民也喜好观光旅游，享受本国旅游资源。自 2008 年允许国家旅行社向古巴公民出售旅游服务和产品以来，古巴国内高级酒店预定、游览及廉价住宿等方面的消费数据均有所提升，向私营业主及个体经营者开放旅游业的政策进一步加速了古巴旅游业的发展。据古巴国家统计和信息办公室（ONEI）发布的数据，酒店住宿和别墅住宿是 2018 年古巴国内市场首选的住宿类型，在"把古巴列为第一旅游目的地"的市场排名中，古巴本国游客位列第一。2013 年，古巴政府取消了居民申请出国旅行须申办离境许可证并提交邀请函的要求，出国旅行仅需更新护照和拥有目的地签证，这一政策大大简化了古巴居民的离境手续，也推动了古巴出境游的发展。截至 2018 年，古巴共有超过 340 万人次实现了出境旅行，其中 160 万人次前往美国，涉及 36.4 万古巴公民。与此相对的是，美国政府将旅游 B2 签证有效期从五年缩短至三个月，并关闭了美国在古巴的领事服务。②

尽管受到美国政府的严厉阻挠和限制，古巴旅游业依然取得了显著进步。截至 2013 年，古巴酒店每间客房对应的服务人员为 0.9 人，是 20 世纪 90 年代初的一半。2016 年上半年，赴古境外游客达 214.76 万人次，比 2015 年同期增长 11.7%，游客增幅明显的来源国有西班牙（69%）、意大利（60.5%）、波兰（45.1%）及德国（42%）。美国公民虽不能以游客身份前往古巴，赴古旅行人数仍增长了 83.9%。为应对游客增长，古巴政府拟进一步改善旅游基础设施，提升住宿接待能力，提升旅游业服务水平，并提出国家与社会合力开发 1.6 万间客房及 700 家餐厅的计划。③

在加勒比地区游客来源国统计中，美国游客作为最大的消费群体占游

① Miguel Alejandro Figueras，"The Evolution of International Tourism in Cuba"，*Cuban Economists on the Cuban Economy*，University Press of Florida，2013，p. 243.

② Laydis Milanés，Turismo nacional，un mercado en expansión，https://www.cubahora.cu/econo-mia/turismo-nacional-un-mercado-en-expansion.

③ 参见中国驻古巴经商参处网站，2016 年 7 月 8 日。

客总数的70%，在访古游客中也占据了近一半份额。美国政府对美国公民赴古旅游的限制不但使古巴旅游业收入受损，还加剧了古巴旅游业季节性供求矛盾。每年12月至次年3月，加拿大、德国及法国等国游客集中到访古巴，使这一时段成为古巴的旅游旺季，与此相反的是一半美国游客选择在5月至8月前往古巴。对其他地区岛国而言，美国游客从一定程度上缓解了欧洲和加拿大游客在寒冷月份集中前往古巴的紧张局面。游客到访曲线表明，较其他加勒比国家，古巴旅游业具有更强的季节性，由此导致的低客房入住率大大制约着酒店的利润增长。一旦美国旅游市场对古巴关闭，古巴旅游业只能通过开发其他低到访率的旅游市场来支撑运营。例如，英国是古巴第二大旅游市场，其季节性较加拿大、德国及法国略低。对古巴旅游业而言，美国政府解除美国游客访古限令至关重要。据测算，若美国解除对古旅游限令，一年内将会有75万～100万美国游客到访古巴，两年内可增至每年180万人次，五年内有望增至每年260万～300万人次。①

2019年12月当选的古巴总理曼努埃尔·马雷罗·克鲁斯曾担任古巴旅游部部长16年，具有丰富的外资谈判经验。在他的领导下，古巴旅游业取得了长足发展，游客数量不断上升，旅游配套基础设施建设稳步推进，旅游业逐步成为古巴经济支柱产业和仅次于专业医疗服务输出的第二大创汇产业。据古巴旅游部统计，2018年古巴接待境外游客达475万人次，创历史新高，比马雷罗上任时翻了一番多。作为古巴第二大客源国，美国赴古游客超过60万人次，其中大部分游客选择乘坐邮轮前往古巴。②

由于全球经济的不确定性和美国政府的步步紧逼，2019年古巴经济遭受严重打击，经济增速为0.5%，低于1.5%的预期，古巴旅游业也遭遇了需求疲软，面临停滞不前的困境。2019年6月，美国政府宣布禁止人员以"团体人文教育"旅行类别前往古巴，且不再允许人员通过搭乘客船、旅游

---

① Miguel Alejandro Figueras, "The Evolution of International Tourism in Cuba", *Cuban Economists on the Cuban Economy*, University Press of Florida, 2013, p. 250.

② 林朝晖、朱婉君:《2019年古巴经济增速预计为0.5%》，新华网，http://www.xinhuanet.com/world/2019 - 12/18/c_1125360515.htm。

观光船、私人或企业飞机前往古巴。自 2019 年 12 月 10 日起，美国交通部禁止美国航班飞往除首都哈瓦那以外的古巴城市。上述措施严重影响了古巴旅游业，尤其是影响从事旅游业的私营业主和个体经营者。2019 年，境外赴古游客虽超过 400 万，但同比下降约 10%。为扭转旅游业面临的不利形势，马雷罗以旅游部部长的身份亲率代表团参加各种旅游推介会，2019 年 11 月还曾亲赴中国宣介古巴旅游。

为实现古巴旅游业多元化发展，古巴政府试图促进古巴国际游客来源国的多元化，不断拓展国际游客市场，扩大旅游周边产品的供给与需求。尽管古巴旅游业一直受到美国的封锁和阻挠，但古巴国际旅游部门依然获得了显著进步，为古巴经济发展提供了宝贵的外汇来源。古巴旅游产业取得的成就还为古巴国内更广泛的经济重组提供了重要经验。东欧剧变、苏联解体以来，成千上万国际游客到访古巴，有助于全世界了解一个真实的古巴，这是对西方妖魔化古巴社会主义的敌对宣传最好的回击。①

四　知识经济的发展与创新

与许多第三世界国家一样，1959 年的古巴几乎没有自己的科技资源，新成立的革命政府尚不具备开展系统科研活动的条件和基础。经过 60 余年的发展，古巴不但建立了较为完备的科研体系，还在生物制药、医疗器械及电子产品等领域创造出领先世界的科技成果。随着模式更新的深化，古巴科技创新对国民经济可持续发展的促进作用更加显著。从长远来看，对知识的投资将逐渐改变国家的价值资产，成为重组企业、提高企业运营效率、创造高附加值产品的重要途径。

古巴政府坚持把知识经济发展置于社会主义建设的总体框架中进行考量。一方面，计划经济体制在调动资源和社会动员方面将优先考虑社会部门的发展需要；另一方面，古巴坚持在平等基础上实现可持续发展，使古巴知识经济部门与资本主义主导的世界经济在运行逻辑和价值观上截然不

---

① Alfredo García, Jiménez, "Tourism: Natural Product, Source of Exchange, and Ideological Challenge", *Cuban Economists on the Cuban Economy*, University Press of Florida, 2013, p. 248.

同。这种矛盾直接导致了资本主义经济对古巴的刻意孤立和破坏，尤其体现在阻碍知识产品商业化方面。[①]从20世纪60年代识字运动到建立高科技经济部门，古巴政府克服了许多困难、消除了诸多障碍，才取得了今天宝贵的成就。教育进步使古巴在科学研究方面具备了坚实的人才基础，并建立了国家科技创新体系、国家研究中心网络及各层级科技创新基础设施部门。

目前，生物科技、信息与传播技术、能源与环境是古巴知识经济四个最为重要的部门。以生物制药为例，自20世纪90年代以来，古巴医药工业发展迅速。截至2003年，古巴可生产1100种医药产品，供应国内80%以上的药品，医疗机械及药品出口成为古巴外汇收入的主要来源之一。2012年成立的古巴生物医药集团，主要生产、销售高技术含量的药品与服务，力图使生物制药成为古巴出口创汇的第一支柱行业。古巴生物医药集团受古巴部长会议执行委员会领导，下设生物技术研究机构及此前隶属于QUIME-FA集团的一些制药厂。集团共有员工2万多人，其中58%具有中高等职称，下设38家公司，其中16家为生产型公司（包括78个制造厂），另有8家贸易公司、11家境外代表机构和3家服务型企业，各省还设有负责国内分销的派驻机构。古巴生物医药集团的重点研究领域包括疾病防治疫苗、各类癌症的预防与治疗、糖尿病及其并发症的监测与治疗、心脏病及神经性疾病等的诊断与评估、畸形与遗传性疾病的监测等。目前，该集团负责生产古巴881种基本药品中的560种，主要产品有各类疫苗，治疗癌症、心脏病等疾病的生物药品，以及恶性肿瘤、畸形等疾病早期诊断与防治系统等。其产品销往50多个国家，已授权或正在申请的专利总计2336项（古巴543项、境外1793项），境外注册药品达715项。[②]

近年来，古巴政府高度关注数字经济引领全球经济增长的新趋势，并试图通过信息化建设和数字化转型，寻求古巴经济发展的新机遇。让古巴

---

①　Vito N. Quevedo Rodríguez, "Expansion of Knowledge-Based Economic Sectors", *Cuban Economists on the Cuban Economy*, University Press of Florida, 2013, p. 294.

②　徐世澄、贺钦编著《列国志·古巴》，社会科学文献出版社，2018，第239−240页。

民众以普惠价格和便利方式享受互联网及移动通信服务，是古巴政府全面布局数字经济的重要前提。自 2018 年以来，古巴电话及互联网接入用户数量和服务质量均有所提升，古巴成为拉美国家中互联网接入用户增长最快的国家之一。2018 年 12 月，古巴正式启动移动互联网接入服务，古巴民众可免费试用 3G 网络 3 次。2019 年 3 月，古巴 4G 网络投入使用，初阶覆盖 470 多个无线基站，并计划两年内覆盖古巴全境。自 2019 年 12 月 4 日起，为推进古巴 4G 业务发展，古巴电信公司（ETECSA）推出一款上网数据流量包套餐，即古巴境内用户可以 5 可兑换比索的价格购买 400M 数据包和 300M 国内上网包，该套餐适用所有网络，有效期为自使用日开始的 30 天。2019 年，古巴网络基础设施几乎覆盖所有城市，全国 938 个人民委员会至少拥有一种互联网访问方式，相当于覆盖全国 67% 的区域，其中 49% 的区域覆盖了 3G 及以上条件的网络。①截至 2019 年年底，古巴共安装了 140 万部固定电话、570 万条移动线路、3268 座无线基站，拥有 12.4 万个家庭互联网宽带接入用户、1161 家网吧、1513 座无线网络站点、200 万个互联网固定账号和超过 300 万的移动互联网用户，电话普及率达 63%。②随着互联网和移动通信服务的普及，古巴政府在加强网络安全、完善信息服务的同时，将进一步开展电子政务和电子商务的试点与推广工作。

总之，坚持经济、社会及文化整体发展是指导古巴战略经济部门更新的重要原则，古巴党和政府对科学、社会与经济部门的统一领导和战略部署是古巴推进经济模式更新的必然要求，而知识经济和数字经济的发展对古巴谋求经济增长和可持续发展至关重要。

---

① Susana Antón Rodriguez, Servicio de internet en Cuba：actualizaciones en 2019, http：//razones-decuba. cu/servicio-de-internet-en-cuba-actualizaciones-en-2019/.

② Cubadabate, Cuba en Datos：a un año del Internet por el móvil, http：//www. cubadebate. cu/especiales/2019/12/06/cuba-en-datos-a-un-ano-del-internet-por-el-movil/#. XzokrjPhilw.

第五章　思想文化建设与科教兴国

作为加勒比岛国，古巴建设社会主义的物质基础并不优越，生存环境也堪称险恶，在跌宕起伏的拉美共产主义运动中，古巴社会主义缘何独树一帜？古巴著名理论家达里奥·L. 马查多在其专著《古巴可能建设社会主义吗？》中写道，古巴社会主义的独特经验在于文化变革的品质，思想理论在古巴社会主义进程中担负着重要的角色，面对外部威胁和敌意，思想理论必须富有高度的创造性。①由此可见，具有古巴特色的思想文化建设在古巴坚守社会主义道路的历史进程中，具有无可替代的时代价值。

第一节　思想理论与意识形态建设

古巴革命胜利后，作为主流意识形态的马克思－列宁主义受到了古巴各界广泛而深入的学习和研究。由于帝国主义对古巴的威胁和封锁延续至今，古巴马克思主义理论的发展逻辑决不能简单地归结为历史的线性延续，严峻的现实把古巴马克思主义理论建设推向了保卫社会主义的前沿阵地。

尽管古巴及拉美左翼学者在该领域的研究成果并不总以马克思主义为名，也并不总是建立在严谨的逻辑论证之上，更不以社会科学某一领域为界，但其独有的叙事风格、深刻的历史洞察与犀利的现实批判无不体现着马克思主义的立场、观点与方法。

---

① Darío L. Machado Rodríguez,¿*Es Posible Construir el Socialismo en Cuba？*，Editora Política，La Havana，2004，p. 2.

一 马克思主义本土化理论的发展与创新

古巴革命并非从思想真空中产生，而是有许多革命先驱。何塞·马蒂（José Julián Martí Pérez，1853～1895 年），为古巴独立而奋斗的理想主义者、反帝战士，熟悉马克思著作，认识到无产阶级作为革命变革骨干的重要性，但其社会主张仍带有不可避免的阶级局限性。菲德尔曾指出，"七二六爱国主义运动"受惠于马蒂的政治哲学与社会哲学，但这位 19 世纪的战士没有认识到，必须消灭这个国家丑恶的资本主义，以实现真正的社会和政治变革。

古巴历史学家普遍认为，古巴新殖民主义发展模式在 20 世纪 20 年代开始遭遇危机，古巴民族意识复苏，且具有明显的反帝国主义特征。许多古巴工人运动成员、小资产阶级激进分子、知识分子和学生代表决定把马克思主义作为古巴未来发展的指导思想，并加速了马克思主义在古巴民众中的传播。古巴社会党创始人迭戈·维森特·特赫拉、古巴革命家鲁本·马蒂内兹·维也纳、古巴革命党创始人卡洛斯·B. 巴利尼奥、古巴共产党创始人胡里奥·安东尼奥·梅里亚、胡安·马里内略、布拉斯·罗加、卡洛斯·拉斐尔·罗德里格斯、切·格瓦拉、菲德尔·卡斯特罗等老一代古巴革命家和思想家均对古巴马克思主义本土化进程产生了重要而深远的影响。

古巴哲学研究会主席塔莉亚·冯在《1959 年后古巴马克思主义本土化的问题》[①]一文中指出，古巴马克思主义的发展受益于欧洲传统及古典科学、古巴传统及科学和世界范围内优秀的政治经济思想，具有官方和个人行为的双重特征，当代思想和行动构成了其认知基础，古巴马克思主义者的介入使其形成了更为开放和系统的知识体系。塔莉亚进一步谈道，古巴马克思主义的本土化并非千篇一律、不加批判地吸收，而是有许多独具特色的

---

① Thalía Fung Riverón, "Problemas de la apropiación del marxismo después del '59, El marxismo en Cuba, Una búsqueda", *Filosofía*, *teología*, *literatura*：*Aportes cubanos en los últimos 50 años*, Edición de Raúl Fornet Betancourt, 1999, http://www. ensayistas. org/critica/cuba/fornet/fung. htm.

发展和创新，如寻求马列主义同马蒂思想、菲德尔思想的内在统一性，建立融合马克思、恩格斯、列宁思想及菲德尔、格瓦拉等关于古巴革命思想的新思想体系；除马克思主义经典理论，古巴马克思主义本土化还受到了葛兰西思想、20世纪二三十年代拉美及古巴马克思主义思潮、新殖民地共和国时期进步资产阶级思想、西方马克思主义思潮及后现代主义思潮等不同程度的影响。

作为古巴马克思主义本土化的主体，古巴共产党在坚持以马克思主义为指导的同时，积极探索无产阶级执政党指导思想的马克思主义本土化，形成了具有古巴特色的马克思－列宁主义、何塞·马蒂思想和菲德尔·卡斯特罗思想的思想体系。与此同时，作为古巴官方意识形态，马克思主义理论研究与建设亦是古巴马克思主义本土化的重要内容。

（一）古巴革命指导思想的构成与发展

自1961年古巴宣布走社会主义道路以来，古巴共产党结合本国实际，积极探索以马克思主义为指导的社会主义道路，开启了西半球唯一的马克思主义本土化进程。

1991年，古巴共产党四大通过的党章决议中规定，古巴共产党是何塞·马蒂思想、马克思主义和列宁主义的党。1992年通过的古巴宪法规定，古巴公民的指导思想是"何塞·马蒂思想与马克思、恩格斯及列宁的政治社会思想"。1997年，古巴共产党五大的中心文件指出，古巴共产党是以马克思－列宁主义、何塞·马蒂思想和菲德尔·卡斯特罗思想为指导的党。作为古巴社会主义道路的理论根基，马克思－列宁主义、何塞·马蒂思想和菲德尔·卡斯特罗思想是指导古巴共产党和古巴人民进行社会主义革命与建设一脉相承的思想体系，其核心要义在于公平正义、团结合作、国际主义、多边主义和世界人民的自决权。古巴共产党对党和国家指导思想的坚持和发展，充分体现了古巴独具特色的马克思主义本土化进程，古巴革命指导思想是古巴坚定不移推进社会主义事业必不可少的政治保证和思想源泉。

1. 马克思－列宁主义

马克思－列宁主义对古巴革命而言，是国际共产主义运动的一般规律和古巴革命具体实践的结合与创造。菲德尔强调,马列主义是工人阶级的意识形态,是建设社会主义国家的人民通过实践加以丰富的科学,是极富国际主义和爱国主义的;必须根据革命标准,辩证地把它们应用到具体现实之中,如果马列主义原则得到正确和创造性的运用,革命将不会发生倒退。

作为古巴官方意识形态,马克思主义已成为古巴思想界重要的精神内核和研究方向。由于古巴革命历史和社会结构的特殊性,古巴的马克思主义传统具有较强的批判性和鲜明的民族性。批判性主要体现在古巴反帝国主义、反殖民主义、反全球化、反美洲自由贸易区等理论与现实问题上。尽管深受苏联哲学的影响,但古巴的马克思主义理论仍不乏民族性反思,其主要体现在马克思主义同古巴民族精神和思想传统的结合上。古巴马克思主义理论研究和建设的主要议题包括马克思 – 列宁主义基本原理、古巴本土的可行的社会主义道路、实现美洲团结、倡导国际新秩序、反帝国主义及新自由主义等。

2. 何塞·马蒂思想

何塞·马蒂是古巴杰出的民族英雄、诗人和思想家。马蒂出生在哈瓦那一户西班牙下级军官家庭,幼时家境贫寒。自小就对社会压迫、专制及不合理现实表达出强烈批判的马蒂,15 岁起就加入反西班牙殖民主义的战斗中。他深刻的时代洞察力源自其丰富的革命实践与思考。他一方面积极投身解放祖国的革命洪流,奔走于西班牙、美国等地组织宣传革命队伍;另一方面高举爱国主义旗帜,笔耕不辍,抨击殖民政府的罪恶。作为拉美历史上最伟大的诗人之一和拉美现代主义文学的奠基人,马蒂《自由的诗》《我们的美洲》《美洲我的母亲》《玻利瓦尔》等作品享誉西班牙语世界。1892 年 4 月 10 日,何塞·马蒂当选为新成立的古巴革命党最高领导人。1895 年 5 月 19 日,42 岁的马蒂在抗击西班牙军队的战斗中壮烈牺牲。

马蒂一生著述颇丰,思想深邃。他有关人人平等、民族独立、两个美洲、世界平衡、人类团结和反帝国主义的思想既是古巴的民族精粹,也是拉丁美洲宝贵的历史遗产。尤其是他关于"两个美洲"的阐述，犀利地剖析了19世纪新兴的近邻美国觊觎拉美的帝国主义本质，并强烈表达了拉丁美洲只有团结独立才能振兴图强的历史远见。马蒂所指的两个美洲，一是"北方"美国，二是"我们的美洲""美洲我的母亲"之拉丁美洲。马蒂认为，"在这块大陆上居住着两个天性与志向都不同的民族"①，"由于他们的起源、历史和习惯不同，他们的心灵很不相同，他们所相同的只是人类基本的特征"。马蒂进一步告诫拉美人民，"不了解我们强大邻国的蔑视态度是我们美洲的最大危险"，"对人之善应该信赖，对人之恶不可不防"，"各国人民都应树起耻辱柱，去惩罚那些挑唆仇恨的人"②。马蒂认为，"我们的美洲的意义比一般人想象的要大"，"这些显得很小的国家——在领土和人口方面的确如此，但在志向和判断能力方面却不一定——还在稳步地摆脱昨天殖民地的不良传统，以及某种依赖和奴隶地位"，"我们的美洲是由于错爱了外来的、表面上的共和制形式而开始被那种错误的、罪恶的美洲主义观念引向这种依赖和奴隶地位的"，"健康的美洲主义要求每一个美洲国家都按照自己的健康所必需的自由意志和方式来发展，哪怕他们会在涉水时弄湿衣服、在登高时绊倒，只要他们不损害其他任何国家的自由就行"，"当然也不能容许某个贪婪的、有野心的国家以贸易或任何别的借口来征服他们和暗算他们"③。

旅居美国达15年之久的马蒂，对帝国主义的控诉真实有力。他深谙美国社会的方方面面，对美国经济发展与民主印象深刻，对美国下层民众的困苦处境深表同情。在《美国的真相》一文中，马蒂深刻地揭露了美国社会尖锐的两极分化。"在那里（美国），一方面是达科他州的破窑和生长在那里的粗野而豪放的人们，另一方面是东部的豪华的、享有特权的、高人

① 〔古巴〕何塞·马蒂著，毛金里、徐世澄编《长笛与利剑：何塞·马蒂诗文选》，云南人民出版社，1995，第79页。
② 〔古巴〕何塞·马蒂著，毛金里、徐世澄编《长笛与利剑：何塞·马蒂诗文选》，云南人民出版社，1995，第44页。
③ 朱景冬：《何塞·马蒂评传》，社会科学文献出版社，2010，第91页。

一等的、淫荡的、不正义的都市"①；美国"无情地在他们的奴隶背上签署自己自由的文书"。在众多论述美国问题的作品中，马蒂一针见血地指出 19 世纪末处于垄断资本主义阶段的美国对外扩展的侵略本质——"庞大的邻居无视美洲，其傲慢是我们美洲最大的危险"。1889 年 11 月，马蒂在通讯《华盛顿的国际大会》中指出，美国打算在美洲扩张它的统治，联合美洲各国结成反欧联盟；他提醒美洲国家对美国保持警惕，"一个强大的和野心勃勃的邻国正在不断地推行它由来已久的、明目张胆的霸权政策……这个邻国从来也不想促进这些国家的发展，它和这些国家交往只不过是为了阻止它们的进展"②。1891 年 5 月，马蒂在《美洲各共和国货币会议》中，强烈批判了任何企图同美国订立政治同盟与贸易互惠协定的主张。马蒂写道："美国难道会真诚地邀请西班牙美洲去参加一个对西班牙美洲有好处的联盟吗？同美国在政治上和经济上联合起来，对西班牙美洲来说是合适的吗？"马蒂进一步强调，拉美各国必须争取和保持经济独立，使本国对外贸易多元化，如果经济上不独立，对外贸易又集中在一个国家（美国），就很难在政治上获得自由。"说是组成经济联盟，实际上是政治联盟。做买主的国家就是发号施令的国家，做卖主的国家只能听候差遣。必须平衡贸易，才能保障自由。如果把商品只出售给一个国家，便是自取灭亡；要想得到拯救，就得把商品出售给一个以上的国家。一个国家如果对另一个国家的贸易有过分的影响，这种影响就会变成政治上的影响"；"一个国家要想自由，必须在贸易上实现自由，要同几个差不多强的国家同时进行贸易"③。在谈及美国染指古巴的历史诡计时，马蒂亦给予了彻底揭露与批判。"有一项是迄今为止我们所了解的对我国居心叵测的计划，这就是强迫和促使我国去进

---

① 徐世澄：《试论何塞·马蒂思想——纪念何塞·马蒂 150 周年诞辰》，《拉丁美洲研究》2002 年第 6 期，第 6 页。转引自 *Emilio Roig de Leuchsenring*，*Marti*，*antimperialista*，*Segunda edicion*，*Ministerio de Relaciones Exteriores*，1961，p. 42。

② 〔古巴〕何塞·马蒂著，毛金里、徐世澄编《长笛与利剑：何塞·马蒂诗文选》，云南人民出版社，1995，第 56 页。

③ 〔古巴〕何塞·马蒂著，毛金里、徐世澄编《长笛与利剑：何塞·马蒂诗文选》，云南人民出版社，1995，第 83～84 页。

行战争的罪恶计划，这样，他们就有干涉的借口。他们企图以仲裁人或保证人的身份占领我国。这是自由的各国人民历史上最卑劣的行径，再没有比这更冷酷的罪恶了"①。1895年5月18日，马蒂在他牺牲的前一天给好友写信时，仍在表达自己的使命和决心，"现在我每天都可能为我的国家和责任而贡献出生命，我的责任是通过古巴的独立，及时防止美国在安的列斯群岛的扩张，防止它挟持这一新的力量扑向我们的美洲。我到目前所做的一切，以及今后要做的一切，都是为了这个目的"，"鄙视我们的、嚣张和残暴的北方企图吞并我们美洲的国家，这条道路必须堵塞，我们正在用鲜血来堵塞……"，"我曾在恶魔的心脏生活过，因此熟知它的五脏六腑：我擎着大卫的投石器"②。

马蒂是古巴人，也是拉丁美洲人，他的爱国主义理想与精神早已超越了国界，甚至拉丁美洲，成为名副其实的国际主义榜样。深深热爱祖国和拉美的马蒂既自豪于拉美丰饶的水土和淳朴的民风，又困扰于羁绊拉美进步与发展的考迪罗主义和美帝国主义。他说，"美洲只要还有一个国家受奴役，其他国家的自由就都处于危险之中"③，并号召源于同一历史、同一文化的拉美人民加强团结、并肩抵抗美帝国主义的侵略行径。马蒂认为，美洲的情况十分复杂，因为新的东西不可避免地和过去的东西混杂在一起，新社会模式必须根据每个国家的特点来制定，"无论是欧洲的经验还是美国的经验，都无法解开西班牙美洲的谜"，"一个国家的政府形式应该适合本国的国情"④。何塞·马蒂曾说："经济上受奴役但政治上获得自由的人民终究会失去所有的自由；而经济上获得自由的人则可以继续赢得政治上的独立"⑤。作为古巴革命的思想先驱，马蒂牺牲后，他的爱国主义精神与革命

① 徐世澄：《试论何塞·马蒂思想——纪念何塞·马蒂150周年诞辰》，《拉丁美洲研究》2002年第6期，第6~7页。
② 〔古巴〕何塞·马蒂著，毛金里、徐世澄编《长笛与利剑：何塞·马蒂诗文选》，云南人民出版社，1995，第409~417页。
③ 转引自郝名玮《评马蒂的爱国主义思想和实践》，《世界历史》1995年第2期。
④ 朱景冬：《何塞·马蒂评传》，社会科学文献出版社，2010，第75页。
⑤ 〔美〕E. 布拉德福德·伯恩斯：《简明拉丁美洲史》，王宁坤译，湖南教育出版社，1989，第260页。

思想一直感染和鼓舞着古巴革命者和古巴人民为祖国的独立和自由而战，为团结拉美各国人民、共同抵抗美国的地区入侵而奋斗。

马蒂谙熟马克思著作，认识到无产阶级作为革命变革骨干的重要性，但其思想也具有不可克服的时代局限性。马蒂不接受阶级斗争和历史唯物主义概念，倡导平等和所有阶层合作的代议制民主，信奉私有财产和不剥削穷人的资本主义，反对阶级或政党的政治支配，其制定的古巴社会政治纲领缺乏经济基础和科学严密性。马蒂倡导的共和政体，政治上是民主主义的，社会性质是资产阶级的，因而马蒂并非马克思主义者。马蒂认为，马克思应该受到尊敬，因为马克思支持弱者，赞成反抗和斗争；但马蒂误认为马克思是没有变革纲领的批评家，也曾把社会主义理解成为国家效劳的对人的奴役制。古巴官方也并没有设法把马蒂变成一个马克思主义者，但古巴革命者力图阐明马蒂的激进思想同古巴社会主义革命思想间的联系。菲德尔·卡斯特罗曾指出，马蒂是作为思想家存在的玻利瓦尔，"七二六爱国主义运动"受惠于马蒂的政治哲学与社会哲学，但这位 19 世纪的战士没有认识到，必须消灭这个国家丑恶的资本主义，以实现真正的社会和政治变革。①

1959 年 1 月 1 日，古巴革命胜利，古巴获得了真正意义上的独立自主。1991 年召开的古巴共产党第四届全国代表大会和 1992 年召开的古巴第三届全国人民政权代表大会，正式把何塞·马蒂思想写入古巴共产党党纲和修改后的古巴共和国宪法。尽管马蒂本人并不是马克思主义者，但马蒂建立"自由的、有尊严的共和国"、构建世界平衡、追求社会公正平等及"我们的美洲"等主张却充分激发了古巴马克思主义者将古巴民族独立同社会主义事业相结合的革命热情，为古巴探索本土的可行的社会主义道路奠定了深厚的民族根基和情感。古巴领导人菲德尔·卡斯特罗曾评价马蒂为古巴革命的"主谋"，正是菲德尔将马蒂思想同马克思主义紧密结合，成就了古巴革命完整的思想体系和实践道路。2008 年，古巴学界围绕古巴民族英雄

---

① 〔美〕谢尔顿·B. 利斯：《拉丁美洲的马克思主义思潮》，林爱丽译，东方出版社，1990，第 313～314 页。

何塞·马蒂诞辰 155 周年展开了各种纪念和宣传活动。

　3. 菲德尔·卡斯特罗思想

　2016 年 11 月，古巴前领导人菲德尔·卡斯特罗逝世。菲德尔·卡斯特罗是古巴革命与建设卓越的思想导师和实践领袖。自 1959 年古巴革命胜利以来，菲德尔·卡斯特罗以其坚定的马克思主义信仰、权威的领导风格和丰富的革命思想，成功地带领古巴人民实现了社会主义革命与建设的一个又一个目标，成为享誉地区和世界的革命导师和进步领袖。2008 年 2 月，劳尔·卡斯特罗正式从菲德尔·卡斯特罗手中接过了古巴革命领导权，但这丝毫不影响古巴民众对这位世纪领袖的崇敬与拥护，而卸任后的菲德尔·卡斯特罗一如既往地对古巴革命和世界形势保持密切关注，其丰富的革命思想和对时代的再思考是古巴革命与建设用之不竭的思想源泉和前进动力。卡斯特罗思想成形于卡斯特罗早年的革命生涯中，其完善与成熟同古巴革命与建设的历史密不可分。尽管国外早已用"卡斯特罗主义"或"菲德尔主义"来概括菲德尔·卡斯特罗的思想体系，但古巴国内却鲜有这样的表述，直到 1997 年 10 月，古巴共产党才在古共五大的中心文件《团结、民主与捍卫人权的党》中首次提出"菲德尔·卡斯特罗思想"，并首次将其同马列主义、马蒂学说一起列为古巴共产党的指导思想。卡斯特罗思想主要体现在菲德尔·卡斯特罗革命生涯中数以千计的讲话中。作为坚定的马克思主义者，卡斯特罗的思想具有深刻的革命性、批判性和深刻的民族性、实践性与科学性。

　菲德尔·卡斯特罗的主要思想如下。（1）争取民族独立。卡斯特罗认为，争取民族独立与国家解放是古巴革命的首要目标，而要实现这一使命，唯一路径就是走社会主义道路。（2）倡导社会公正。卡斯特罗认为，包括政治平等、经济平等和社会平等在内的社会公正是社会主义优越性的具体体现，即在政治方面主张群众参与，在经济方面推行公平分配，在社会方面反对种族和性别歧视等。（3）主张国际主义。卡斯特罗认为，爱国主义和国际主义是统一的，当出现矛盾时前者应服从于后者，即"先人类，后祖国"；拉丁美洲的革命史表明，取得民族独立的国家应发扬国际主义精神，支援其他未独立民族的斗争。（4）反对帝国主义。卡斯特罗认为，当前的时代特征是资本主义向社会主义过渡；国际形势的缓和是各国人民长期斗争的结果，丝毫不意味着帝国主义失去了其侵略本性，帝国主义必然灭亡的趋势仍未改变；新自由主义是帝国主义最后的表现形式，反对新自由主义就是反对帝国主义；倡导世界多极化是反对单边霸权的唯一方式，第三世界人民必须团结起来，共同对抗帝国主义的侵略；古巴为能顶住世界上主要的帝国主义强国的侵略而感到骄傲。（5）替代新自由主义全球化。卡斯特罗认为，全球化是世界历史发展的自然规律，是人类生产力进步的必然结果，马克思设想的公平分配的全球化还远未实现；我们不反对全球化，也不可能反对全球化，我们所反对的是新自由主义的全球化，这种全球化是帝国主义强权剥削和控制世界市场的工具，是对第三世界最可耻的再殖民化，是必将灭亡的全球化。（6）积极培育社会主义新人。卡斯特罗认为，塑造社会主义新人是巩固古巴社会主义制度的关键。社会主义新人是摒弃了私有观念并具有共产主义道德风尚和原则的人，只有坚持不懈地对其进行思想政治工作和革命教育才能造就高质量的社会主义新人。（7）加强党的建设。卡斯特罗认为，党是古巴革命的灵魂，党应集中体现古巴历史上一切革命者的理想、原则和力量；党应密切联系群众并保持思想上的纯洁和组织上的团结；党不仅是工人阶级的先锋队，而且也是国家和民族利益的忠实代表；党员要经过严格的挑选，艰苦朴素，无私奉献，严于律己。（8）加强军队建设。卡斯特罗认为，古巴应高度重视国防建设，建立一支强大、现代化的军队和一个完备的民兵组织是古巴贯彻全民战争思想的关键；军队应服从党的领导，在和平时期，军队是经济建设的重要参加者。（9）宗教思想。卡斯特罗认为，基督教徒的伦理目标、道德规范和历史境遇都同马克思主义者有相似之处；当代拉美的天主教出现了进步思潮；革命政权应吸收拉美解放神学的进步之处，同宗教团体建立战略性联盟；宗教是不是"人民的鸦片"要具体情况具体分析。

自 2007 年 3 月起，休养中的卡斯特罗在古共中央机关报《格拉玛报》上，以《总司令的思考》为名，先后撰写了百余篇时评、公告、书信等，对战争、反恐、世界经济、国际关系、生态环保、气候变暖、生物燃料和能源革命、扶贫等关系到古巴革命前途和人类命运的重大问题做出自己的最新总结和反思。卡斯特罗的主要观点如下。（1）反对用粮食作为原料生产生物燃料。卡斯特罗批评美国等西方国家以玉米、小麦、向日葵籽、油菜籽等为原料制造生物燃料，致使玉米等粮食价格上涨，众多穷人挨饿，他认为无论在道义上还是在政治上，农业燃料的建议都是行不通的，我们应该进行一场造福于人民，而不是造福于垄断资本和帝国主义的能源革命。（2）抨击布什政府增加对伊战争费用。卡斯特罗指出，布什政府增加对伊战争费用是在继续制造伊拉克和美国家庭的悲剧，而这笔费用足以培养上百万名医生和向20亿人提供医疗服务。（3）揭露美国历届政府对他的多次暗杀企图。卡斯特罗揭露了自古巴革命时期起，包括小布什政府在内的美国历届政府对他实行的多达627次的暗杀阴谋，而作为革命领袖的他正是凭借"运气和密切注意所有细节的习惯"才幸免于难。（4）指出古巴的"特殊时期"并未过去。卡斯特罗认为，近年来古巴经济取得了显著成果，阶段性困难有所减少，但一些经济发展计划仍未落实到位，称古巴已走出特殊时期还为时过早。他一方面批评了浪费能源和物资导致节能计划未按时完成的现象，另一方面揭示了美元流通政策对古巴造成的双重影响。美元化政策虽缓解了古巴经济困难，却引发了社会不公。（5）以革命领袖的姿态寄语青年一代。卡斯特罗称他仍在参与古巴党和政府的重大决策，他劝诫年轻革命者要杜绝权力野心、虚荣心、官僚习气，坚持学习，加强体力和脑力锻炼。（6）批评"激进派"改革思路。卡斯特罗认为，一些激进派为古巴开出的新自由主义经济"处方"是古巴革命的"毒药"，这些"超级革命者"低估了古巴革命在卫生医疗和教育等方面取得的各项重大成果。卡斯特罗还警告到，不能放弃某些掌控稀缺市场资源的合资企业，更不能出卖主权让外国资金大量流入古巴。（7）赞扬中国取得的成就。卡斯特罗回顾了中国的发展历程，从历史角度证明了台湾、西藏自古就是中国领土的一部分，并揭露了西方国家企图利用西藏问题制造"中国威胁论"的用心，并坚信中国一定会取得斗争的胜利。

（二）古巴特色马克思主义理论研究与建设

古巴的马克思主义本土化研究主要细分为马克思主义基本原理、第三世界和拉美及加勒比国家的马克思主义观、古巴马克思主义者对时代转型的解读、马克思主义理论和方法论指导下的古巴社会主义过渡、对当代马克思主义思想的批判与吸收等理论视角。学者们力图通过对古巴马克思主义本土化历史经验与逻辑的分析，为拉美 21 世纪社会主义等时代课题寻求马克思主义的解答与路径。

1. 主要研究方向及理论特色

古巴理论界有关马克思主义经典理论和古巴革命思想研究的重心主要包括马克思主义基本原理、古巴马克思主义传播史和古巴革命思想。马克思主义经典文献关于辩证法、分配理论、公民社会、社会主义在一国首先建成等重要论述均成为古巴学者的研究对象。切·格瓦拉思想研究较为突出。由古巴切·格瓦拉研究中心结集出版的切·格瓦拉遗著《政治经济学批判》（2006 年），摘编了格瓦拉生前对社会主义过渡、社会主义在 21 世纪的前景、政治经济学本质等问题的思考，格瓦拉本人对马列著作的注解以及个人书信和访谈等宝贵的历史资料。此外，古巴学者卡洛斯·塔布拉达·佩雷斯（Carlos Tablada Pérez）还就切·格瓦拉的社会主义经济思想、切·格瓦拉主义与马克思主义的历史继承关系作了进一步的探讨。在社会主义建设方面，古巴学者注重对世界共产主义运动史（尤其是苏联史）和古巴本国革命历史的反思。哈瓦那大学社会政治理论学教授达尼尔·拉福斯·毕内在《关于俄国和古巴两种社会主义过渡模式的世界性争论》中回顾了俄国和古巴走上社会主义道路的不同历史条件，提出应反思社会主义过渡模式普遍性与特殊性的辩证关系，主张根据各国国情，阐释社会主义过渡的内涵。古巴历史所研究员安海丽娜·罗哈斯·布拉吉尔在《新时期的党》一文中，回顾了 20 世纪初古巴在美国新殖民时期的社会历史条件，并指出 1925 年诞生的第一个古巴共产党具有空前的历史意义。在论述古巴当前社会主义建设时，一些学者对古巴的政治、经济和社会问题作了深刻反思，并大胆提出借鉴越南等国建设知识型社会的经验，进一步完善古巴的社会主义知识教育体系。此外，一些学者还从抢占全球化时代的思想高地和推进马克思主义社会化的角度，总结了古巴在弘扬爱国主义、革命精神和思想道德教育方面的经验，论述了马克思主义思想教育在 21 世纪巩固古巴社会主义阵营、培育社会主义新人、团结古巴民众方面的突出作用。

在反帝国主义、反全球化、反新自由主义、反美洲自由贸易、反恐怖主义等批判性思考中，古巴学者不仅体现出坚定的革命信仰，更表现出一种理性的思辨。学者们大多对 21 世纪的社会主义前景持乐观态度，对资本主义的各种症状做冷静观察，强调知识、人力资本、信息技术是 21 世纪革命斗争中的制胜关键，而地区性联合则是对抗资本主义全球化的策略之选。古巴中央党校校长劳尔·瓦尔德斯·毕波在《即将颠覆帝国主义的原因、力量和积累》一文中，把推翻帝国主义的原因、力量和累积因素分别归结为以人为本的科学、人力资本和因技术进步而实现的时间节省。哈瓦那大学经济系教授马努埃尔·卡斯特罗在《社会主义理想下的左翼政党、社会运动及两者联合的重要性》一文中，分析了拉美左翼政党和社会运动各自的历史角色与困境，并将两者的联合视为团结所有被排斥阶层、对抗资本主义的唯一路径。一些学者还对目前世界上反恐斗争的双重标准提出质疑。此外，古巴学术出版社出版的《拉丁美洲解放范式》集中展现了近十年来古巴哲学研究所在价值论、社会多样性、新社会角色、自治、社会批判思想和全球化等方面的理论成果。

2. 主要研究机构及刊物

目前，古巴从事马克思主义研究的机构较多，既包括各种官方和半官方的研究机构和院校，又包括各种民间协会、组织以及各种国际或地区学术机构驻古巴的分支机构。其中核心机构有古巴哲学研究所、哈瓦那大学哲学系、马蒂研究中心等。古巴科技与环境部创办的古巴哲学研究所成立于 1984 年。该机构下属古巴科学院，是专门从事社会哲学、古巴及拉美思潮、生态伦理和古巴当代社会发展趋势等研究的科研机构，旗下拥有古巴最具影响力的一批专家学者。曾获古巴最高科学研究奖——卡洛斯·杰·芬雷勋章的古巴哲学研究所，不但具有古巴高等教育部授权的研究生学位教育资格，还兼具古巴哲学与政治科学学位评审委员会常设机构的功能。

古巴马克思主义的代表性刊物包括古巴党刊《古巴社会主义》《古巴社会科学杂志》《古巴哲学杂志》《话题》《美洲争鸣》等。此外，为抗议美帝国主义的信息封锁和垄断，古巴十分重视互联网平台在理论宣传工作中的传播优势，并积极利用有限的数字资源，开辟了较为成熟的马克思主义网络传播阵地。例如"古巴哲学思想门户网站"不仅汇集了马克思主义经典著作和古巴本国的马蒂、格瓦拉、卡斯特罗著作，还通过刊登论文、书讯、电子刊物和跟踪学术活动等方式，全面展现了古巴当代知识分子的哲学思考和成就。此外，由古巴哲学研究所主办的学术网站"古巴 21 世纪"，在古巴及西班牙语国家左翼学术界亦享有较高权威。该杂志是由古巴学者于 2001 年 1 月创办的一份电子月刊，由西班牙左翼网站"诺盾 50"网（Nodo50）和"仇恨"网（La Haine）为其免费提供技术支持。该杂志除登载反映古巴革命、建设现实的批判性和分析性学术文章外，还不遗余力地推动古巴国内外不同种族、不同信仰和不同意识形态的左翼学者围绕全球化时代世界局势及社会进步进行探讨，此外，"古巴 21 世纪"从 2003 年 9 月起，还正式开设了"马克思著作和 21 世纪挑战"的国际会议专栏，定期发表各国学者提交的会议论文，并适时跟踪和选介古巴马克思主义研究的最新成果。

3. 代表性会议及观点

为加强马克思主义理论研究与建设，扩大古巴社会主义国际影响力，古巴马克思主义学界在古巴党和政府的支持下，先后搭建了一系列促进国际马克思主义学界交流与互鉴的重要学术平台。

（1）"马克思著作和 21 世纪挑战"国际会议。

古巴马克思主义理论界曾就"马克思著作和 21 世纪挑战"等主题成功召开了多次国际会议，在发展中国家及发达国家的左翼思想界中反响热烈。"马克思著作和 21 世纪挑战"国际会议由古巴哲学研究所主办，每两年一届，共有来自 30 多个国家的百余位学者与会。2006 年和 2008 年的会议主题分别为"21 世纪夺取革命政权之路：阶级、社会运动和政党"和"资本主义的本质、帝国主义及其矛盾、革命主体的明确和社会主义的替代"。

　　古巴全国人民政权代表大会主席里卡多·阿拉尔孔·德克萨达（Ricar-do Alarcón de Quesada）在 2006 年作主题发言时指出，马克思主义学者的任务不是从马克思著作中截取看似对现实有益却脱离时代的解释，我们的任务是学习和发展马克思著作的精神，从而推出服务于现实的理论体系和实践政策；对社会主义者来说，没有比界定反资本主义的战略、策略和手段更为紧要的任务了，理论工具必须服务于革命运动中出现的新挑战；在新自由主义全球化时代，马克思主义的理论繁荣与 20 世纪末社会主义实践的衰落和阶级斗争的淡化似乎形成了一个悖论，无论如何，我们必须反省苏共主动放弃社会主义领导权的历史性错误，并继续高度警惕美帝国主义的全球霸权；减少并进一步消灭帝国主义的统治仍然是拉美及其他第三世界国家和地区的共同使命，环境保护主义者、女权主义者以及其他受剥削和歧视的弱势群体纷纷加入无产阶级反对阶级压迫和制度剥削的斗争中，真正大众的、革命的社会实践呼唤世界性的理论武器，以实现革命同盟的团结，人对环境和自身的改造只有在革命实践中才能得到统一；20 世纪以来，人类的生存环境不断恶化，资本主义的生产和消费方式成为人与自然实现和谐的最大障碍；如今，联合第一世界和第三世界的被压迫者不但是可能的，更是必要的，仅仅南北国家无产阶级的联合是远远不够的，应联合世界上所有受排斥、受剥削、受歧视、反法西斯和追求民主、和平与幸福的人，向着真正、独立、多元的社会主义共同奋斗。会后，拉美学者一致认为开展马克思主义拉美本土化研究对于加强地区团结，对抗资本主义全球化具有十分重要的战略意义。在拉美，古巴、委内瑞拉和玻利维亚的集体姿态体现了地区权力和思想多元化的趋势，代表了 21 世纪真正的革命的社会主义道路，是具有进步意义的结盟。

　　2008 年 5 月，第四届"马克思著作和 21 世纪挑战"国际学术研讨会于马克思诞辰 190 周年、古巴革命胜利 50 周年、切·格瓦拉诞辰 80 周年前后在哈瓦那举行，会议的中心议题包括当代资本主义与帝国主义的本质研究、革命主体的阐释——新军事国际主义的建构及应对、超越资本多重主导体系的社会运动及阶级斗争的当代类别和形式、社会主义的选择——实行超越资本主义改革的必要性、社会主义的历史经验和当代实践对策、构建人类全面发展的共产主义社会等。古巴哲学研究所所长贡赛普颂·涅韦斯·阿羽斯在大会开幕式致辞中再次强调了马克思主义和切·格瓦拉思想在当代的有效性及其同菲德尔·卡斯特罗思想的一致性，认为弘扬马克思主义将有助于国家主权、社会解放和人类尊严的实现。

（2）"马克思诞辰 200 周年：有效性与遗产"研讨会。

2018 年，古巴各界开展了丰富多彩的社会文化活动，以纪念马克思诞辰 200 周年。2018 年 3 月 14 日，古巴共产党党中央第二书记何塞·马查多·本图拉主持召开了"纪念马克思逝世 135 周年"圆桌会议。2018 年 5 月 5 日，古巴作家与艺术家联合会（UNEAC）举办了马克思生平和思想遗产多媒体介绍会。2018 年，古巴共产党党刊《古巴社会主义》杂志推出纪念卡尔·马克思特刊。

2018 年 5 月 4 日，由古巴何塞·马蒂文化协会与马蒂研究中心联合举办的"何塞·马蒂、卡尔·马克思与社会主义"研讨会在古巴高等国际关系学院举行。会上，马蒂青年运动组织负责人奥特加（Yusuam Palacios Ortega）指出，马蒂和马克思给我们指引了一条共同的道路，就是通过武装斗争来争取社会正义与全民福祉。何塞·马蒂是古巴的民族英雄、杰出的诗人和文学家、卓越的政治家和思想家，为古巴和拉美人民的解放事业做出不朽的贡献。与会者普遍认为，当前的迫切任务是在大学里更加广泛和深入地推进马克思主义教育，以取代目前蜻蜓点水式的教学现状。会议主办方认为，马克思主义不是文物，而是一种鲜活的思想、科学和方法论，有助于人类批判性地认识世界的现象与本质。古巴历史学院希达尔戈（Ibrahim Hidalgo）博士认为，学校开设的"古巴历史"课程若仅仅按时间顺序把历史事件罗列出来，缺乏辩证分析，缺乏对前因后果的探讨，会使学生丧失学习兴趣，应再次强调用马克思主义来分析国家历史的重要性。

古巴著名马克思主义哲学家、古巴《马克思进行时》（*Marx Ahora*）杂志主编伊萨贝尔·莫娜尔（Isabel Monal）在马克思诞辰 200 周年之际接受古巴媒体采访时表示，马克思是最伟大的思想家，是迄今为止对人类历史影响最为深远的思想家，马克思从未离去，马克思也仍未被超越。伊萨贝尔指出，尽管苏东剧变给马克思主义理论和实践带来了可怕的打击，但马克思主义并非一成不变，而是一项未竟的哲学，是不断完善、丰富和吸纳新思想的科学体系。古巴对马克思主义的贡献在于，建立了新的体系和新的民主形式，尽管尚不完美，却开创了新的发展道路。伊萨贝尔强调，古巴是拉丁美洲唯一由人民主导变革并由人民当家作主的国家，有的拉美国家虽然建立了人民政权，但国家的经济命脉仍不在人民手中；当前拉丁美洲存在的主要问题之一就是帝国主义与各国寡头集团的勾结，尤其是苏东剧变后，帝国主义成为地球上唯一占主导的思想；资本主义经济危机的爆发为马克思主义研究的复兴提供了契机，但在巴西等国，尽管马克思主义的学术理论水平已达到了令人羡慕的程度，但马克思主义的政治运动几乎是空白。伊萨贝尔认为，理论工作与争取和捍卫社会变革的斗争密不可分，许多研究拉美问题的古巴学者也研究古巴自身的问题，古巴当代社会还存在很多问题，但必须肯定的是古巴共产党领导的更新进程是一种社会演进和发展跨越，并非对过去种种努力的否定。马克思主义并不仅仅是对资本主义社会的批判，更是新社会的纲领，是对人类社会历史演进的解释。①

二 思想战与意识形态建设

1999 年"小埃连事件"后，为反对美帝国主义的经济封锁、意识形态渗透与"和平演变"，古巴全国上下掀起了一场"思想战役"，通过举办"反帝论坛""公众论坛""圆桌会议"等活动，声讨帝国主义行径，凝聚社会共识。其间，古巴政府还设立了民众舆论调查中心和全国马蒂研究计划办公室，以加强意识形态工作的引导与宣传。

古巴共产党领导下的意识形态部（Departamento Ideológico del Comité Central del PCC）十分重视网络舆情的调研和引导工作。该部门设有社交网

---

① Raúl Menchaca, Isabel Monal: El marxismo no está superado, http://www.cubadebate.cu/noticias/2018/05/03/isabel-monal-el-marxismo-no-esta-superado/#.Wvt4GFT_myw, 3 mayo 2018.

络宣传和管控工作组，古巴国务委员会、部长会议、国防委员会及国家防务和安全委员会均承担着与此相关的监督和管理职责。该工作组人数不多，吸纳了古巴多名精通信息通信技术的工程师。在社交网络高度发达的今天，古巴政府在促进网民数量不断增长的同时，更试图利用网络技术和平台，向古巴网民宣传古巴共产党和政府的重要工作及精神。为通过社交网络发布古巴政府信息，古巴所有立法、行政和新闻机构均服从于该信息技术和意识形态部门的统一领导。古巴与各国人民友好协会（ICAP）、古巴情报部门和古巴外交部负责统一规划古巴驻各国大使、领事及古巴各国友人在何时以及以何种方式，通过 Facebook、Twitter 和 Instagram 等社交平台，对古巴及国际舞台发生的重大事件集体发声或表态，例如支援古巴飓风灾情、声援第三世界反帝国主义斗争、开展古巴大选宣传工作等。①

尼科·洛佩斯高级党校是古巴唯一的全国性党校，负责培养古巴省部级领导和后备干部。学校通过组织党员干部学习卡斯特罗等革命领袖著作及讲话，为学员提供党建、政务及社会工作的指导与培训。高级党校还领导和管辖古巴 14 个省级党校和 140 多个市县级党校，并设有五年制本科生和研究生班。②通过党校学习，古巴各级党员干部坚定了革命理想和信念，提高了政治觉悟和工作能力，古巴共产党的执政能力和领导水平也因此得到了提升。

作为古巴共产党中央委员会的思想理论刊物，《古巴社会主义》③长年坚持对马克思主义理论的宣传、发展与创新，是古巴共产党政治建设与思想建设的重要堡垒。该刊编辑委员会由古巴文化部部长、古共中央宣传与文化部副部长、尼科·洛佩斯高级党校教授、古巴历史研究所研究部主任、哲学杂志主编、古巴哲学研究所研究员、古巴路德维希基金会主席、古巴高等教育部马克思－列宁主义局局长、古巴青年研究中心主任和若干经济

① https://www.martinoticias.com/a/cuba-profesor-de-marxismo-es-zar-redes-sociales/154755.html.
② 徐世澄：《古巴模式的"更新"与拉美左派的崛起》，中国社会科学出版社，2013，第89页。
③ 参见 http://www.cubasocialista.cu。

学家、历史学家、社会学家及艺术家等各界人士组成。

古巴高等教育系统的大学①本科阶段共设有 12 个学科门类，其中社会人文学科②共设立 15 个一级学科，马列主义哲学专业就是其中之一。该专业涉及哲学社会科学的广泛领域，旨在培养学生从革命的视角，解释社会生活的生产与再生产过程及其所蕴含的关系体系，通过关注和研究人与世界的关系，创造性地参与到当代世界的思想战中。③马列主义哲学专业的教学内容包括哲学史、19 世纪和 20 世纪的哲学和社会思潮、"方法论、心理学和人类学"、马克思 – 列宁主义哲学史、社会与精神生产、逻辑与认识论、古巴与拉美思想和政治思想理论史。此外，该专业还要求学习教育学理论和马列主义哲学教学方法。目前，开设该专业的大学有古巴哈瓦那大学、奥连特大学（Universidad de Oriente）和玛尔塔·阿布雷乌·德拉斯维亚斯中央大学（Universidad Central Marta Abreu de las Villas）。④ 此外，古巴高等教育系统在 12 个学科门类之一的教育学科下，还设立了马列主义教育与史学（Educación Marxismo Leninismo e Historia）专业，目前共有 16 所高校开设了这一专业。

古巴模式更新实施以来，改革步伐依然不减，高层人事接连调整，经济举措密集出台，多元外交纵深发展，普通民众的工作与生活也随之发生着巨大的起伏与变化。改革的不确定性和风险必然引起公众的议论。在新一轮更新进程中，古巴官方保持着空前的清醒和容忍度，允许甚至引导民众对改革中存在问题进行公开讨论。作为古巴共产党的官媒，《格拉玛报》数次推动公众对改革的讨论，并借此引起古巴官方对一些问题的重视。民众的意见建议主要集中在经济改革政策的负面影响、外商直接投资不足及

① 截至 2015～2016 学年，古巴高等教育系统共有各类院校及机构 43 所，其中高等教育部下属 22 所，教育部下属 1 所，公共卫生部下属 16 所。参见 Onei, *Anuario Estadístico de Cuba* 2015, Capítulo 18：Educación, Edición 2016, p. 10。

② 除马列主义哲学外，古巴社会人文学科还包括信息学、社会传播学、新闻学、心理学、法学、史学、社会学、英语、德语、法语、俄语、艺术史、文学、社会文化发展管理。

③ 参见 http：//www. mes. gob. cu/es/carreras - 0。

④ 参见 http：//www. mes. gob. cu/es/ingreso/carreras/filosofia-marxista-leninista。

不规范、古巴经济与侨民关系三个问题上，对前两个问题的共识较多，最后一个问题存在明显分歧。

20 世纪 80 年代末以前，古巴民众在收入和生活水平上的差距和差异并不明显。苏东剧变后，随着古巴经济改革的不断推进，古巴的社会分化问题逐渐显现，尤其是就业机会和收入的不平等问题和两极分化现象饱受古巴民众诟病。为促进古巴女装业出口，《格拉玛报》在 2016 年 9 月刊登了一组女装广告，引发了公众热议。一些古巴民众直言，这些服装价格过高，只适用于游客，而非古巴的工薪阶层，普通古巴人根本无法负担这些消费。在外商投资方面，2014 年 4 月古巴政府公布了新《外国投资法》，对原法进行了修订。新法规定，外国企业在古巴运营，如雇用古巴员工，须通过古巴国家职业介绍所等官方机构，并禁止外企与古巴私营部门的个体户进行合作。一些批评意见认为，古巴官方通过这种方式扣下了古巴雇员 20% 的工资，且采用的外币对古巴货币汇率是市场价格的一半；这种规定无异于纵容特权和官僚主义。一些学者建议，应鼓励外企与古巴员工直接签订就业合同。① 2014 年 12 月，《格拉玛报》再次就新法组织民众进行在线公开讨论。这次讨论的主要意见认为，外企中古巴员工的税收负担过重，其收入所得仅占外企支付古巴国家职业介绍所费用的 7% ~10% ，新法包含的外汇政策也存在一些不合理的地方。随后，《格拉玛报》邀请古巴官员在线回复公众问题，政府对外企中古巴雇员的收入问题并未予以否认，但主要强调新法较旧法的规定更加有利于古巴雇员。古巴官员的解答并未得到公众的满意，对这一问题的尖锐质疑和批评仍不绝于耳。在 2015 年多伦多举办的泛美运动会上，古巴自 1971 年以来首次跌出奖牌榜前两位，位居第四。《格拉玛报》一篇反思古巴竞技体育缘何退步的文章引发公众热议。一些古巴民众就此发表评论，认为古巴缺少聘用外籍教练的经费，古巴运动员和教练员无法通过网络进行自由系统的训练以保持前沿的运动水平；古巴应

---

① Jorge I. Domínguez, Omar Everleny Pérez Villanueva, et al., *The Cuban Economy in a New Era: An Agenda for Change toward Durable Development* (Series on Latin American Studies), David Rockefeller Center for Latin American Studies, January 8, 2018, p. 8.

加大体育事业的投入，允许运动员赴国外比赛并赚取收入，但须定期回国参赛等。

上述事件，从一定程度上反映出古巴经济模式更新以来，古巴民众对现状及未来的不同看法和意见。民众的主要意见集中在政府对劳动力市场的管控，尤其是外企中古巴职工的待遇问题上。随着模式更新的深化，日益复杂的社会舆情对古巴党和政府的意识形态工作提出更高要求，只有不断创新工作方式和改进工作作风，才能在大数据时代掌握舆情管理与引导工作的主动权，为社会主义更新大局营造积极和谐的社会氛围。

三　网络思想战与7·11反革命叛乱的平息

近年来，以美国迈阿密反古势力为代表的敌对势力通过网络社交媒体，不断发动针对古巴革命政府的颠覆渗透活动。面对境内外反动势力的滋扰，2021年4月召开的古共八大强调，要高度重视和加强意识形态工作，坚决捍卫国家主权和安全。为抵御意识形态领域存在的重大风险，古共八大提出，古巴将开展旨在打击和遏制敌对势力的网络思想战。2021年7月11日，古巴多地爆发反政府游行。西方媒体对此进行了大规模报道和渲染。古巴政府立即对境内外敌对势力操控此次抗议活动的黑幕进行了揭露和谴责，并对古巴民众和国内外舆论普遍关注的经济、民生和抗疫问题作出积极回应和重要部署。

2021年7月11日上午，在哈瓦那周边的圣安东尼奥－德洛斯巴尼奥斯市，数千名示威者沿着通往哈瓦那蒙耶稣教堂的街道，举行抗议游行活动。在短短几小时内，抗议浪潮迅速发酵，不但扩散至哈瓦那东部的圣克拉拉市、卡德纳斯市和帕尔玛索里亚诺市等多地，更出现了打、砸、抢等暴力骚乱。据西方媒体报道，因经济短缺、民生凋敝和抗疫不力，古巴境内发生大规模反政府抗议活动，古巴示威者高喊自由民主等口号，要求古巴国家主席迪亚斯－卡内尔下台。

事实上，此轮反政府游行并非孤立事件。近年来，以美国迈阿密反古势力为代表的境内外敌对势力通过网络社交媒体，不断发动针对古巴革命政府的颠覆渗透活动。目前，古巴信息化程度有限，美国利用古巴互联网活跃用户多为青年群体的特点，通过社交网络在古巴青年中散布反古言论，煽动反政府叛乱。由于没有本土社交媒体平台，现阶段古巴党和政府只能选择在 Facebook 及 Twitter 上正面应战。

此轮抗议活动爆发后，古巴政府迅速作出回应，并将该事件定义为由美国迈阿密反古势力和古巴境内反动分子共同策动、受美国政府性机构资助的反革命叛乱。古巴领导人指出，这一事件是美国政府对古巴长期实行"非常规战争"颠覆计划的一部分。有确凿证据表明，一家注册地为美国迈阿密、曾受美国州政府资助的美国公司，在 Twitter 上通过建立 #SOS Cuba# 标签，操控艺人账号和大量新注册的机器人账号，传播内含暗杀、暴力、颠覆等文字的"古巴寻求人道主义援助"消息多达 200 余万条，从而成为古巴此轮街头抗议的主要导火索。古巴外交部长在 Twitter 上指出，对古巴进行所谓的人道主义干预意在发动针对古巴的军事侵略，是对国际法和古巴人民的公然侵犯；在疫情期间，美国无视古巴人民面临的生存困境，维持封锁，发难古巴，制造人道主义灾难，将对地区局势造成不可估量的消极后果。

2021 年 7 月 11 日，古共中央第一书记、国家主席迪亚斯－卡内尔亲赴抗议现场，并发表重要讲话。迪亚斯－卡内尔谴责抗议者的违法行为，称美国对古巴实行长期经济封锁是一种"经济窒息政策"，此轮抗议是美国雇佣军对古巴革命的挑衅，并动员古巴共产党员和古巴民众走上街头，保卫革命。党和国家领导人第一时间亲赴抗议现场是古巴革命的传统。1994 年，处于东欧剧变、苏联解体后深度经济危机中的古巴爆发大规模群众抗议活动，古巴领导人菲德尔·卡斯特罗亲赴现场劝服示威者。

2021 年 7 月 12 日，古巴共产党中央政治局召开会议，对此次反政府游行的原因、性质、影响及应对进行研判。会议由迪亚斯－卡内尔主持，劳尔·卡斯特罗出席会议。会议对古巴人民积极响应迪亚斯－卡内尔号召、上街捍卫革命的行动给予了高度肯定。与此同时，原古共中央第二书记马查多·本图拉和古巴革命司令拉米洛·瓦尔德斯等古巴革命元老一代领导人亲赴各地，声援古巴民众支持政府的游行活动。

2021 年 7 月 14 日，在古巴国家电视台"圆桌会议"节目中，古巴国家主席迪亚斯－卡内尔、总理马雷罗及副总理兼经济计划部部长亚历杭德罗·希尔分析了古巴当前形势及其对策。总理马雷罗表示，古巴政府将深入贯彻经济社会发展战略，着力解决民生问题。例如，力图在一周内恢复正常供电，在 2021 年 8 月底前实现全国 80% 居民的新冠疫苗接种，进一步扩大食品、卫生用品和药品等特许物资进口，改善食品供应等。经济计划部部长宣布两项重大举措，一是部分具备条件的国有企业可根据效益而非级别发放工资，二是允许国有微小中企业采取灵活的经营管理方式。迪亚斯－卡内尔指出，目前古巴形势复杂且极具挑战性，古巴党和政府应从此次骚乱中吸取教训；古巴有能力克服困难，古巴的问题可以在革命中解决，古巴人民永远不会丧失团结、尊重和对生活的热爱，古巴将永远捍卫革命、独立和主权。

2021 年 7 月 17 日，古巴首都及各地举行了支持政府集会。国家主席迪亚斯－卡内尔在集会上谴责美对古实行的封锁政策和"媒体恐怖主义"，劳尔·卡斯特罗也出席了集会。自 7 月 11 日爆发反革命叛乱以来，古巴外交部及古巴驻各国使馆先后召开新闻发布会，古巴官方媒体对此进行了系列报道。中国、朝鲜、阿根廷、委内瑞拉、墨西哥及俄罗斯等国和国际进步力量纷纷声援古巴。

尽管此轮反革命叛乱并未对古巴政局产生实质性影响，古巴社会秩序基本恢复正常，但在封锁和疫情的冲击下，古巴仍面临极为严峻的经济困难，这也进一步加剧了古巴共产党开展意识形态工作的复杂性和艰巨性。为应对国内外反古势力的网络攻击和颠覆活动，古巴政府试图通过信息化建设，进一步加强网络安全，从而顺应新时期意识形态工作的新要求和新趋势。

第二节　文化体制建设与科教兴国

文化是思想战的核心概念之一。古巴政府把文化作为反对消费主义的抑制剂，认为并不只有消费才能创造幸福，文化作为一种增长形式和个人价值实现形式，与生活品质密切相关。作为古巴革命的目标之一，古巴政府力图满足全民文化需求，以实现何塞·马蒂"受教育就是获取自由"的理想。革命胜利后，古巴政府根据社会经济发展需要，建立了契合古巴传统价值观和基本国情的文化发展战略和科教兴国战略，国民素质得到了普遍提升。

一　文化体制建设与文化发展成就

古巴社会主义文化制度是古巴社会主义大厦的重要组成。古巴党和政府高度重视社会主义文化事业，将其视为抵御帝国主义意识形态渗透的重要防线，并大力推进专业艺术和大众文化的繁荣与发展。

（一）文化管理体制的建立与完善

成立于1961年1月的古巴全国文化委员会是古巴革命成功后设立的首个国家文化发展管理机构。同期建立的文化机构还包括全国出版社和出版局、古巴书籍协会、古巴电影艺术和工业委员会、美洲之家、全国艺术学校、古巴广播协会、中央电台和电视台等。1976年，在全国文化委员会等机构的基础上，成立了古巴文化部。自20世纪80年代末以来，古巴先后成立了古巴音乐委员会、全国舞台艺术委员会、全国造型艺术委员会、全国文化遗产委员会、"何塞·马蒂"国家图书馆、全国著作权中心、古巴艺术网、古巴文化研究机构、艺术院校、文化基金会、文化企业等文化机构。古巴革命胜利后，古巴还陆续组建了古巴国家芭蕾舞团、国家舞剧团、国家民间舞剧团、国家合唱团、国家交响乐团等具有国际声誉的专业艺术团体。20世纪60年代初，古巴的扫盲运动和全民免费教育为古巴民众提升艺术文化水平、组织和参与业余爱好小组提供了契机。古巴政府还设立了"古巴文化节"、加勒比联欢节、拉美新电影节、哈瓦那戏剧节、哈瓦那造型艺术节、"美洲之家"文学作品比赛、哈瓦那国际书展等具有地区和国际影响力的文艺活动与赛事。苏东剧变后，由于经济困难，古巴政府一度收紧了文化教育投入，并鼓励文化产业及企业自主探索与创新，允许私人文化团体及个体户从事文化产业的发展。

加强历史文化传承与遗产保护是古巴政府推进文化建设的重要内容。哈瓦那是古巴共和国首都，也是古巴人口最多的城市，总人口逾 200 万。始建于 1519 年的哈瓦那古城，曾被命名为圣克里斯托瓦尔·德拉·哈瓦那（San Cristóbal de La Habana），是古巴政治、经济和社会文化生活的中心，也是古巴政府、古巴共产党中央及古巴国家科学文化机构的所在地。2014年 12 月 7 日，哈瓦那以其突出的社会多样性被评为"世界新七大奇迹城市"之一。拉美文学家和历史学家曾给予其高度评价。古巴诗人米格尔·巴内特（Miguel Barnet）把哈瓦那描述为"时间和记忆的主人"。古巴历史学家尤塞比奥·莱亚尔（Eusebio Leal）认为，"哈瓦那就像定义诗歌那样难以定义"。古巴小说家阿列霍·卡彭迪耶（Alejo Carpentier）认为，哈瓦那作为一座巴洛克式的城市，给人一种异质、杂糅、静谧而清醒的印象。①2019 年 11 月中旬，在哈瓦那建城 500 周年之际，古巴官方开放了若干新建筑及新设施，并举行了一系列盛大的文体活动，以加强对哈瓦那及古巴历史文化遗产的宣传、保护与研究。2019 年 11 月 16 日晚，在哈瓦那 500 周年庆典上，古巴著名钢琴演奏家弗兰克·费尔南德斯（Frank Fernández）与加拿大公司合作完成了震撼的音乐烟花秀，来自古巴国家芭蕾舞团、国家交响乐团及古巴民俗乐团等艺术团体的艺术家们在哈瓦那国会大厦奉献了精彩的文艺表演。2019 年 11 月 17 日，古巴国务委员会主席迪亚斯 - 卡内尔在会见参加庆典的外国来宾时表示，哈瓦那是古巴的科学、舞蹈、电影、文学和体育赛事之城，也是抵抗新自由主义的典范之城和反对不公平封锁的尊严之城。为纪念哈瓦那建城 500 周年，古巴中央银行还发行了一枚面额为 500 古巴比索的纪念钞，其票面中央增印了"哈瓦那建城 500 周年"纪念文字及相关图案。②

---

① Oscar Figueredo Reinaldo, Edilberto Carmona Tamayo, Diego Rafael Albornoz, *Cuba en datos：La Habana nuestra*，http://www.cubadebate.cu/especiales/2019/11/13/cuba-en-datos-la-habana-nuestra/.

② Ciber Cuba, Cuba emitirá un nuevo billete de 500 pesos, https://www.cibercuba.com/noticias/2019 - 11 - 16-u1-e43231-s27061-cuba-emitira-nuevo-billete-500-pesos.

（二）公共文化服务体系的建立与健全

2004 年，古巴文化部部长阿贝尔·布里托指出，"古巴无法与资本主义的消费社会在物质上竞争，为每个古巴家庭提供两辆车、一个游泳池和度假房，但是我们可以确保在过体面生活的基础上满足古巴居民精神文化方面的需求"。①

古巴文化和艺术社会政策的目标是促进公众对古巴传统价值和所有艺术的传承与吸收，丰富古巴人民的生活。为实现这一目标，古巴政府试图营造有利于艺术和文学创作的氛围，促进古巴民众对国家文化生活的参与，增加文化产品和服务的创作与推广，保护和发展古巴的文化遗产。

古巴文化与艺术社会政策的主要内容如下。

（1）截至 2012 年，培训 3 万名艺术导师。

（2）在全国范围内，扩大包括美术在内的艺术教育，开设 17 家新的艺术学校，扩容国家芭蕾舞学校。

（3）不断扩大古巴国际书展的文化、社会和政治影响力。

（4）建立拥有古巴及世界最优秀文学作品馆藏的家庭图书馆，以帮助古巴居民更为便利和便宜地获取书籍。

（5）在全国范围内设立开放大学计划，以补充和完善现有的教育体系，为民众提供有用的实践知识。

（6）在古巴农村边远地区，建立农村电视放映厅，使其成为传播文化、知识和信息的重要工具。这些放映厅通过电视转播为该地区居民提供相关的娱乐和教育活动。

（7）重视市政青年视频俱乐部体系，把其视作基于邻里关系的电影剧场，为所在社区提供文化服务。这些中心旨在全面提升古巴民众尤其是青少年的文化和生活品质。

（8）通过电视转播，鼓励民众积极参与圆桌会议类型的电视节目，以促进古巴民众政治意识和水平的提升。圆桌会议被视为古巴民众的政治大

---

① Alejandro Massia, Julio Otero, "The Cuban Revolution Reminds Him of Many Who Were Intellectuals and Who Are Not Now", https://www.walterlippmann.com/abelprieto - 11 - 7 - 2004.html.

学，旨在促进古巴特色社会主义政治文化的发展。

（9）促进体现古巴革命精神和爱国主义情怀的动画片创作。

（10）加强对古巴公众集会的管理与引导，将其作为古巴民众反对帝国主义侵略有力的斗争工具。[①]

模式更新启动以来，为使民众有更多机会享受文化生活，古巴政府还提出减少官方假日集会等务实举措，赢得了古巴民众的广泛支持。

二　科教兴国战略的实施与影响

1959 年革命胜利前，古巴有 100 万文盲，约占总人口的 20%。没有全国性的科研中心和政府资助的科研项目，只有不到 100 人的四支实验室队伍和三所大学，科技完全依附美国等国的技术进口，雇佣外国专家和顾问，并外派人员进行海外培训。创新对古巴国内工业尤其是科技领域十分重要。对古巴国内工业发展至关重要的技术创新都是在古巴以外或没有古巴参与的情况下取得的。跨国公司最先进的科技和产品都是用以满足消费主义文化，而非全社会需求的。这些因素不仅对古巴经济发展产生了负面影响，更挫伤了古巴人民的创造力和积极性。在不利的发展环境下，古巴也涌现出一些为国际科学进步做出贡献的杰出人才，例如卡洛斯·J. 芬雷、佩德罗·寇利和托马斯·罗梅。古巴革命的胜利使古巴科技发展进入了一个新的历史阶段。20 世纪 60 年代，菲德尔·卡斯特罗曾表示，"古巴的未来一定是科学家和思想家的未来"。[②]这一观点成为古巴科技政策最重要的前提。

在党和政府的领导下，古巴人民开创了经济、社会、文化和科技全面发展的阶段，人力资源培训成为全面发展战略的重要基础。[③] 20 世纪 90 年代，在特殊时期经济困难的条件下，古巴政府提出"不关闭一所学校，不

① Rita Castiñeiras García, "Creating a Better Life: The Human Dimension of the Cuban Economy", *Cuban Economists on the Cuban Economy*, University Press of Florida, 2013, p. 158.

② Vito N. Quevedo Rodríguez, "Expansion of Knowledge-Based Economic Sectors", *Cuban Economists on the Cuban Economy*, University Press of Florida, 2013, p. 296.

③ Vito N. Quevedo Rodríguez, "Expansion of Knowledge-Based Economic Sectors", *Cuban Economists on the Cuban Economy*, University Press of Florida, 2013, p. 295.

让一个孩子失学"的口号，千方百计保证教育事业的正常运行，为经济的恢复与发展和社会的稳定做出贡献。截至 2015～2016 学年，全国共有学校 9433 所，其中小学 6837 所，中学 1764 所，大学 43 所，其他学校 789 所。全国注册学生 187.84 万人，其中小学生 68.51 万人，中学生 74.77 万人，大学生 16.59 万人，此外还有部分专科学生。寄宿生共计 14.15 万人，半寄宿生 71.94 万人。全国共有教职员工 27.52 万人，其中在职教员 22.67 万人。2014 年，6～11 岁儿童的入学率达 99%，12～17 岁男生和女生的入学率分别为 80.98% 和 85.77%。① 为推行教育信息化与数字化战略，截至 2019 年底，古巴共有 3497 所学校和 300 所地方教育部门或少年宫等机构下属的计算机中心接入了远程信息网络，另有 4300 多家可供古巴社区居民学习科学知识、获取心理教育、开展社交活动的网络中心。古巴政府还开发了 "cubaeduca. cu" 和 "learning. cu" 等交互学习网站，供在校师生开展相关教学活动。② 截至 2019 年 12 月，古巴教育部启动教师加薪政策 5 个月内已有 1.2 万名教师加入了教育系统，教师覆盖率大幅提升至 96.9%。为达到 100% 入学率，古巴教育部还将继续实行小时合同制和大学生联合会教育爱心计划，该计划将吸纳 680 名年轻学生兼任教职。2019 年，古巴 99.99% 的普通中学毕业生接受了职业技术教育、师范教育或大学预科课程教育。2019 年，古巴教育部还开设了两所教师培训学校，并实现了在 166 个城市开设语言学校的目标。2019～2020 学年，古巴各级教育入学人数达 70 万～80 万，其中约 6.5 万名寄宿生和 76.1 万名半寄宿生。③

古巴政府认为，受教育是获得自由的唯一方式，而发展科技则是巩固革命政权的重要途径之一。作为第三世界国家，古巴的科技进步主要取决

---

① 徐世澄、贺钦编著《列国志·古巴》，社会科学文献出版社，2018，第 249 页。

② Yenia Silva Correa, *¿Cómo marcha la informatización del sistema educacional cubano?*, http://www.granma.cu/cuba/2019－12－13/como-marcha-la-informatizacion-del-sistema-educacional-cubano-13－12－2019－19－12－34.

③ Claudia González Corrales, Más de 12 mil profesores cubanos regresaron a las aulas tras incremento salarial, ACN, 17 Diciembre 2019, http://www.acn.cu/cuba/53215-mas-de-12-mil-profesores-cubanos-regresaron-a-las-aulas-tras-incremento-salarial.

于政府对科技研发持续的政策支持和物质投入、科学知识的普及与推广、建立从国家到地方的科学组织架构以及人力资源、财政物资和组织资源的一体化。通过完善教育体系，古巴党和国家培养了众多科技人才，组建了一批依托大学及科研机构的科技创新及研发中心，并制定了包含科技发展战略及管理计划的科技创新体系。古巴科学网（La Red Cubana de la Ciencia）是古巴科学界交流科研动态、促进科研合作、提供科研服务的重要平台，介绍了古巴科学界在鸟类学、气象学、能源学等各领域的最新发展。2015 年，古巴科技与环境部下属的科技创新人员共计 82471 名，其中女性43709 人，受过高等教育的 50340 人，研究员 3853 人，具有国家科学等级委员会注册资格和等级评定的科研人员 14601 名。[①]

新自由主义全球化加剧了古巴经济危机，并造成了食品短缺、环境恶化、气候条件反常、能源和水资源紧缺等现实困境。这些现实条件迫使古巴不得不采取基于知识、技术、管理和人力资源的发展战略，科技创新成为古巴变革重要的先决条件。2019 年 6 月，古巴国务委员会主席迪亚斯 - 卡内尔在视察卡马圭省气象中心和古巴国家雷达中心时指示，古巴的科技部门应增强自主研发能力，发展高新科技，巩固古巴的"科技主权"。[②] 知识生产和技术引进是古巴知识经济得到进一步发展的两个重要路径。2015 年，古巴科技活动总投入 6.224 亿比索，其中研发总投入 3.734 亿比索；科技活动年度总支出 4.979 亿比索，其中国家预算 2.738 亿比索，企业出资1.992 亿比索。2015 年，古巴科学技术系列出版物 182 种，纸质出版物 43种，电子出版物 113 种，双介质出版物 26 种，其中医学、农学、科技、人文社科类出版物数量位居前列。2015 年，全球共受理 185 项专利申请，授予了 68 项专利权，其中古巴受理了 26 项专利申请，授予了 6 项专利权。[③]进入 21 世纪以来，古巴在生物工程、药品制造和医疗器械等领域先后研发

---

①　徐世澄、贺钦编著《列国志·古巴》，社会科学文献出版社，2018，第 255 页。

②　Miozotis Fabelo Pinares, Díaz-Canel: Trabajar en Camagüey por la soberanía tecnológica, http://www.radiorebelde.cu/noticia/diaz-canel-trabajar-camaguey-por-soberania-tecnologica-20190613/.

③　徐世澄、贺钦编著《列国志·古巴》，社会科学文献出版社，2018，第 253～254 页。

了干扰素、链激酶、表皮生长素、乙脑疫苗、乙肝疫苗、PPG（降胆固醇药）、egf/r3（治皮肤肿瘤药）、生物参数监视仪、脑电图工作站及肌电图仪等新产品。这些药品和医疗器械对诊断或治疗肝炎、脑膜炎、肿瘤、艾滋病等有显著疗效。如今，古巴不仅向第三世界国家进行技术转移，甚至还向许多发达国家进行技术转移。

第六章　民生保障与社会治理

自革命胜利以来，古巴长期坚持全民免费教育、免费医疗，在社会人文领域取得了令人瞩目的成就，这与古巴注重公平正义的社会主义社会制度建设密不可分。古巴社会主义社会建设以社会保障制度为主线，由国家主导，具有保障统一、全面、充分等特点，是古巴实现长期稳定发展的重要基石。除建立健全古巴特色社会保障制度，住房问题、老龄化问题与环境治理问题是古巴政府长期关注和着力解决的三大民生问题。

第一节　住房问题的由来及对策

古巴革命前，由于住房建设不足，居民收入拮据，大部分民众无房可居或靠租房为生。

革命胜利后，古巴革命政权坚持住房是权利而非商品、住房平等、政府是主要决策者三项原则，出台了若干住房政策和法令，力图解决古巴居民住房难问题。然而封锁禁运下的短缺经济使古巴长期面临建材、人力、资本、技术等住房要素匮乏的问题，住房政策的有效调整仍取决于古巴宏观经济的改善和微观领域的创新。

一　古巴革命前的住房问题

20世纪上半叶，古巴城市人口激增，住房需求旺盛，主要集中在以哈瓦那为代表的少数几个大城市，有住房需求的城市人口约占古巴总人口的20%。据1953年住房调查，古巴城市人口住房水平不一，而城乡人口间也存在不小的住房差异。调查还显示，古巴 75.8% 的农村住房条件较差或有不同程度的破损，而城市住房也仅有 30% 的合格率，农村家庭用电覆盖率仅为 9.1%，而城市家庭用电覆盖率已达 87%。

资本主义的经济特性决定了革命胜利前古巴住房供给的两个主要特征，一是私有部门对住房建设的完全控制，二是住房租赁自由，后者在古巴革命前若干年略有调整。由于房产开发商和建筑商遵循利润最大化原则，古巴革命前的新建住房大多定位在富裕阶层消费的住宅和豪华公寓，或供中产阶级租住的边远住房及中心区域小户型住房。中低收入阶层的唯一选择就是搬入由殖民时期大面积旧房改造而成的小户住房。而缺乏稳定收入的底层民众只有自谋生路，利用废弃材料建造临时棚屋，在哈瓦那贫民窟这类棚屋随处可见。此外，3/5 的城市人口靠租房为生，哈瓦那 3/4 的家庭居住在出租房屋内。古巴革命前，由于房屋租住人口组织程度高，对政治选举十分重要，处于美帝国主义庇护下的古巴政府宣称，这一部分人口在理论上享有同美国大部分公民一样的住房权利和保护。然而，在大萧条时期，由于破产和租房违约现象频发，应房客联盟中央委员会的请求，古巴政府于 1933 年 9 月 30 日颁布了第 200 号法令，要求进一步强制清空住房。同年 12 月，确定了每日执行住房清空法令 10 套的要求。

不考虑社会利益、只关注利润回报的资本主义住房政策使古巴住房矛盾一再激化，住房问题成为古巴革命首要面对的重大挑战。1953 年 7 月 26 日，菲德尔在攻打蒙卡达兵营被捕受审时谈道："古巴住房悲剧十分严重。古巴有 20 万棚户住所，40 万城乡家庭拥挤在缺少基本卫生条件的住房内，220 万城市人口耗尽五分之一或三分之一的收入用于支付房租，200 万农村和城郊人口缺少家庭用电。如国家建议降低房租，房屋所有者就以停建住房为威胁，如国家不采取任何措施，即使还有人露宿街头，他们只要赚足利润就停建住房。铺设电网的电力垄断者也以追求高额利润为原则，毫不在乎人民是否居住在黑暗中，只要完成营利目标，他们就大功告成。如果国家袖手旁观，人民就会居无定所，无电可用。"革命胜利后，古巴政府在首个住房规划中提出，"革命政府将坚决把房租降低一半，免除所有房客向房东缴纳的税金，将出租房纳税额提高三倍，拆除所有危房，在原地新建现代化住房，新建住房以农村家庭享有各自小块地、城市家庭享有自住房和公寓为目标。确保古巴居民有足够的建材和人力建造体面的住房。如果坐等资本创造奇迹，恐怕千年之后问题依旧"。

二　革命胜利后古巴住房政策的历史演进

1959 年古巴革命胜利后，古巴政府试图通过《城市改革法》改变地主垄断住宅产权的局面，消除房屋的多元所有权，为租户提供低价购买住房的机会，并宣布由国家全面负责住房供给。此后，古巴政府颁布的多部住房法规及政策进一步强调了上述原则，并提出实现居民住房自有率 85% 的目标。长期以来，古巴法律禁止个人住房买卖，以抵御住房投机对社会主义原则的侵蚀。1990 年，苏联中止了对古援助，古巴经济危机进一步恶化，住房黑市急剧扩张。一些居民通过黑市房产交易获取暴利，另一些则试图通过家庭侨汇收入和涉外工作收入购买改善性住房。尽管古巴革命政府始终将住房问题作为保障公民权利的重要议题之一，但由于古巴特殊的国情和外部环境，古巴社会仍然出现了城乡及城市各阶层生活水平差距扩大、房租管控与高房租并存、法定居住权与住房条件普遍不佳等不利形势。

随着古巴社会主义实践的不断深入，古巴住房政策主要经历了以下三个演进阶段。

（一）1959～1963年，初步建立社会主义住房法律框架

革命胜利后的短短几周内，古巴政府就颁布了若干住房新政策。1959年 1 月 26 日颁布的第 26 号法令终结了古巴独裁政府时期房客驱逐条令，1959 年 4 月 7 日颁布的第 218 号法令、12 月 23 日颁布的第 691 号法令和1960 年 10 月 14 日颁布的第 892 号法令对住房价格和城市住房投机做出限制。1959 年 3 月 1 日颁布的第 153 号法令就城市房租下降 30%～50% 做出了明文规定。

1960 年 10 月 14 日，经过各方长期商议和讨论，古巴正式出台了《城市改革法》。该法被视作法律效力等同宪法的古巴革命基本法，为古巴产权

法和住房政策的制定奠定了重要基础。该法规定，所有出租房所有权转归承租者，房屋的前所有者将根据房屋修建年份及房租成本得到补偿支付，取消并禁止所有城市住房房产抵押税，废除房屋租赁的相关法律，禁止任何形式的个人房屋租赁，家庭房产数量不得超过一套主要住房和一套度假房。与此同时，古巴政府并未直接推行城市土地国有化政策，而是要求私有土地主以统一低价向有意建房的居民售卖土地。《城市改革法》的实施使一半城市居民实现了自有住房，许多住户还因此获得了长期免租租约。古巴政府还规定，1961 年后所有国家建设和分配住房允许以不超过居民家庭收入 10% 的租金出租给住户，待 5～20 年租金支付期满后住户将享有该住房的所有权。大部分原住房所有者获得了全额补偿，贫民窟房主没有获得政府的分文补偿。

（二）1963～1990 年，探索计划经济体制下的住房政策与实践

始于 20 世纪 60 年代初的美对古封锁阻碍了古巴实施《城市改革法》的节奏与效力。古巴政府在拆除棚户区的同时，也面临着新建住房供给短缺的困境。为促进住房增长，古巴政府鼓励居民通过自助或互助合作计划建造补充性住房。此外，政府还在农村地区启动了大规模新建住房计划，允许自建住房的业主申请贷款和建筑技术援助。即便在财政紧张的情况下，古巴政府依然竭力为居民提供最基本的服务。10 万户农村家庭获得了政府资助的厕所及水泥地板，数以千计的城镇低收入住户享受到电力等城市基础设施。

1970 年，在菲德尔·卡斯特罗的倡导下，一种具有人力资本特征的新住房供给形式——小队建房运动在古巴应运而生。该机制的主要特点是，在维持现有生产水平的基础上，由生产单位自组施工队建设职工住房，以实现单位内部的住房分配。1971～1975 年，小队建房运动的兴起扩大了古巴住房供给，尤其解决了工人无房可住的社会难题。

20 世纪 80 年代，古巴先后颁布了两部住房普通法，即 1984 年 12 月 31 日颁布的第 48 号法令和 1988 年 12 月 23 日颁布的第 65 号法令。1960 年颁布的《城市改革法》试图使国有住房承租者成为房主，而住房普通法则为

古巴住房政策引入了更大的灵活性。该法允许有限的短期私人住房租赁，鼓励自有住房建设并更新了住房监管、维护、驱逐及土地住房交易的相关法律。该法主要有两个目的，一是通过清理历史遗留问题，进一步明确房主身份，建立统一合法的住房所有权体系；二是划定住房日常维护的主要责任，单户住房居民对其自住单元负有维护责任，多户高层公寓由市政同居民委员会协商共管。与世界大部分国家住房占有形式决定居民在房屋运行、保养和维修方面的责任关系不同，古巴居民的住房维护权利及义务取决于建筑类型，法律对自建独户建筑和政府修建的多户建筑进行了区分。古巴国家住房研究院（INV）发布的第 4/93 号决议以及古巴国家住房研究院、自然规划研究院（IPF）、国家价格委员会于 1989 年 9 月 25 日联合发布的总决议，对多户建筑的运行、维修和养护等进行了补充说明，而住房普通法第 17～23 项条款对自建住房做出规定。此外，《城市改革法》废除了个人合同的法律有效性，而 1984 年颁布的住房普通法谨慎地肯定了这些合同，但住房清退保护的具体条件并未细化，合法登记合同的数量也微不足道。1988 年颁布的住房普通法极大地刺激了居民住房需求，但由于苏联援助的减少，古巴住房建设和维修出现了严重的资金不足。

　　古巴住房问题不仅受住房政策的影响，还与城市规划和土地政策密切相关。在土地私有的市场经济国家，土地价值可达市中心建筑总价值的 30%。革命胜利后，为遏制城市建筑用地的投机行为，革命政府颁布了一系列法律法规。1976 年宪法对产权和土地制度做出符合社会主义原则的修改；但对城市化进程中个人对空地的所有权和小农对城市住宅的所有权从未进行修改。由于限定了开发用地的低廉价格，地方政府重要的收入来源被切断。市政规划委员会负责城市规划和土地分类。为厘清城市空地的产权关系，革命前的产权登记制度仍在使用，且尚未实现彻底更新。住房普通法还规定居民可通过三种不同方式申请城市空地，用以自建住房：（1）个人空地的买卖或捐赠，一般指革命前通过遗产继承方式获取的空地；（2）为避免投机，出让国有土地的使用权，而非产权；（3）买卖和捐赠用于建房的平屋顶。革命政府根据城市化的不同程度，将土地划分为 800 多块建筑用地，但未在哈瓦那划定新的单户住房用地。

　　古巴住房政策与法规多以住房类型为依据，自建的独户建筑和政府修建的多户建筑在所有权、建设补贴等方面存在不少差异。住房普通法第17～23项条款专门对自建住房做出规定，自建住房获得建筑许可的过程比较复杂和曲折，且居民只能修建家庭住宅。具有自建住房资格的居民，可申请建材成本补贴。不论实际需求如何，所有受益人享有同等补贴。古巴住房补贴体系见图1。

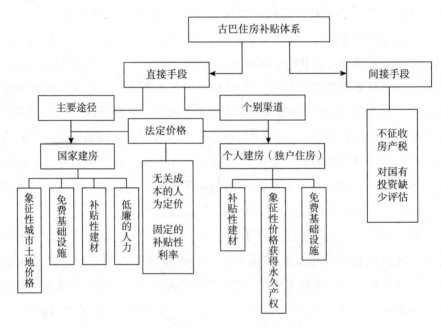

图1　古巴住房补贴体系

资料来源：Erich Trefftz, 50 Años de la Ley de Reforma Urbana en Cuba. en el Aniversario del Cambio de Paradigma, Revista invi NÂ°72/Agosto 2011/Volume 26：19 – 62，http://www. scielo. cl/scielo. php? pid = S0718 – 83582011000200002&script = sci_ arttext&tlng = en。

　　（三）1991年至今，苏东剧变后住房政策的调整与突破

　　20世纪90年代初，苏联解体使古巴经济遭受了GDP骤降35%的重挫。为避免政局动荡和经济崩溃，古巴政府试图通过开放旅游业，弥补苏联援助的损失。外资企业被允许同古巴政府合资经营房地产。1997年出台的新

法规允许古巴居民对外出租自有房屋的两个房间，但不得用于旅游等商业目的。此法旨在弥补住房租赁黑市使政府失去部分收入的损失。房租收入的税金被政府用于对现有住房的维护与修缮。由于该法废止了公寓买卖，外国居民仅被允许租住古巴住房。《城市改革法》取消了所有城市不动产抵押税。1999 年，司法部重新公布了废止的抵押法，对自建住房者不予发放抵押债券和消费信贷。对国有房产，可准予 10～20 年的抵押贷款，年利率为 2%（住户参与建房）或 3%。

古巴政府还通过直接管控和间接鼓励，对古巴城市化进程中的人口迁移进行了控制与引导。以首都哈瓦那为例，古巴革命前，哈瓦那吸收了 52% 的国内移民，而 1970～1981 年仅有 12% 的国内移民涌入哈瓦那。其间，哈瓦那人口年增长率为 0.7%，古巴 0.2 万～2 万人的小城镇人口年增长率为 3.4%，2 万～5 万人的城市人口年增长率为 2.3%。古巴通过推动全国范围内的农村城市化进程，同步建立了提供社会与消费服务的配套社区。为减轻城市移民压力，政府鼓励各地为国有农场工人、糖厂工人、农业合作社成员提供宜居政策和环境。尽管政府试图通过边缘地区的城镇化，缓解人口涌入大城市的压力，但哈瓦那住房短缺问题依然严峻。哈瓦那占地面积不足古巴领土的 1%，但古巴 20% 的人口即约 220 万人聚居在此。20世纪 50 年代的一份官方数据显示，每年有 2 万～2.5 万人移居哈瓦那，1959 年革命胜利后，这一数字上升到 4.3 万。20 世纪 90 年代经济危机时期，农村涌入城市移民潮有增无减。1996 年，移居哈瓦那的人数为 5.5 万。人口增长导致哈瓦那一些街区的人口密度高达每平方公里 4.7 万人，城市基础设施不堪重负。1997 年，政府颁布了限制向哈瓦那移居的法律，公民移居哈瓦那须获法律批准。这部法律也适用于已移居哈瓦那但没有正式注册的公民。因此，凡有移居哈瓦那意愿的公民或害怕遣返的哈瓦那临时居民都须申请合法居住资格。

进入 21 世纪后，古巴政府启动了鼓励个人建房的住房发展新战略，即政府为相关居民提供信贷、补贴和其他有利条件用以支持个人建房，而无须国有企业的介入。2011 年召开的古共六大正式放开了居民个人住房买卖的禁令，并颁布了多项促进古巴住房建设和分配的措施。

三 古巴住房实践：生产、分配与消费

在计划经济体制下，古巴住房实践形成了以国家为主导、集体和个人适度参与的特点。古巴政府坚持住房平等，力图通过国家建设与分配解决古巴居民住房难问题。美对古经济封锁，使古巴住房实践始终难以摆脱建筑材料短缺、建设资金匮乏的制约，从而进一步加剧了古巴住房供给与居民现实需求间的矛盾。为缓解住房紧张，古巴政府开始谨慎探索集体、个人及外资参与下的住房供给模式。与此同时，住房黑市的出现迫使古巴政府不得不调整原有的住房政策和住房体系，居民住房消费面临新的格局与变化。

（一）古巴住房生产

革命胜利后，古巴住房生产以国家建设为主，在不同历史时期还出现了小队建房运动、合作社及社区住房建设、合资企业参与住房开发等建设形式。从1959年到1993年，古巴依靠国家、集体和个人力量共建造130万套住宅，优质房源或达平均水平的住房占比从53%升至83%。尽管古巴住房建设远未获得全局性胜利，但古巴住房存量总体保持增长，从而极大地缓解了古巴居民住房拥挤的现象，提升了居民的住房水平（见图2）。①

1. 国家住房建设

古巴革命胜利后的住房再分配政策使许多居民实现了住房条件的改善。革命初期，政府对富人阶层出逃时遗弃的优质住所在贫民中进行了再分配，但这一福利由于缺少住房维护材料及经费，艰难为继。此外，城市（尤其是哈瓦那）棚户区改造是政府解决住房问题的又一大举措，33个城市棚户区被4700套新建住房取代，另有6000套住房被纳入哈瓦那新区规划。古巴建设部负责统一部署建设计划，力图通过更加标准化和规模化的住房建设，消除城乡住房差距。

---

① Mario Coyula, "Housing in Cuba". A shortened version was published as "Housing in Cuba. Part II" in Designer/Builder, Santa Fe, NM. November 2000.

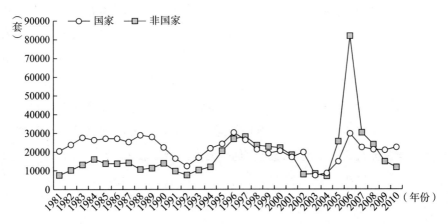

图 2　1981～2010 年国家及非国家建设部门建房数量变化

资料来源：Oficina Nacional de Estadísticas. Anuario Estadístico de Cuba. La Habana, Omar Everleny Pérez Villanueva, La Construcción de Vivienda en Cuba. Antecedentes y Situación actual, http://www.american.edu/clals/upload/Villanueva _Salud_Cuba.pdf。

20 世纪 60 年代早期，政府在 150 个新建村镇修建了 2.6 万套住所，其中有不少仿照外国风格修建的高层公寓，但村镇基础设施建设未能及时跟进。这一住房类型被应用于城市社区时遭到了许多古巴市民的反对，他们认为在低楼层、高密度的社区修建高层公寓有碍邻里交往。20 世纪 60 年代末，为实现每年新建住房 10 万套的目标，古巴政府掀起了住房开发和预制技术工业化运动，大力投产预制建材工厂。古巴政府认为，工业化同科技革命和社会主义计划原则具有意识形态上的契合，推进建筑行业工业化可加快住房建设，减少人力投入，节约资源成本。与此同时，古巴举国参与糖产量 1000 万吨的生产运动，加之美对古禁运，此轮住房建设计划不得不由于物资短缺、协调不力等主客观原因而延迟。在许多新建社区，基础设施和服务难以达到令人接受的标准，下水、排污管线和装修建材的短缺及安装滞后十分常见。为此，政府采取了一系列更为严格的管控措施，如严禁在完工前启动新建项目、将完工程度置于工程质量评价体系之首、同期建设服务和基础设施等。

苏联解体后，由于资金匮乏，古巴新建住房数量骤减。几乎没有可用于生产建材的石油或其他能源，水泥和预制建材的生产陷入停滞，维修和翻新现有住房成为古巴住房领域的新热点。1982 年，古巴哈瓦那旧城区被联合国教科文组织列为世界文化遗产。该区域内的许多建筑及哈瓦那全市范围内 37.5 万套住所条件简陋，甚至因年久失修而倒塌。为促进哈瓦那老城区及哈瓦那全市的旅游业发展，古巴政府斥资维护和翻修现有住房，其中不少住房维修基金来自旅游项目的运作和营收。古巴政府授权哈瓦那城市历史学家办公室，负责管理近 2 亿美元的旅游业收入，用于该地区的住房维护工程。为减少维修工程对居民正常生活的影响，政府通常会在开工前将居民暂时安置在原街区附近，完工后居民可再次回到原住所居住。由于哈瓦那商业中心的兴起，也有不少居民选择迁离哈瓦那。1996～2000 年，政府计划新建 40 万套住房（25 万套新建住房和 15 万套翻新住房）的目标未能实现，仅新建了 14.1 万套住房，另有 25 万套住房得到了修护，其中一半来自居民个人的努力。

2. 非正规住房建设

尽管古巴政府竭力通过计划手段满足古巴住房需求，但古巴住房问题的解决在很大程度上归功于非正规住房建设部门的存在与发展。

（1）小队住房建设。

据 1984 年古巴住房研讨会的一份报告，自 1959 年以来，古巴 2/3 的新建住房属居民自建住房，其中政府推广的小队住房建设在满足居民个人住房需求方面贡献巨大。作为非正规住房建设的主力军，小队住房建设兴起于 20 世纪 70 年代初，后几经沉浮，于 20 世纪 80 年代中期再次流行。建设小队 60% 的新建住房分配给了本单位职工，另有 40% 的住房分配给了没有建设小队的单位员工及危房居民。社区成员通过工人会议自主分配自建住房。稳定的收入、改善住房的机会和可控的邻里关系，使古巴居民逐步接受了小队建房这种艰苦却有着固定工作时间的体力劳动。古巴居民通过参与建房小队建设、维修和翻新住房等活动，掌握了更多房屋维护的知识和技能。

1975 年前后，由于建筑材料短缺，一度扩张的小队住房建设遭遇瓶颈。

1978 年，鉴于小队建设住房较国家建设住房质量差、成本高，政府决定逐步淘汰这一类型的房屋。一方面，小队住房建设者流动性高，缺少必要的培训和经验；另一方面，由于劳动密集型的传统作业方式和止于半成品的建筑标准，小队建设生产力较低。

1986 年，因城市住房需求增长、建筑劳动力短缺、工厂生产力下降和集体住房分配政策的推行，小队住房建设再次兴起。一方面，政府建设部门未能有效推进住房生产；另一方面，许多生产单位出现了人员冗余的现象，志愿工作日益缩减。为控制不断上涨的就业成本、全面提高生产力和效率，政府决定鼓励生产单位在保留工人岗位和职级的同时，组织一部分冗余劳动力组建临时建设小队，由中央政府拨付工资，以实现同等工资总量下的更高生产力。此外，1987 年还出现了吸纳基层社区志愿者的社会建设小队，该运动旨在利用当地建材和传统建筑技术对社区内未完工的住房进行修缮。由于预制建筑材料越来越难以获取，社会建设小队项目逐渐赢得了更多的关注和资源。

（2）社区建房组织。

以"全面改变邻里关系工作室"（Comprehensive Workshops for Neighborhood Change）为代表的古巴社区建房组织，通过探索社区建房途径，积累了不少社会建房经验。1988 年，"全面改变邻里关系工作室"首批 3 个机构成立，随后扩展至服务 50 万居民的 20 个工作室。这些工作室由建筑师、社会学家、工程师、社会工作者等领域的专业队伍组成，在对社区住房、商业、人力资源等进行综合评估后，提出符合工作室目标的住房开发计划。工作室的宗旨包括改善社区住房条件、发展地区经济、促进儿童及青少年教育、塑造邻里认同。工作室以不迁移社区当前人口为原则，立足通过旅游业收入或古巴及国际非政府组织捐助等方式自筹经费以改善住房条件。为更加有效地利用有限的资源和资金，工作室提倡建筑材料循环使用，利用传统建筑技术修建住房以减少对预制建材的使用。

非政府组织是古巴社区建房的又一重要力量。"安居古巴"（Habitat-Cuba）是古巴住房非政府组织中最具代表性的组织之一。该组织通过与地方政府签署协议，在古巴六个省启动了住房建设计划。来自挪威、德国、法国、意大利、加拿大甚至美国等国的国际机构为其提供资助，但仅限于对建筑材料的资助。"安居古巴"通过课程培训的方式，如讲解"泥土住房建设"及"参与式设计方法"等，偿付员工及管理人员。自 1995 年以来，该机构"社区建筑师"项目培训的 500 名本地"建筑师"（大部分为女性）开始为社区居民提供改善和翻新住房的咨询服务。本地"建筑师"通过与社区家庭的多次沟通，拟订住房改造计划。"安居古巴"还致力于帮助社区居民寻找本地的替代性建筑材料，如泥土和竹子。由于进口建材价格昂贵，古巴本土又缺少木质建材，对农村低收入家庭而言，竹子成为家具制造和小规模住房建设的可行选择。

（3）私有部门住房建设。

私有部门从事住房建设是古巴住房建设史上最晚出现和现有规模最小的一个渠道。面对耗资巨大的旧房改造工程，古巴政府开始谨慎探索与私有资本的合作。1994 年，古巴向外国资本开放房地产投资，以应对国内资本匮乏。尽管古巴政府一度计划解除外国居民在古购房限制，但 2000 年 5 月颁布的法规仍仅允许外国人租住当地住房。据古巴官方统计，2000 年古巴新成立了三家古外合资房地产公司，19 个合资住房项目获批，102 个待批，当年仅有 1 个合资住房项目完工并交付使用。古巴房地产外资主要来自西班牙、意大利、加拿大、卢森堡、法国、以色列、摩纳哥和英国等，其开发的房产项目多为豪华公寓和酒店，难以惠及古巴普通民众。

尽管古巴政府先后出台了一系列招商引资的优惠政策，但一些累积性矛盾导致投资者很难在私营房产开发上有所作为。首先，古巴缺少房地产开发的相关法律和抵押贷款制度。由于缺少相关法律保护，许多开发商知难而退，从而使古巴政府陷入有限的住房供给选择，难以启动专业的大型房产项目。其次，古巴政府政策的不确定性增加了开发商的决策成本，使投资者信心不足。再次，古巴政府仅提供城市土地作为合资条件，投资者对土地市场的评估无据可依。最后，由于古巴政府控制市场准入，只有大型住房项目才有望获批，从而限制了中小开发商的投资机会，而在人口密度较大的哈瓦那等城市，开发小型住房项目更符合现实需求。

（二）古巴住房融资与分配

古巴坚持社会主义计划经济体制，因而否定了市场在住房分配中的基础性作用。古巴实行相对独立的住房融资和分配体系，以确保更加公平的住房分配。由于住房体系单一，古巴85%的住房自有率远超其他发达国家。

1. 古巴住房融资

古巴公共政策对居民贷款规定了严格而又复杂的审批程序。1960年颁布的《城市改革法》规定了一系列住房支付方式。其一，20多万户家庭在革命胜利后可通过5年至20年不等的分期付款方式购买其租住的房屋，从而成为住房所有者。其二，部分承租人还可以不超过收入10%的租金租住政府住房。租金的有效浮动范围为3%～7%，但事实上当承租人收入增加或其他家庭成员参加工作后，政府住房租金极少上涨。其三，给予租户或新村镇居民免租待遇，甚至从20世纪70年代开始彻底免除低收入家庭的租金。此外，空地价格仅为每平方米4美元。部分居民认为，由家庭收入决定住房租住成本的做法看似平等，实则造成了居民不平等待遇的制度化，应予以反对，例如许多家庭为面积小、地段偏的住房支付了高额租金，而另一些家庭则花费较少的租金租到了面积大和地段好的住房。此外，由于古巴住房政策对贷款人和房主界定不清，只有房主才可购买、出售和赠与房产的规定也曾遭受异议。通常，建房决策主要取决于工作单位是否有建房小队、当地是否有自建住房用地等。

1984年颁布的住房普通法规定，新建住房融资体系应以住房价值为基础。房屋价值与住所的地理位置、土地价值、建筑类型和面积相关，但均低于公开市场价格的一半。在哈瓦那，一套普通公寓的价格为4500～10500比索。政府通过古巴国民银行向居民提供个人住房贷款（非抵押贷款），用于居民购买新住所或自建住房的建设及维护。贷款不可用于购买现有住房、私有土地和房屋交易。居民如无力负担贷款计划，可自行延长贷款期限，或将月供降至收入的20%。1984年的法律还允许银行发放低利率贷款以支付建材、土地、建筑技术援助、设备租赁、劳动力支出等建设成本。居民贷款无须首付，无须财产担保，贷款偿还率为97%～99%，主要贷款类型见表1。

表1　居民住房主要贷款类型

	利率	贷款年限
独栋公寓或无电梯公寓	3%	15 年
高层公寓	2%	20 年
山区农村合作社	2%	25 年
其他农村合作社	3%	30 年
自建住房	3%	10 年

资料来源：Mario Coyula, "Housing in Cuba". A shortened version was published as "Housing in Cuba. Part Ⅱ" in Designer/Builder, Santa Fe, NM. November 2000。

外资方面，古巴主要通过国际渠道实现融资，所有外资金融业务都需经古巴国民银行批准。古巴政府在必要时，须同外资合作争取国际融资，以满足其50%的股权要求。

2. 古巴住房分配

古巴住房分配遵循社会价值先于市场价值的原则。自1959年古巴革命胜利后，政府试图通过住房分配实现"为每个家庭提供一套宜居住房"的社会目标。在对没收房产的再分配过程中，革命政权根据家庭居住条件而非收入确定住房分配方式。惊人的住房需求迫使古巴政府陷入持续追求住房存量的状态。20世纪60年代，古巴住房供给有所增加，但仍难以满足住房需求的增长。为应对供需失衡，政府号召工会担负起成员住房分配的工作。因此，小队建房及其他紧缺消费品均采取了国家和集体分配相结合的办法。

20世纪70年代中后期，政府开始改变仅以需求为导向的住房分配原则，转而根据工作业绩和社会贡献来决定分配秩序。1971～1985年，40%的国家建设住房通过这一方式实现了分配。农村新建住房分配给了农民和领工资的农村工人。只有在新兴工业区或不发达社区，住房分配才向管理人员、技术工人和专业技术人才倾斜。由于缺少限制人口流动和工资差距的手段，政府试图通过住房分配方式的调整平衡地区发展。

国家住房建设部门包括十个不同建筑单位，如内政部、革命武装力量部、糖业部、农业部及其他子单位等。还有一些为特殊人群设立的住房计划，如为内政部、革命武装力量部人员及为援外医生回国修建住房等。这些住房计划的实施既解决了部门居民住房问题，又在一定程度上造成了居民住房水平的分化。

（三）古巴住房消费

古巴政府对住房市场的严格控制催生了古巴住房黑市。引入外资后，居民对黑市交易的需求有所减少，古巴住房市场私营部门的作用得以增强。

住房黑市的存在在很大程度上是因为1984年住房普通法颁布前的各项住房管控措施难以适应经济社会现实的变化。例如，个人土地和住房买卖仅在有限条件下合法；住房交易须获政府批准，政府拥有购买法定低价住房的首选权；国家批准的个人交易不得超过法定价格，但事实上，以自由市场价格成交的违法交易十分普遍，许多房主的土地没有合法名分。1984年的住房普通法引入了一些重要变化，允许以自由市场价格成交房产，此前的大部分非法交易被合法化。作为控制土地使用的措施之一，法律保留了政府的优先取舍权，但事实证明这项政策极不明智。一年内无序扩张的房产投机迫使政府出台新规定，除亲属间的产权转让，所有出售房屋均须直接卖给国家。新交易限制使许多古巴居民选择交换而非售卖住房。居民可申请个人住房贷款而非抵押贷款，以保留房产所有权。

此外，古巴不存在合法的房产中介，这一私营部门的存在和发展尚属非法。许多古巴居民放弃无货币交换的合法房产转让，聚集在非正规市场交流房产供求信息，或雇用非法房产中介处理土地交易。政府主管市场也开始介入住房置换活动。住房买卖只能以国家规定的价格成交，政府保留优先购房权。住房置换一般以一换一，也可一套换两套更为便宜的住房。土地或平屋顶建房权可从个人手中以自由市场价格买到，国有土地永久开发权可以法定低价购买。由于国家定价，住房黑市的房产交易价格被炒到法定价格的两到三倍。美元合法化期间住房黑市进一步膨胀。有美元工作收入或侨汇收入的古巴居民具有超额购买力，但法定市场限制了他们的购买力。在认识到问题的严重性后，政府没收私人房产、惩处非法房产交易的力度有所加大。古巴官方对此的解释是非法房产交易让人变得贪婪。更有古巴官员认为，金钱一旦成为国家财富分配的决定因素，古巴定会出现社会阶级分化，古巴官方决不允许出现这样的情形。2000 年，古巴颁布的第 211 号法令赋予住房管理部门没收房产和新建或重建住房的审批权。根据古巴共产党党报《格拉玛报》的报道，2000 年，古巴共有 1400 套住房被没收，处理了 548 起非法占房案件，房产犯罪罚款达 150 万美元。

自建或自己维修住房可在政府授权的特定机构，以补贴价格购买建筑材料。但由于供给数量和种类有限，建材普遍短缺，难以满足施工进度要求。由此产生了建材黑市及使用外汇的五金店，由于征税高，价格往往可达指定建材的 10 ~ 50 倍。黑市以外汇市场价格结构为参考，主要受供求关系尤其是各地的消费特点和传统影响。一些黑市靠倒卖稀有铅皮捞取投机收益，另一些则靠回收城市建筑废墟中的钢材或替代砂赚取收益。此外，政府授权的本地生产者提供石料、砖瓦和马赛克等建材，大部分生产者是合作社成员。国家建设的多户住宅，投资商和企业主要依靠国家计划经济分配的建筑材料。根据投资商的法律地位，可直接从本地生产者手中购买建材，如有外汇也可从外国代理商处购买进口建材。建筑成本由国家建筑价格目录统一规定，其偶尔更新，成本包括人力和设备成本。规定的劳动力价格以国家工资为基础，但工资不足且不能反映真正的成本。没有自建能力的住户须雇用个体建筑工人。其中一些个体建筑工人没有经营许可，而有经营许可的工人须按月上税。除外汇商店，这些承包商无法获得投资品和建材，只能求助于黑市。此外，没有合作社维护个体建筑工人的利益，以保证其最低生活标准。

四 古巴住房问题的现状与挑战

古巴革命胜利两年后，古巴领导人菲德尔·卡斯特罗即宣布了一项充分体现古巴民族英雄何塞·马蒂思想精髓的小产权政策——"使每个承租人成为房主"。随后，古巴革命政权出台的多项住房政策和法令，无不表明古巴社会主义力图改善居民住房条件的决心。然而特殊的制度和国情决定了古巴革命政权在解决住房问题上远非坦途，追求公平正义的革命理想主义仍需观照复杂而又多变的社会现实。

进入21世纪以来，作为加勒比岛国的古巴饱受自然灾害之苦，国民经济受到严重拖累，成千上万的居民住房在近十年间频繁耗损。据古巴国家住房研究所统计，截至2013年，古巴300多万户家庭中仅有61%的家庭住房状况良好，其余住房情况一般或不理想。①由于大量资源被用于飓风灾后重建，一些国家住房建设计划无从推进。为满足民众迫切的住房需求，政府启动了鼓励个人建房的住房发展新战略，即政府为相关居民提供信贷、补贴和其他有利条件用以支持个人建房，而无须国有企业的介入。

（一）古巴住房问题面临的挑战

革命胜利后，古巴政府始终将住房问题视作实现社会主义的重要方面，但在因教育、医疗而享誉世界的古巴社会政策体系中难以找到解决住房问题的有力措施。封锁禁运下的短缺经济使古巴长期面临建材、人力、资本、技术等住房要素的匮乏，而住房政策的有效调整仍取决于古巴宏观经济的改善和微观领域的创新。

以住房维护为例，古巴居民面临的具体问题如下。

（1）没有出售建房和装修建材的市场。只能通过黑市获取没有许可证的建材。

（2）没有可以自由雇用的正规装修和建设队伍，既没有合作社也没有监管个体手工业者的行业协会。古巴居民不得不承受黑市的负面因素。

（3）没有用于住宅建设和装修的信贷和补贴，除哈瓦那城市历史学家办公室管理的历史中心发放过补贴。

（4）对于多户住宅，至今仍没有制定符合古巴国情的所有权法律。也

---

① 　Daniel Urbino，El desafío de la vivienda en Cuba，*Economía*，*Opinión*，*Sociedad*，el 2 julio 2013，http://www.cubadebate.cu/opinion/2013/07/02/el-desafio-de-la-vivienda-en-cuba/.

没有多户建筑的管理委员会来确认个体的法人资格，因此无法开立银行账户，申请贷款。

（5）禁止住房买卖的政策无法满足新的形势，由于资金短缺或住户变更，住房消费呈下降趋势。

在现有条件下，政府如何建立与运作大规模住房建设维修基金、如何有效地利用与分配住房补贴，将对古巴居民的住房改善目标产生直接影响。

（二）古巴经济模式更新与住房问题的对策

2010年3月至6月，近百位专家通过问卷调查的方式对古巴住房问题及对策进行了讨论。问卷从住房占有方式、城市土地、住房生产与分配、住房融资与补贴四个方面对解决古巴住房问题的可行性措施进行了梳理和优选。表2至表5为优选后的措施排序。

表2　住房占有相关措施

住房占有相关措施
制定住房合作社法
制定相关法律以明确共同居住的权利和义务，加强对多户建筑的管理和维护
当住房价格出现失衡，允许置换和补偿
发展租赁及合作社等其他形式的住房占有形式
取消个人住房买卖的限制
取消只能拥有一套产权房的限制

表3　城市收入相关措施

城市收入相关措施
允许向个人出售城市土地及屋顶平台
承认不同功能区土地价格的差异
将公寓建筑的房屋产权同城市土地产权相联系

表4　促进住房生产、分配和消费的相关措施

促进住房生产、分配和消费的相关措施
建立建筑装修材料及配件的公开市场
鼓励地方发展小工艺品合作社

186

续表

促进住房生产、分配和消费的相关措施
鼓励建立建筑合作社，并向其出售劳动工具
允许自行同建筑队或企业签订合同
向个体户颁发建筑行业经营许可证
批准个人建房
允许中小企业涉足建材行业
建立合作社或行业商会，监督和保障工程质量，维护个体建筑工人的权益
建立私营小型建筑装修企业
鼓励新的社会主体参与住房供给，如合作社和非营利性组织
建立维护消费者权益的组织

表5　金融、支付和补贴的相关措施

金融、支付和补贴的相关措施
发放房屋建筑和修护信贷
将住房补贴集中发放给有需求的人群
划定应急中心区，大力投入重建资金
鼓励建立合作社互助储蓄银行
设立多户建筑的管理和维护法人，负责银行账户的管理及融资
废除与实际价格无关的法定价格机制
将城市产权抵押作为融资渠道之一

资料来源：Erich Trefftz, 50 Años de la Ley de Reforma Urbana en Cuba. en el Aniversario del Cambio de Paradigma, Revista invi NÂ°72/Agosto 2011/Volume 26：19 – 62，http：//www. scielo. cl/scielo. php? pid = S0718 – 83582011000200002&script = sci_ arttext&tlng = en。

　　2010 年 10 月 8 日，古巴政府官方公报宣布，未来古巴政府将裁减国有部门冗员，扩大个体户就业，促进个体雇佣劳动，引入统一的个人所得税制度，灵活处理个人住房租赁。数周之后，古巴社会经济纲要草案公布。作为古共六大的准备性文件，纲要草案提出增强住房买卖和转让灵活性，促进非国有住房建设及无补贴建材销售。纲要草案强调，为衡量住房建设的真实成本，将加强住房建设短期价格研究，在建设部门采用新的组织方式，如合作社或个体劳动者，对多户建筑建设取消补贴，实行劳动正常化。

　　2011 年，伴随古共六大的召开，古巴进入了经济模式更新的历史新阶段。在古共六大颁布的《纲要》中，古巴共产党通过前期调研和全民讨论，最终确定了如下解决住房问题的政策纲要。

292. 优先关注住房维护工作，包括通过非国有管理形式解决居民住房问题，扩大建材市场。

293. 优先关注市区住房计划，确保各地生产建材所需的原料和技术。

294. 为改善农村生活条件，在关照农村特殊性的基础上，优先建设、维护和重建农村住房，以促进农业劳动力的充足和稳定。

295. 通过不同方式组织住房建设，包括依靠相当比例的个人及其他非国有途径。引进和推广新建筑材料和技术，节省原料、能源和劳动力，使居民便于利用和掌握。多户建筑根据专业技术难度，由住户分担维护费用，而非业主全部承担。

296. 建材行业应满足居民住房建设维修的需求。

297. 建立自然人间买卖住房及其他灵活的产权转让形式（交换、赠与及其他）。为满足居民住房需求，简化住房改建、装修、建设、出租及所有权转让手续。

298. 通过恢复行政和国有性质住房，增加居民住房资产，并通过发展房地产改善居民住房状况。

299. 对用于住房维护、装修和建设的建材销售实行无补贴价格。必要时在计划限制内，对部分或全部购买人实行补贴政策。

为贯彻落实《纲要》精神，古巴政府随后又颁布了多项实施细则。2011年12月，古巴政府通过了向个人提供8万古巴比索（约3300美元）建房补贴的决定。该政策规定，补贴无须返还，但须各方履行合约。资助金额的上限应符合一套带厨卫的25平方米住房的建筑标准。这笔补贴也可用于支付不超过总支出30%的劳动力报偿，5000~10000古巴比索的小额建筑补贴亦可获批。2013年6月，古巴部长会议委员会通过了7387决议，进一步加大和扩大了相关政策的支持力度和资助范围。新增5000古巴比索的运输补贴，对震区的建房补贴增至9000古巴比索。此外，国有不动产承租人或棚户居民也可申请资助，而此前仅住房所有者有申请资格；维修、建设25平方米住房单位或解决住房管道堵塞或泄漏问题的居民均可申请补贴。

决议还允许居民在外汇商店购买各种建材产品。此前仅允许在外汇商店购买水泥 P‒350，其余建材须在古巴比索市场购买。目前，洁具、油漆、管道、电气元件及墙纸等均能买到。建材买卖带动了零售业增长，2012 年增幅高达 46%，总金额超 6.5 亿比索。截至 2013 年 3 月，已有 33000 多人受益于该政策。2011 年，古巴放开个人住房买卖。古巴还鼓励生产创新，如与瑞士合作生产的环保水泥具有国际领先水平。

在坚持社会主义原则的基础上，古巴住房政策的演进并非线性发展。一方面，古巴经济、政治、人口等领域的变化极大地影响着古巴住房政策的演进；另一方面，古巴住房政策的调整也不断影响着古巴社会主义社会建设的实践。革命胜利初期，古巴住房政策旨在大规模开发标准化的居民住房，引进苏联的建筑技术，通过计划分配实现社会公平。当建材生产出现困难时，政府转而借助小队建房运动，推进居民住房建设。该方式由于供给不足、建材匮乏最终偃旗息鼓。当前，古巴政府试图通过志愿自助建房、正规计划建房和鼓励私营部门参与建房"三管齐下"，缓解住房供给不足。如何将住房决策权下放至地方机构是古巴政府面临的一大考验。权力下放意味着国家主导的新建住房模式逐步让位于依靠地方机构、基层志愿者及自建住房者的决策模式。在建材短缺时期，这种新模式的探索将有利于增强古巴住房问题解决的灵活性。古共六大公布的社会经济纲要为古巴住房问题的解决提供了战略规划和可行措施，但古巴住房问题能否彻底缓解仍将取决于此轮经济模式更新能否促进古巴宏观经济的可持续增长和古巴社会主义经济体制的完善与创新程度。

2017 年 5 月，根据古巴部长会议执行委员会第 8093 号决议，古巴房产法修订案正式生效，房屋受损及自建房屋居民可获得政府补贴。法案五处修订包括向自然人提供补贴、国有在建不动产项目转由私人续建完工、受灾房屋永久产权认定及合法化、国有及政府补贴建造房屋产权转让和房屋捐赠或买卖的计税问题。相关补贴每年至少发放两次，新法案对受资助者死亡或放弃古巴国籍等情况也提供了解决方案。2019 年 11 月，古巴国家主席迪亚斯‒卡内尔在调研古巴住房建设工作时指出，古巴房屋建筑应达到更优质、更舒适和更耐用的要求，对建材短缺、建设计划、住房审批、居住证办理和住房补贴等环节出现的问题应予以高度重视和妥善解决。2019年，古巴共完成4.3万多套房屋建设任务，比计划增加了1万套。2019年12月召开的部长会议通过了面向2036年的古巴《新城市议程》国家行动计划和古巴居民点用地规划等相关政策，这将有利于古巴政府进一步规范和落实住房政策。①

第二节　人口老龄化问题的应对

作为西半球唯一的社会主义国家，古巴的人类发展指数（HDI）长期位居发展中国家前列。截至2019年，古巴总人口为1130万，其中城市人口占人口总数的77%，15岁以上人口识字率达99.8%，居民平均受教育年限11.8年，人口预期寿命为79.8岁。② 与此同时，古巴也是最早面临人口老龄化问题的发展中国家之一。截至2007年底，古巴人口平均年龄已升至37岁，其中60岁以上的老龄人口为190万，占总人口的16.6%。③ 这一老龄人口比重堪比世界发达国家，人口生育率和死亡率的持续下降是造成古巴人口老龄化的主要原因。据古巴国家统计和信息办公室2009年报告预测，古巴人口老龄化趋势将不断加剧，到2025年古巴有可能成为拉美和加勒比地区人口老龄化最严重的国家之一。截至2019年，古巴65岁及以上人口为170万，老年人口抚养比（65岁及以上人口/15~64岁人口）为22.1%。④

2017年11月1日至12月15日，古巴共产党党报《格拉玛报》就古巴的

---

① Canal Caribe, Consejo de Ministros de Cuba analiza temas trascendentales, 27 diciembre, 2019, http://www.canalcaribe.ict.cu/consejo-de-ministros-de-cuba-analiza-temas-trascendentales/.

② UNDP, "Informe sobre Desarrollo Humano 2019: Cuba", http://hdr.undp.org/en/countries/profiles/CUB.

③ Juan Carlos Alfonso Fraga, "The Cuban, Population, Major Characteristics with a Special Focus on the Aging Population", qtd. in Al Campbell, *Cuban Economists on the Cuban Economy*, University Press of Florida, 2013, p.189.

④ UNDP, "Informe sobre Desarrollo Humano 2019: Cuba", http://hdr.undp.org/en/countries/profiles/CUB, 2020 - 02 - 01.

人口老龄化问题进行了调查。古巴国家统计和信息办公室下属的人口与发展研究中心（CEPDE）主任胡安·卡洛斯·弗拉加（Juan Carlos Fraga）博士认为，摸清古巴人口老龄化现状对古巴制定正确的人口发展战略至关重要。[①]

一　革命胜利后古巴人口发展的基本趋势与特征

革命胜利前，古巴人口增速已呈现出较世界人口平均增速相对滞后的发展趋势。20世纪60年代，随着古巴社会政策和社会保障制度的不断完善，古巴人口发展也呈现出前所未有的重要变化。自20世纪70年代以来，由于人口出生率和死亡率持续走低，古巴人口老龄化开始进入难以逆转的加速通道，且这一趋势在古巴不同社会阶层和地区都表现出惊人的相似。

（一）人口增长率从低增长趋于零增长

20世纪下半叶，几乎所有拉丁美洲和加勒比国家都出现了生育率与死亡率双降的趋势，而古巴在这一方面显得尤为突出。20世纪60年代，革命胜利后的古巴曾出现一小波婴儿潮。1965年，出于对女性生育权的尊重和保护，古巴开始实行堕胎合法化政策，77%的古巴育龄妇女采取了避孕措施。1978~2007年，古巴的生育率一直较低，人口出生率也处于地区最低水平。自1978年以来，古巴的总生育率（TFR）始终低于每名妇女生育两个孩子。2007年，古巴总生育率为每名妇女生育1.43个孩子。造成古巴生育率下降的主要原因是古巴妇女受教育程度和健康状况的极大改善提高了妇女外出工作的比例，促进了妇女社会权利的增加。根据古巴国家统计和信息办公室发布的2007年《古巴经济与社会全景报告》，古巴现有劳动力中的59.1%为女性，其中65.6%的女性从事职业性或技术性工作。[②]另一个导致生育率下降的重要原因是一些年轻夫妇由于居住条件有限，无法养育

[①] Cuba Carries out a Survey on Population Aging, http://www.juventudrebelde.cu/en/cuba/2017 – 11 – 06/cuba-carries-out-a-survey-on-population-aging.

[②] Juan Carlos Alfonso Fraga, "The Cuban, Population, Major Characteristics with a Special Focus on the Aging Population", qtd. in Al Campbell, *Cuban Economists on the Cuban Economy*, University Press of Florida, 2013, p. 189.

更多的孩子，而伴侣关系稳定性的下降也是导致古巴低生育率的又一潜在因素。[①]

各种社会人口指标表明，古巴比拉美其他国家提前 25 年进入人口低速增长阶段。1980～2009 年，古巴人口开始从低增长逐渐发展为零增长，人口增长率从 1980～1985 年的 8.1‰下降到 1990～1999 年的 5.5‰。1984 年古巴人口总数突破 1000 万，1996 年达到 1100 万人，2007 年增至 1123.679 万。自 2007 年以来，古巴人口总数略有起伏，但基本持平。1985 年，古巴 59 岁及以上人口占人口总数的比重为 11.3%，2007 年这一比重已升至 16.6%。[②]

在理论上，从出生率和死亡率的高增长阶段向低增长阶段的转变过程被称为人口转型。根据拉美和加勒比人口中心的定义，古巴因低生育率和低死亡率已进入这一进程的最后阶段，甚至有学者认为古巴已处于后转型时期。与其他发展中国家不同的是，古巴早在 20 世纪中叶便迈入了人口转型的初级阶段，并在 20 世纪末至 21 世纪初加速完成了这一人口转型的最后阶段。当前，古巴已成为全球人口下降最为严重的国家之一，也是世界上唯一处于人口转型末期的发展中国家。古巴在医疗卫生、教育及食品安全等领域的社会政策和全面的社会救助及保障体系是加速实现这一人口转型的重要因素。

（二）人类发展指数相对突出

尽管长期面临巨大的经济困难，但古巴优先发展卫生保健、教育、社会保障、公共安全等政策导向，使古巴人口构成和受教育程度等发生了许多类似于发达国家的转变。

据古巴国家统计和信息办公室的数据，2007 年古巴每 158 个居民就拥有 1 名家庭医生，每 1049 名居民拥有 1 名口腔医生。2007 年，古巴婴儿死亡率和 5 岁以下儿童死亡率分别为 5.3‰和 6.7‰，孕产妇死亡率为 31.1‰，

[①] Juan Carlos Alfonso Fraga, "The Cuban, Population, Major Characteristics with a Special Focus on the Aging Population", qtd. in Al Campbell, *Cuban Economists on the Cuban Economy*, University Press of Florida, 2013, p. 190.

[②] Rita Castiñeiras García, "Creating a Better Life: The Human Dimensions of the Cuban Economy", *Cuban Economists on the Cuban Economy*, University Press of Florida, 2013, p. 145.

为拉美地区最低。2005～2007年，古巴人口预期寿命为77.97岁。2006年，古巴小学净入学率为99.31%，小学一年级学生升入五年级的比重为98.5%。据2002年古巴人口与住房普查的结果，古巴14岁以上人口平均受教育年限为9.5年，就业人口平均受教育年限超过了11年。2006年，古巴74%的职业女性拥有高中以上文化水平，其中科技部门51.2%的从业者为女性。2007年，古巴失业率仅为1.8%。2006年，古巴1120万居民中的150万人享有社会保险福利。[①]

由于全民医疗和教育的持续推行，除人均收入外，古巴在人口预期寿命、预期受教育年限及平均受教育年限等人类发展指数上均领先于大部分拉美及发展中国家。据联合国2019年人类发展报告，古巴的人类发展指数在全球189个国家中位列第72名，人口预期寿命为78.7岁，预期受教育年限为14.4年，平均受教育年限为11.8年（见表6）。[②]

表6　2019年古巴及相关国家人类发展指数比较

国家	人类发展指数		人口预期寿命（岁）	预期受教育年限（年）	平均受教育年限（年）	人均国民总收入（美元）	
	排名	数值				排名	数值
古巴	72	0.778	78.7	14.4	11.8	115	7811
委内瑞拉	96	0.726	72.1	12.8	10.3	110	9070
巴西	79	0.761	75.7	15.4	7.8	81	14068
智利	42	0.847	80.0	16.5	10.4	59	21972
西班牙	25	0.893	83.4	17.9	9.8	33	35041
美国	15	0.920	78.9	16.3	13.4	11	56140
中国	85	0.758	76.7	13.9	7.9	72	16127

资料来源：UNDP, "2019 Human Development Index Ranking", http://hdr.undp.org/en/content/2019-human-development-index-ranking。

[①] Juan Carlos Alfonso Fraga, "The Cuban, Population, Major Characteristics with a Special Focus on the Aging Population", qtd. in Al Campbell, *Cuban Economists on the Cuban Economy*, University Press of Florida, 2013, p. 192.

[②] 参见 http://hdr.undp.org/en/content/2019-human-development-index-ranking。

值得关注的是，古巴是在人均国民总收入极其有限的条件下取得了上述社会发展成就，这足以表明古巴对社会政策的高度重视，而人口素质的提升成为古巴谋求社会经济持续发展的重要基础。

二 模式更新背景下的古巴人口老龄化问题

自劳尔·卡斯特罗主政古巴以来，古巴社会经济模式更新不断推进，内政外交均出现了不少积极变化，但各领域及各层面的更新挑战依然严峻。作为古巴制定国家社会经济中长期发展规划的重要依据，古巴人口老龄化问题关涉古巴经济、社会、文化及环境等方方面面，是古巴更新进程着力解决的重大问题之一。

根据 2012 年古巴人口与住房普查结果，古巴总人口呈直线下降趋势，60 岁及以上老年人口占全国总人口比重达 18%。此外，古巴育龄妇女生育率不断下降，人均育儿数量已不到 1 人。另据古巴国家统计和信息办公室统计，截至 2016 年底，古巴 60 岁及以上人口占人口总数的 19.7%，近 220 万名居民年龄超过 60 岁，而青少年占总人口比例正逐步下降，到 2030 年古巴60 岁及以上人口将超过人口总数的 25%。①因此，古巴六大《纲要》第 144条强调，古巴将加强人口老龄化问题的对策研究，以解决古巴社会日益老龄化带来的各种问题。

（一）古巴人口老龄化问题的由来与发展

一些专家认为，古巴人口老龄化的速度堪比西方发达国家。以欧洲为例，从工业革命、殖民统治到资本主义全球化时代，欧洲历经 200 多年的发展才达到今天人口老龄化的程度，而古巴在经济形势不利的情况下仅半个多世纪就步入了类似的老龄化阶段。古巴国家统计和信息办公室下属的人口与发展研究中心主任胡安博士认为，古巴人口老龄化是生命战胜死亡的结果，也是古巴革命社会进步的体现，没有必要感到害怕或否定这一趋势；古巴人口老龄化的重要原因之一是古巴人类发展指数高，但这并非经济增长或人均国内生

---

① 驻古巴经商参处：《古巴老龄化人口占比近 20%》，中华人民共和国商务部网站，http://cu. mofcom. gov. cn/article/jmxw/201708/20170802623890. shtml。

产总值所致，而是古巴医疗和教育成就的必然结果。①

自 1978 年以来，古巴一直没有出现新的代际更替，一些人口发展新趋势在古巴各地相继出现。1966 年，古巴共有 26.6 万婴儿出生，2017 年古巴育龄妇女的人数比 1966 年增加了 100 万，但新生婴儿却仅有 11.7 万。自 20 世纪 90 年代以来，古巴人口死亡率持续下降，老龄化趋势进一步加剧。2016 年，古巴新增居民 220 人。随着人口出生率的降低和预期寿命的增加，古巴 14 岁及以下人口持续减少，60 岁及以上人口不断增加。2007 年，古巴老龄人口占总人口的 16.2%（见表 7）。与此同时，古巴人口平均年龄上涨至 37.4 岁，古巴由此超过乌拉圭和阿根廷，成为拉丁美洲老龄化速度最快的国家。预计到 2025 年，古巴将成为拉美国家中老龄人口比重最高的国家，60 岁及以上人口占比将超过 26%；预计到 2050 年，古巴老年人口占总人口的比重将达到 36.2%，届时古巴将成为全世界人口老龄化程度最严重的国家之一。②

表 7　2007～2025 年古巴各年龄组占总人口比重变化趋势（含预测）

单位：%

年份	0～14 岁	15～59 岁	60 岁及以上
2007	18.4	65.4	16.2
2010	17.2	65.4	17.4
2015	15.7	64.8	19.5
2020	14.6	63.7	21.6
2025	14.2	59.7	26.1

资料来源：Juan Carlos Alfonso Fraga, "The Cuban, Population, Major Characteristics with a Special Focus on the Aging Population", qtd. in Al Campbell, *Cuban Economists on the Cuban Economy*, University Press of Florida, 2013, p.201。

2000 年，泛美卫生组织（PAHO）根据对拉美及加勒比地区 7 个首都或

---

① Yenia Silva Correa, *Why is Cuba's Population Aging*?, May 31, 2017, http://en. granma. cu/cuba/2017 - 05 - 31/why-is-cubas-population-aging.

② Yenia Silva Correa, *Why is Cuba's Population Aging*?, May 31, 2017, http://en. granma. cu/cuba/2017 - 05 - 31/why-is-cubas-population-aging.

主要城市的调研情况发布了《卫生、福利和老龄化》研究报告。作为古巴 20% 老龄人口的居住地，哈瓦那是该报告调研的目标城市之一。根据该报告，42% 的受访家庭中至少有一位老年人，其中女性占比 59.1%，男性占比 40.9%，平均年龄为 70 岁。由于老年男性较女性死亡率偏高，古巴老年人口的男女性别比为 1000∶1443。9% 的受访老人母亲健在，3% 的受访老人父亲健在。44% 的受访老人接受过中等或大学教育。56% 的受访老人信仰某种宗教，44% 的老人无宗教信仰，信教比例与年龄正相关，75 岁以上群体信教比重最高。21% 的受访老人仍在工作，且基本服务于正规劳动部门。93.3% 的受访老人有一定收入，76.3% 的老人领取退休金，26.3% 的老人得到国内家庭的资助，20.1% 的老人领取工资，15.2% 的老人有侨汇收入。[1]

根据古巴 60 岁及以上人口占总人口的比重，2017 年古巴人口老龄化程度最高的 3 个省为维亚克拉拉省（23.4%）、哈瓦那省（21.3%）和圣斯皮里图斯省（21.2%）。在市（区）一级，老龄化程度最低的为关塔那摩省的亚特拉斯（13.4%），老龄化程度最高的市（区）为哈瓦那省的革命广场区（27.6%）。[2]此外，古巴 60 岁及以上独居人口多分布在城市，而农村 60 岁及以上独居男性数量显著增加。近年来，古巴移居海外的老龄人口也在不断增长。

随着时代的进步，古巴老年人也显现出不同于前辈的性格特征、知识经验、精神状态和生活诉求。2019 年，生于古巴革命胜利之年的一代人年满 60 岁。有专家认为，这是与众不同、受教育良好、更加坚定自信、更有参与感且越来越被需要的一代人。[3]

---

[1] Juan Carlos Alfonso Fraga, "The Cuban, Population, Major Characteristics with a Special Focus on the Aging Population", qtd. in Al Campbell, *Cuban Economists on the Cuban Economy*, University Press of Florida, 2013, p. 190.

[2] Centro de Estudios de Población y Desarrollo (CEPDE) de la Oficina Nacional de Estadística e Información (ONEI), "El Envejecimiento de la Población. Cuba y sus Territorios 2017", 2017, pp. 35 - 40. http://www. onei. cu/publicaciones/cepde/envejecimiento/envejecimiento2017. pdf.

[3] Yenia Silva Correa, *Why is Cuba's Population Aging?*, May 31, 2017. http://en. granma. cu/cuba/2017 - 05 - 31/why-is-cubas-population-aging.

（二）古巴人口老龄化进程产生的社会经济影响

随着人口老龄化趋势的加剧，古巴家庭、社会与国家层面均发生了许多显著变化，老龄社会成为古巴党和政府推进模式更新的重要现实依据。

1. 关怀老年人成为古巴家庭重要的日常投入

在古巴人口转型的过程中，受物质条件、教育水平及家庭成员角色变化的影响，古巴家庭结构与家庭关系发生了许多重要变化。其中，一个最显著的共识是——越来越多的古巴人把照顾老年人视为一种家庭责任。根据古巴官方的调查数据，40%的古巴家庭至少有一位60岁及以上家庭成员，越来越多的老年人选择与年轻的家庭成员居住在一起，家庭里的晚辈会定期给予老年人精神与情感上的关怀，古巴社会甚至还出现了家庭成员因养老需求而互换居所的现象。除了给予老年人医疗及其他方面广泛的社会支持，从经济、时间和心理方面关怀老年人已成为古巴家庭重要的日常投入，尤其是家中有79岁以上老人的家庭。为避免照顾老年人成为新的家庭负担，对这些家庭给予相关的主题教育和社区帮扶十分必要。总之，无论家庭中是否有老年人共同居住，古巴家庭结构与功能的变化已成为影响老年人经济、身体及心理状态不容忽视的重要因素。

未来十年，出生于20世纪60年代古巴婴儿潮的一代人将步入老龄阶段。老年人口骤增将对古巴现有的家庭互助机制造成一定的冲击，因赡养负担加重而导致的代际失衡问题将削弱古巴家庭养老的基础，包括共享居所在内的代际转移将变得越来越困难。

2. 公共服务与社会保障体系面临需求缺口和支出压力

就宏观层面而言，应对人口老龄化的社会经济成本主要包括医疗费用成本、老年护理服务及设施成本和养老金成本。自20世纪90年代末以来，古巴先后设立了许多优先关照老年人的社会政策及项目，尤其在医疗卫生及社会保障等领域投入巨大。

以医疗卫生服务为例，老年人口高发病率的特点决定了医疗卫生系统须加大各类软硬件投入，以应对包括慢性及精神疾病在内的老年病。尤其是79岁以上的老龄人口，其人均医疗费用远远高于其他年龄组的平均支出，对医疗卫生服务的需求也更为紧迫和复杂。对老年公共服务的持续投入意味着政府可用于其他发展支出的公共财政及资源将相应减少。

因退休人口增长而导致社会保障成本上升是许多发达国家在人口转型末期所面临的重大挑战之一，古巴也面临着同样的考验。2009 年 1 月，古巴革命后第三个《社会保障法》正式生效。原有的 1979 年《社会保障法》虽体现了社会主义公平普惠原则，在和平时期"特殊阶段"也起到维稳作用，但在某些领域和环节存在过度保障和平均主义倾向。由于古巴所有退休人员均纳入了社保体系，包括养老金在内的社保支出使古巴国家财政不堪重负。新社保法根据古巴老龄化社会的现实，做出许多与时俱进的调整，例如充实了社保资金来源，调整了养老金计算方法，延长了退休年龄，扩大了社保及社会救济范围等。根据新社保法，古巴男女性退休年龄各延迟 5 年，即男性从 60 岁延迟到 65 岁，女性从 55 岁延迟到 60 岁，退休工龄要求从 25 年提高到 30 年。为减轻新社保法对新近退休人员的负面影响，古巴政府还将有关调整限期延长至 7 年。2019 年，古巴政府提高了各档位养老金领取数额，155 万古巴退休职工因此受益。其中，原档位 242 比索的月养老金增至每月 300 比索，270 比索的档位增至 320 比索，305 比索的档位增至 350 比索，340 比索的档位增至 385 比索，有的档位最多增至每月 500 比索。此外，古巴政府还简化了贫困人口的登记程序，加强了对弱势群体的保护，这些举措对经济困难的独居老人尤为重要。

3. 老年人口抚养比上升加重社会经济发展负担

人口抚养比指总人口中非劳动年龄人口数量与劳动年龄人口数量之比，反映了全社会劳动年龄人口负担非劳动年龄人口的程度。抚养比可分为总抚养比、少儿抚养比和老年抚养比。[1] 总抚养比为少儿抚养比与老年抚养比之和。若一国人口抚养比指标严重恶化，则意味着需要更多劳动人口的持续增长。对人均国内生产总值较高的发达国家而言，居民从经济上支持非劳动年龄群体后仍享有较高收入，但第三世界国家却不具备类似的社会经济基础。

---

① 一般对少儿年龄的界定为 0~14 岁，老年人口有 60 岁及以上或 65 岁及以上两个标准。

自 20 世纪 80 年代以来，古巴人口抚养比虽经历了一些波动，但基本保持稳定。古巴学者按 16 岁及以下、17～59 岁男性和 17～54 岁女性、60 岁及以上男性和 55 岁及以上女性将古巴人口划分为前劳动年龄组、劳动年龄组及后劳动年龄组。1985～2007 年，古巴前劳动年龄组人口下降了约 74.1 万，劳动年龄组人口增加了约 100 万，而后劳动年龄组人口增加了约 83.2 万。[1] 这一数据既反映出古巴人口老龄化的显著趋势，更揭示了近 30 年来古巴人口抚养比基本持平的原因。然而，随着少儿人口的持续减少和老年人口的急剧增长，这种平衡势必被不断加剧的人口老龄化趋势打破。

非劳动年龄群体的相对增加将导致人口抚养比上升，从而加重社会负担，制约经济发展。无论是通过公共还是个人渠道，这都意味着更少的人口将照顾更多的人口，越来越多的非劳动年龄人口需要从越来越少的劳动年龄人口身上获取正式或非正式的代际转移。而人口老龄化对劳动力资源的影响不仅体现在劳动人口占比的下降上，更意味着劳动人口基数将陷入从缓慢增长到绝对数量下降的不利局面。自 20 世纪 80 年代以来，古巴劳动年龄人口数量增长了 17%，但自 2016 年以来这一数据基本停止了增长。2018 年，古巴劳动年龄人口为 710 万，预计到 2030 年古巴劳动年龄人口将降至 640 万，而人口总规模将不再增长。[2] 由于古巴不断提升教育水平、升级劳动技能，年长的劳动者一般具有更高的技术水平，这在一定程度上抵消了因劳动力数量减少而产生的负面效应，但也导致了劳动人口平均年龄上升的趋势。2007 年，古巴劳动人口平均年龄为 37.8 岁，预计到 2025 年将增长至 41.7 岁。[3]

---

[1]　Juan Carlos Alfonso Fraga, "The Cuban Population: Major Characteristics with a Special Focus on the Aging Population", qtd. in *Cuban Economists on the Cuban Economy*, University Press of Florida, 2013, p. 196.

[2]　Economist Intelligence Unit, *Country Report Cuba*, June 10, 2019, p. 29, http://country.eiu.com/cuba.

[3]　Juan Carlos Alfonso Fraga, "The Cuban Population: Major Characteristics with a Special Focus on the Aging Population", qtd. in *Cuban Economists on the Cuban Economy*, University Press of Florida, 2013, p. 202.

三 古巴应对人口老龄化问题的举措

自 20 世纪 70 年代起,古巴便推出"老年人综合医疗保健计划"等针对老龄社会的医疗和社保政策,制订了社区扶助计划、医护培训计划、老年学跨学科研究计划、老年生活服务计划等。为高效推进老年服务工作,古巴还设立了老龄化专业委员会,通过结合古巴社会经济发展的实际,制定全方位和可持续的老龄社会发展政策。此外,古巴还试图通过建立健全国民教育体系、生态文化体系、法律保护体系和监测研究体系等,开辟老龄工作信息化和集成化的新思路。[①]

在人口老龄化的背景下,古巴家庭规模越来越小,必须动员相应的国家和社会部门,以分担家庭养老负担。古巴政府为此建立了旨在鼓励老年人社会参与的老年社区中心和老年之家。此外,老年大学是古巴开展老龄人口教育的另一重要社会场所。2000 年 2 月 14 日,古巴第一所老年大学在哈瓦那大学成立。

(一)加快构建服务老年人的专项医疗和社会保障计划

老龄化问题是关涉古巴各部门、各行业未来发展的全局性、系统性问题。古巴所有社会政策和项目几乎都与人口老龄化问题的应对和解决有不同程度的关联。当前,古巴出台老龄化政策和项目不得不面临的现实问题是,如何在传统社会政策框架内寻求新的政策空间。古巴正试图通过优化养老机构设施、加大养老医学研究力度、培养老年医学专家和增加专业医护人员等方式全力应对迫在眉睫的老龄化进程。古巴政府还试图培养具有老年病学、老年心理学和社工知识的专门人才,促进医学、心理学、社会学、经济学及人口统计学等涉及老龄化问题的跨学科研究和学术交流,以提升古巴应对老龄化问题的专业水准。

1. 不断完善老年人综合医疗保健计划

自 20 世纪 90 年代以来,古巴开始推行老年人综合医疗保健计划。这一

---

① Juan Carlos Alfonso Fraga, "The Cuban Population: Major Characteristics with a Special Focus on the Aging Population", qtd. in *Cuban Economists on the Cuban Economy*, University Press of Florida, 2013, pp. 205 – 209.

概念源于 20 世纪 70 年代古巴的官方文件。由于当时古巴人口老龄化趋势已较为明显，古巴政府在设计医疗卫生和社会保险体系之初，就考虑并预留了解决这一问题的政策空间。目前，古巴的老年人综合医疗保健计划可分为社区援助计划、医院援助计划和机构援助计划等。

（1）社区援助计划。

社区援助计划旨在创建一种依托家庭医生网络的老年病社区护理模式，为老年人提供包括改善生活方式、预防疾病和残疾、常年定期医疗卫生服务等在内的社会保障服务，以此满足基层社区老年人的社会、经济、心理和医学需求。该计划力图调动社区的积极性和创造性，在鼓励社区提出符合基层实际的解决方案的基础上，为社区实施具体方案提供切实可行的工具、方法和架构。对社区援助计划开展评价既是一种从上而下的监督，更体现了从下至上的反馈原则。

（2）医院援助计划。

医院援助计划依托古巴各级医疗卫生计划的协调机制，由医院统筹安排并接诊社区无法应对的老年病或其他健康问题。经医院医治后，社区医疗机构有能力接收的患者将被继续送返社区，接受后续治疗。接诊医院依据患者现有的老年病基础，为老年病患提供全面的医院护理，使其在得到医治的同时，实现生活质量的提升。

（3）机构援助计划。

机构援助计划主要针对没有条件或能力拥有正常居所以及出于其他原因无法被社区医疗网覆盖的老年人。这些老年护理机构或其他具备老年辅助设施的社会机构在社区的积极协助与参与下，试图为老年人提供预防、康复及援助等服务，从而探索建立社会机构的制度化帮扶途径，不断满足老年人及其家庭在健康与生活方面的多元化需求。例如，成立于 20 世纪 90 年代的"爷爷奶奶之家"是为老年人提供医疗服务的专业机构，而建立在初级医疗卫生体系基础上的"爷爷奶奶俱乐部"则专注于为老年人提供保健讲座和经验分享活动。但在实际操作中，由于这种救助方式存在诸多弊端，古巴政府正积极探索替代机制，以解决其不确定性所产生的社会成本。

2. 积极探索老年日常看护和生活保障机制

为落实世界老龄大会 1982 年维也纳会议和 2002 年马德里会议的倡议原则、2003 年智利圣地亚哥会议和 2007 年巴西利亚会议提出的地区计划，古巴陆续推出旨在完善老年人综合医疗保健计划的新社会计划。例如，建立专门的老年医疗卫生中心；在古巴主要大学开设旨在改善老年人生活品质的健康讲堂；鼓励学术研究机构开展人口老龄化问题的对策性研究；将老龄人口研究融入社会工作者计划，以应对该群体更为个性化的需求和愿望。

当前，古巴老年人援助计划包括经济援助、实物援助、住房支持和机构服务。尽管进入 21 世纪以来古巴人口增长极少，但 150 万社保受益人的规模意味着这期间古巴大约增加 20 万人。1994 年至 2004 年，古巴社会保障和福利支出增长了 65%，且在国家财政状况允许的情况下，古巴政府仍在尽可能地提高这部分的开支水平。日托中心或"爷爷奶奶俱乐部"是从事老龄人口养护的专业社会机构，主要在白天运营，旨在为老年人提供充足的食物、医疗服务和专业护理。设立此类中心的目的之一是使老年人与其家人保持尽可能多的联系。与全天候机构相比，日托机构的运营成本对社会而言更为经济，通常每天可接纳 40～60 名老年人。对于独居或亲属无法照看的老年人，将由所在社区为老人提供保洁、饮食和洗衣等日常服务。独居老人甚至还可以享受到营养配餐服务。政府还为行动不便的老年患者提供配有辅助设施的住房，以帮助其实现康复治疗。

(二)大力推进"健康老龄化社会"顶层设计与全民动员

为应对日益严峻的全球老龄化问题，联合国及世界卫生组织提出"健康老龄化"的奋斗目标。健康老龄化指，个人进入老年阶段后身体、心理、智力以及社会、经济方面均能保持良好的状态。一个国家或地区的老年人中若有较大的比例属于健康老龄化，老年人的作用能够充分发挥，老龄化的负面影响得到制约或缓解，则其老龄化过程或现象就可算是健康的老龄化，或成功的老龄化。[①] 尽管为应对老龄化问题古巴政府已做出不少努力，但鉴于古巴老龄人口数量仍在持续扩大、其全局性影响日益显著，古巴政

① 蒋正华：《中国人口老龄化现象及对策》，《求是》2005 年第 6 期，第 43 页。

府亟须出台以"健康老龄化"为目标的更为全面的综合性措施，以应对人口老龄化带来的复杂局面。为此，古巴政府设立了老龄化专业委员会，以制定面向未来的行动指南和政策框架。古巴政府认为，新的人口老龄化政策纲要应兼具可行性、可持续性和综合性，在观照古巴政治、经济及社会现实的基础上，更须符合古巴的家庭文化传统和人口发展趋势。

当前，古巴政府正试图加强对人口信息的数据化采集、管理和研究工作，通过对不同地区和社会群体进行比较研究、定期诊断与细节评估，研判古巴人口发展及老龄化的总体趋势。同时，古巴政府不断整合现有的制度资源和社会力量，为进一步推行应对老龄化的综合性措施做准备。古巴政府试图将不断增长的养老需求与古巴经济的国际融入、古巴各部门及社会发展计划（尤其是医疗保健领域）进行有效结合。古巴政府还通过整合现有资源，促进政府及机构间合作，协调相关社会计划和项目，从而解决纲要执行过程中出现的新问题，以满足民众不断增长的社会需求。此外，古巴政府积极倡导各地社区、工作单位和学校等社会组织参与社会建设。古巴政府还鼓励社会各界积极参与应对人口老龄化的工作，探索建立满足老龄人口物质和精神需求的长期规划和资助机制，以保障古巴居民享有更为富足和长寿的晚年生活。

为迎接老龄社会的到来，古巴政府还开展了"应对老龄问题"的全民教育和宣传工作。老龄教育涉及的主题非常具体和实际，例如自我保健、文化和意识形态问题、如何保护老年人的尊严等。在宣传工作方面，"生命的不同阶段都包含积极因素"是需要借助口述、文字或大众传媒等渠道向民众广泛宣传的重要观念。这将有助于古巴社会营造一种"关于"老年人和"为了"老年人的重要文化氛围。未来，古巴教育部门将从小学阶段开始，逐步探索将这一理念融入各级教学大纲。

为营造一个更有利于老年人发挥作用的社会文化环境，古巴政府正试图改善和调整现有的相关政策和实践。对于仍活跃于工作场所或社会活动中的老人，政府试图帮助其解决现有环境下存在的制约因素。对于缺少社会活动的老人，政府则试图鼓励其融入社会，从而改善其生活品质。政府还大力倡导社区、家庭和老年社会机构积极参与其中，为老年人融入社会提供力所能及的支持和帮助。古巴政府认为，有针对性地营造符合老龄社会特点的社会文化氛围，不仅有助于老年人保持健康状态，更有利于古巴全民树立健康老龄化的理念，在增加预期寿命的同时，实现生活品质的提升。

古巴政府还致力于加强对老龄人口的民事法律保护，维护老年人的居住权等基本社会家庭权益。对于身体残疾、独居或面临其他问题的老年人，政府不断改善现有机制，以便给予这些弱势群体更多的物质、情绪和心理关怀。

在应对老龄化问题的过程中，古巴政府高度重视对相关政策及实践的监管与评估，尤其是通过党、国家和政府相关机构获取民众持续反馈和广泛参与的机制和渠道。政府与社会的良性互动，将有助于人口老龄化问题政策框架和运行机制的持续改善，从而在限定的时间内完成相关的社会项目。

（三）不断加强对老龄化问题、老年学及老年医学的研究

近年来，古巴政府高度重视对老龄社会的政策性与基础性研究。一方面，从社会经济层面对老龄化问题进行对策性研究；另一方面，试图加强对老年学与老年医学的教研工作。

老龄化问题的对策研究主要有两大方向：一是通过定量研究，对古巴人口老龄化的形势进行整体研判和评估；二是为实现应对老龄社会的相关社会经济目标，提供切实可行的办法和路径。与此同时，加强模式更新进程对不同地区、不同社会经济背景下老龄人口综合影响的实证研究，将有利于古巴政府更好地了解老年群体的需求与反馈，从而制定更加符合老龄化社会实际的中长期社会经济发展规划。[1] 此外，通过定期召开国际专题研讨会、建立政府间常态化沟通机制，古巴与世界各国在解决老龄社会问题上的交流与合作不断加深，从而极大地提高了古巴在制定和评估人口老龄

---

[1] David L. Strug, "The Impact of Cuban Economic Reform on Older Persons", in *J Cross Cult Gerontol*, Vol. 32, No. 1 – 16, New York, 2017, p. 13.

化政策过程中的综合性和精准度。

2005 年，古巴老年学与老年医学协会创立了"古巴老年学与老年医学网"（GeriCuba）。① 作为古巴该领域最权威的专业网站，"古巴老年学与老年医学网"致力于为古巴各界提供学科前沿、学会动态、护理指导建议，以及相关国家政策、社会计划和地方组织的查询服务等。为响应世界卫生组织提出的"健康老龄化"倡议，古巴于 2019 年 10 月 1 日成立了首家老年人体机能评估机构，这也是拉美和加勒比地区仅有的几家同类专业机构之一。该机构借助独有的高科技设备，通过监测老年人的步速、步态及肌肉力量等变量对其身体机能进行综合诊断和康复治疗，同时开展老年病的相关研究和人才培养。2019 年 11 月 21 日，古巴首家阿尔茨海默病和认知障碍研究中心在哈瓦那老城正式启动。该中心旨在开展阿尔茨海默病的早期甄别、科学诊断与全面治疗，为病患家属、护理人员及科研人员提供必要的援助与支持。该中心借助计算机系统，开展老年病的综合研究和信息管理，开设护理、老年医学及神经心理学等领域的相关课程，并与古巴生物医药集团（BioCubaFarma）等国有企业集团展开合作。该中心还力图协助古巴各地建立记忆门诊，以实现对复杂病例的及时诊断。

作为该中心的重要组成部分，"长寿、老龄化与健康研究中心"负责制订老年学与老年病学的专业培训计划，探索建立公共卫生与老龄化的硕士课程，并提供面向老年人的营养和肌少症门诊咨询服务。该中心还更新了 15 项医院护理协议，通过了关于慢性阻塞性肺病、营养不良及高危老年患者接受麻醉外科手术等治疗方案，并向全国推广。2019 年，古巴长寿、老龄化与健康研究中心共提供了 7579 次门诊咨询服务，进行外科手术 401 例，同比增加了 123 例，接待住院患者 675 名，入住率为 78%，患者术前平均住院时间为 1.7 天，手术前后平均住院时间为 7.9 天，同时外科手术切口感染率低，无感染病例报告，并成功引入微创手术。②

---

① 古巴老年学与老年医学网，http://www.sld.cu/sitios/gericuba/。
② Susana Antón，"Cuba Working for Longer and Healthier Lives"，in *Granma*，February 11，2020，http://en.granma.cu/cuba/2020-02-11/cuba-working-for-longer-and-healthier-lives.

由社区、医院和机构三个子系统构成的古巴老年人综合医疗保健计划也在持续更新中。依托长寿、老龄化与健康研究中心设立的古巴老年病学专业发展委员会和工作组正在加紧制定"2020—2025 年古巴老年病学专业发展计划"。据古巴公共卫生部的数据，2019 年古巴医疗部门可提供的老年病学服务达 53 项，专业病房床位 1063 张，同比增加 53 张。此外，2019 年古巴 155 家"老年之家"共增加了 12419 个床位，新建的两家"祖父母之家"新增床位 295 个，97.3 万多名老年人加入了"祖父母圈子"，新增精神卫生科室 29 个，全国总数增至 178 个。①

在不断完善社会政策和福利体系的基础上，古巴政府还试图通过经济模式更新进一步提升古巴经济的整体效能与产出，从而为老龄社会的可持续发展提供必不可少的经济基础。当前，不利的经济形势依然是古巴面临的最大挑战。近十年的更新进程虽取得了阶段性成果，但经济领域的结构性调整仍显滞后。未来，古巴实现经济高质量发展的主要突破口在于加强农业生产和绿色能源的开发，大力发展科技自主创新产业，尝试建立有效的激励机制和体现经济主权的产业链，做强国有企业，促进旅游业等创汇部门的发展，扩大外商投资，促进出口多元化等，从而进一步释放国内经济潜能。② 总之，能否有序化解经济领域的深层矛盾将直接关涉古巴模式更新的全局，而古巴日益严峻的人口老龄化问题也必将对古巴政府的国家治理能力提出更高要求。

四　古巴经验对发展中国家的启示

人口老龄化趋势是人类物质文明发展到一定阶段的必然产物，而人口老龄化问题的演化与解决也必将经历一个复杂渐进的历史过程。人口问题

---

① Susana Antón Rodriguez, "¿Cómo Cuba Apuesta por que su Gente Tenga Vidas más Largas y más Saludables?", in *Granma*, 2 de febrero de 2020, http://www. granma. cu/todo-salud/2020 - 02 - 02.

② Yaditza del Sol González y Yudy Castro, "Díaz-Canel: Poner en el Lugar que le Toca a la Empresa Estatal Socialista", in *Granma*, 21 de noviembre de 2019, http://www. granma. cu/cuba/2019 - 11 - 21.

的实质是发展问题，没有科学发展理念的指导就无法从历史纵深处把握人口问题的症结。与发达国家相比，处于不发达和依附状态的发展中国家将面临更为严峻的人口老龄化挑战。更低的发展起点、更繁重的发展包袱和更紧迫的发展诉求，迫使发展中国家不得不更为审慎和前瞻地规划符合国家长远发展利益的养老保障和服务体系。

正如古巴前领导人菲德尔·卡斯特罗所说，社会所能做的最人性化的事情就是照顾好老人。[①]而古巴学者认为，社会对人口老龄化最好的回应就是让人民健康。作为较早面临人口老龄化问题的欠发达国家，古巴经验为发展中国家乃至全人类应对人口老龄化问题提供了重要参考和启示。

首先，践行"以人民为中心"的发展思想。近20年来，世界范围内的经济危机使发展中国家乃至发达国家政府纷纷削减社会开支。在古巴，即便是在严重的经济危机时期，古巴政府仍然坚持对社会服务的投入，践行"以人为本"的人权发展战略。例如，1994年至2004年，古巴刚刚从严重的经济危机中实现微弱复苏，其人均医疗卫生和教育支出却分别上涨了97%和169%。[②]多年来，古巴政府大力推行全民免费医疗和教育，积极促进社会公平，其所提供的社会服务已远远超过了国际公认的基本社会服务标准。尽管不同时期存在不同程度的经济困难，但古巴政府始终坚持为居民提供最大化的基本生活服务，并为儿童、孕妇、老年人及病人等弱势人群提供特殊照顾。

其次，制定符合各国国情的老龄社会发展规划。古巴的经验表明，公平全面的社会保障制度是发展中国家应对人口老龄化问题必不可少的制度基础。在此基础上，应加强对老龄社会的顶层设计，进一步健全面向老龄人口的综合医疗服务和社会保障体系。近年来，健康老龄化的观念日益受

---

① Susana Antón Rodriguez, ¿Cómo Cuba apuesta por que su gente tenga vidas más largas y más saludables?, http://www. granma. cu/todo-salud/2020 – 02 – 02/como-cuba-apuesta-por-que-su-gente-tenga-vidas-mas-largas-y-mas-saludables-02 – 02 – 2020 – 23 – 02 – 26, 2 de febrero de 2020.

② Juan Carlos Alfonso Fraga, "The Cuban Population: Major Characteristics with a Special Focus on the Aging Population", qtd. in *Cuban Economists on the Cuban Economy*, University Press of Florida, 2013, p. 205.

到国际社会的关注。健康老龄化的实现需要老年人的积极参与，更需要社会各界的协同努力。古巴通过对人口老龄化问题的综合研究，持续开展"健康老龄化"的全民教育和动员，为人类尤其是发展中国家在经济欠发达条件下探索建立"健康老龄化社会"提供了宝贵的实践经验。

最后，坚持国家在公共服务领域的主导地位。自革命胜利以来，古巴政府在维持传统社会政策的同时，始终致力于探索更加积极有效的发展机制和社会服务机制，但与基本公共服务相关的社会领域从未对私有化敞开过大门。特别是自20世纪90年代以来，古巴克服了巨大的经济困难，试图通过全面的社会保障与救助体系为老龄人口提供尽可能周到的照顾与服务。在应对人口老龄化问题上，古巴全国医疗卫生体系与医疗保健体系（家庭医生制）发挥了至关重要的作用，从而最大限度地减小了社会经济更新进程对老龄人口的负面影响，而这些普惠的健康举措在医疗服务私有化的国家是无法想象的。由于广泛使用免疫疗法等现代医疗技术，古巴老年病的发病率和致死率均出现了持续下降。

总之，使人民长寿并享有更健康的生活是古巴社会工作的核心。[①]在60岁及以上老年人口占总人口比重超过20%的古巴，古巴公共卫生部为改善老年人的生活质量正加紧培训专业人员，并将老年病学纳入医学体系，以便更好地为老年人提供优质全面的公共服务。面对不断加剧的老龄化趋势，古巴政府的积极作为既体现出对人民健康高度负责的人道主义关怀，又充分显示出社会主义集中力量办大事的制度优势。据预测，2015～2050年，全球老年人口净增长总数的90%将来自发展中国家，发展中国家老年人口的增长趋势将决定全球人口老龄化的大势，主导人类老龄化的发展方向。古巴应对人口老龄化的经验表明，在欠发达经济体中，只有践行"以人民为中心"的发展思想，加强对老龄社会的顶层设计，坚持国家在公共服务领域的主导地位，才有可能最大限度地规避全球老龄化进程中的发展陷阱，从而确保自主发展的科学性与可持续性。

---

① Susana Antón, Cuba working for longer and healthier lives, Granma, http://en. granma. cu/cuba/2020 – 02 – 11/cuba-working-for-longer-and-healthier-lives，February 11, 2020.

第三节　环境治理的制度化探索

自古巴革命胜利以来，古巴政府就十分重视环境保护问题，把其视为经济发展和改善人民生活条件的重要前提。例如，考虑到古巴革命前30年工农生产对环境的破坏，古巴革命胜利伊始便开始推行再造林项目。自20世纪80年代中期开始，古巴在环境保护方面的投入不断加大，先后出台了一系列重要的环保举措。[①]苏东剧变后，古巴把环境保护与社会经济的中长期发展规划相结合，在环境治理方面取得了世界公认的成绩。2001年，古巴哈瓦那与意大利都灵联合主办了联合国发起的世界环境日活动。2001年底，古巴开始执行"拉丁美洲21号巴亚莫计划"，旨在履行其对可持续发展的承诺。这是对1992年联合国环境与发展大会提出的"21世纪日程"本土化的有益尝试。2003年，古巴本土"21世纪日程"依托"巴亚莫"的成功经验开始在全国推广，例如在圣克拉拉建立培训中心，以壮大古巴环境保护的专家队伍。2006年11月，古巴凭借人类发展指数的增长和生态足迹的减少，被世界上最大的自然和野生动物保护国际组织——世界自然基金会（WWF）发布的《地球生命力报告》列为世界上唯一实现可持续发展的国家。今天，世界公认的环保原则已在古巴深入人心，并以一种合理持续的方式影响着古巴社会经济的可持续发展。

古巴之所以在环境保护方面取得优异成绩，主要取决于三方面的经验。第一，古巴前领导人菲德尔·卡斯特罗长期致力于推进古巴环境保护制度、规划及项目的建立与完善。经过卡斯特罗主席的不懈努力，古巴人民已深刻意识到，人类对燃料、水及其他资源的不合理消费与环境治理不足将造成严重的地球负担与发展后果。第二，古巴通过科学研究，不断推进环保成果创新与环保知识普及。自古巴革命胜利以来，古巴先后建立了一系列环境保护研究中心、大学、企业与科技服务中心，对科学基础设施、科技

---

① Rita Castiñeiras García, "Creating a Better Life: The Human Dimension of the Cuban Economy", *Cuban Economists on the Cuban Economy*, University Press of Florida, 2013, p. 160.

项目和科技人力资源投入巨大。第三，古巴所有重要的社会经济发展规划都是在环境保护原则的指导下制定的。[1]

一 古巴可持续发展战略的确立与演进

古巴革命胜利前，4 个世纪的殖民使古巴遭受了严重的生态与环境危机，古巴森林覆盖率锐减。20 世纪上半叶，古巴自然资源的破坏程度进一步加剧。到 1959 年古巴革命取得胜利时，古巴大部分民众尚处于极度贫困的状态。与此同时，古巴的环境问题亦濒临崩溃的边缘。国家土地、水资源、植被和地貌等均遭受了严重的侵蚀和恶化，森林面积仅占国土面积的 14%，生物多样性丧失殆尽。

从那时起，古巴革命政府即下决心通过一系列的纲领与行动，提高人民的生活水平，其中很重要的一个战略意图就是通过贯彻环境保护的原则，实现古巴经济与社会的可持续发展。因而，古巴的可持续发展建设由此经历了"基础设施初创"、"制度完善与教育普及"和"科技领军"三个主要发展时期。

基础设施初创时期（20 世纪 60 年代到 70 年代上半期）。古巴政府为古巴科学、教育和医疗卫生的长足发展创造了起始条件，以攻克因建立覆盖全国的基础性社会保障体系而产生的一系列挑战。这一时期的社会纲领对解决与贫困相关的环境问题贡献巨大，并为以后的环境保护工作积累了丰富的制度经验和人力资源。

制度完善与教育普及时期（20 世纪 70 年代中期到 80 年代末）。古巴的可持续发展制度进一步得到完善。尤其是 1977 年成立的古巴"国家环境保护和合理利用自然资源委员会"（COMARNA），极大地推动了古巴在环境保护和可持续发展方面的科学研究和教育推广工作。

科技领军时期（20 世纪 90 年代以后）。古巴环保制度建设进一步得到

---

[1] Juan Carlos Alfonso Fraga, "The Cuban Population: Major Characteristics with a Special Focus on the Aging Population", qtd. in *Cuban Economists on the Cuban Economy*, University Press of Florida, 2013, p. 315.

强化，一些新的科学技术被广泛应用于可持续发展的关键领域。例如，在评估现有资源的潜能、推广可持续性农业技术、开发新疫苗和药品、通过新科技加强废物利用、实现清洁生产、重构局部生态系统、合理开发水土资源等方面，古巴科学与环保界均取得了前所未有的突破。这一时期，古巴在环保方面取得的科研成就亦得到了地区乃至国际社会的认可与褒奖。古巴政府及相关科研机构被先后授予诺贝尔替代奖"正确生活方式奖"、拉丁美洲农业生态技术竞赛大奖，并获得由联合国粮农组织颁发的农村妇女进步奖等。

由此可见，古巴的可持续发展理念较早地渗透到国家建设的方方面面，可持续发展传统深入人心。经过半个世纪的稳步发展，古巴已建立起较为完备的可持续发展制度体系和贯穿可持续发展理念的国民教育体系。

二　古巴可持续发展框架与基本经验

古巴政府对可持续发展的关注由来已久，且十分注重对可持续发展系统工程的不断完善，形成了一套行之有效的发展框架。

（一）战略规划

在战略规划方面，古巴政府先后颁布了《国家环境与发展计划》（1993年）和《国家环境战略》（1997年），并建立健全了以国家宪法为纲、以《环境法》（1997年）为主干的可持续发展法律体系和环境治理理论。[①]

经过多年努力，上述政策框架均已在古巴环保实践中得到充分认可与贯彻，发挥着重要的规范和监管作用。

古巴的可持续发展理念和环境保护义务是写入宪法的，且古巴的个别法律条文甚至早在20世纪六七十年代就体现了上述精神。古巴环境政策的基本原则包括：享有安全的环境是所有公民的基本权利；保护环境是每个公民的义务；环境治理是一项系统工程，所有国家机关、社会团体、其他组织机构及个人都应团结协作，贡献自己的力量和才智。在此基础上，《国

---

① Rosa Elena Simeón Negrín, "Cuba: hacia un desarrollo económico y social sostenible", http://www.medioambiente.cu/ministra.asp.

家环境与发展计划》的出台，表明古巴践行了里约会议"21世纪日程"关于各建立国家可持续发展行动框架的倡议，并因此成为拉丁美洲和加勒比地区第一个实现这一目标的国家。古巴《国家环境战略》再次肯定了科技创新在促进环保事业、增强民族工业国际竞争力方面的重要作用，认识到环境教育和环保知识的不足是阻碍可持续发展的根源，并总结了行政监管不力、科技成果推广不够，以及《纲要》和政策体系中的环境理念不深入、缺乏系统和连贯的法律框架等现有问题。其中，物力和财力的匮乏成为阻碍环保工作的重要原因。通过《国家环境战略》的实施，古巴环境政策体系得到了进一步的巩固，环境治理机制不断完善，相应的法律法规得到了贯彻和执行。《国家环境战略》还进一步完善了以科技与环境部为主干，以基础工业部、公共卫生部、国家水力资源研究院、渔业部和革命军事委员会为辅的环保行政体制，将环保理念和环保行政指标贯穿其中。《国家环境战略》还肯定了许多环保人士和环保非政府组织的作用。《环境法》规定，所有法人和自然人在从事影响环境的各种活动中，均须采用最新的科技成果以实现环保行动的高效率，而政府在制定和推行环境政策时也必须参照科学研究和技术创新的最新成果。此外，古巴政府还制定了详尽的《环境教育国家战略》、10部《省环境战略》、9部《生产部门环境战略与政策》、《国家生态多样性战略》和《国家防沙抗旱规划》，并定期发布古巴年度环境报告。

古巴政府还长期致力于环境治理理论的深入研究。目前，古巴环境治理理论的核心理念包括：环境治理工程的完整性、系统性、持续性，制度内外的和谐性，环境治理的领土主权和地区保护性，分权与社会参与，可持续发展信息工程与环境教育以及国际视野等。

此外，古巴政府还建立了环境规划、环境冲突评估、环境许可制度、国家环境监测、科学研究与技术创新、环境教育与传播、经济监管手段、国际合作、地区保护国家体系等多层面、全方位的制度框架。

（二）制度实施和机构建设

在制度实施和机构建设方面，古巴政府努力克服经济上的困难，通过建立以国家科技与环境部为核心的各级行政主管部门和其他配套机构，进一步完善了可持续发展的监管与评估体系。

科技与环境部是古巴主管可持续发展和环境保护的部级单位。该部有效整合了古巴可持续发展的相关资源，将科技研发、教育和环境保护三项工程有机结合，从而形成了从理论到实践的良性循环机制。除该部外，古巴还建立了从中央到地方的各级、各领域环保监察机构，形成了贯穿可持续发展理念的立体网络式行政系统。在众多事关可持续发展的行政活动中，环境监管是古巴环境治理的核心。该项工作主要包括环境许可证的授予和管理、国家环境监察两方面。环境监控的技术标准系统是古巴环境治理的主要手段之一。1996年成立的古巴国家环境治理技术标准化委员会主要负责古巴环境技术标准的修改、执行和完善，该机构对国际ISO14000认证系统同样负有修改和评价的责任。在环保经费方面，古巴政府一方面努力克服经济困难，建立了一套符合国情的财税和投资优惠机制，以确保可持续发展专项经费的透明、经济和到位；另一方面，积极争取社会力量和国际援助，设立国家环境基金等专项经费，以缓解可持续发展的资金瓶颈。

此外，古巴政府还致力于完善可持续发展的示范体系和激励机制，以引导和规范社会各界的环境意识与行动。2000年，古巴政府首次设立环境鼓励奖，通过表彰环保人士和团体，推进环境法和环保意识的贯彻与普及。2001年，古巴政府成立了旨在激发企业界环保精神的清洁生产国家网络。同年，古巴设立国家环境大奖，以此鼓励个人、企业、NGO等在环境保护方面做出杰出贡献。总之，古巴可持续发展体制的建立与完善离不开古巴各级政府坚定和持久的政策扶持。

（三）科技研发

在科技研发方面，古巴政府始终把科技作为可持续发展的核心动力，通过建立完备的研发体系和奖励机制，积极推进科技成果在可持续发展关键领域的应用和推广。目前古巴的环保科技已达地区乃至国际领先水平，成为古巴对外援助的重要力量。

从 20 世纪 60 年代起,古巴政府相继建立许多与环境保护相关的科研机构,如农业科技研究所、农业大学、土地和肥料国家研究中心、古巴科学院土地资源研究所、生物所、动物所、地理与海洋所等。1964 年,古巴政府组建了旨在加强自然资源与环境保护研究的科学院。1977 年,古巴政府创立了下属古巴科学院的国家环境保护和合理利用自然资源委员会。1994 年,又专门成立了总揽可持续发展和环境保护全局的部级单位——科技与环境部。其中,科技与环境部下属的环境司(AMA)及其附属机构,承担了古巴全国环境保护科学研发的主要任务。除该部外,古巴其他的政府部门也设立了相关的环保科研机构,例如交通部下设的海湾环境与工程中心、古巴水力资源研究院下设的水力资源和水质中心、糖业部下设的制糖工业研究所等。此外,古巴的各级行政单位也建立了系统的环境保护研发体系,如青年岛特区的海岸生态研究中心、格拉玛的豪尔赫·迪米特洛夫(Jorge Dimitrov)农业研究中心、圣地亚哥的生态系统与生物多样性研究中心和太阳能研究中心等。[①] 上述不断完善和细分的科技创新与研发系统,无疑为古巴开展综合性科研活动、拓展科研视阈、提高环保问题的解决效率提供了优势资源。

此外,在古巴众多的环保科研成果中,较为突出的是古巴国家科学计划——"全球变迁与古巴自然环境的演进"。仅 2002 年,该计划就推出 44 项子课题研究成果和科技发明。而在各项环保技术的应用中,较有代表性的是广泛运用于农业、地质制图、气象服务、自然灾害预警系统的电子探测技术。

为更好地推进环境保护,古巴建立了许多环保研究中心,旨在推进古巴热带地理、土壤、海湾、海岸、地质学、气象学、地震学、地球物理学及林学等方面的科学研究。这些科学研究和创新成果被应用到古巴国家及地方各个环保计划与项目中。古巴已减少了二氧化碳排放,这使古巴不再

---

① Programa de las Naciones Unidas para el Desarrollo en Cuba, Capítulo 5: Ciencia y tecnología al servicio del desarrollo humano sostenible en Cuba Dimensión ambiental, Investigación sobre Ciencia, Tecnología y Desarrollo Humano en Cuba 2003, http://www.undp.org.cu/idh%20cuba/cap5.pdf.

是全球问题的主要制造者。在地方层面，更重要的是减少对人口健康有直接影响的微粒和其他地区污染物。古巴气象学还运用先进的技术，取得了许多重要的科研进展。如今，古巴气象部门已可以预报和追踪飓风，这是困扰古巴公共安全和经济发展多年的一个重要自然因素。此外，古巴科学家在地震预测方面也取得了重要进步，地震对古巴这样的岛国而言具有致命性，加剧了古巴的脆弱性。①

（四）人文建设

在人文建设方面，古巴较高的国民教育水平有力地支撑了古巴环保与资源合理利用工程，尤其是科学知识的普及进一步深化了民众对可持续发展理念的认识。

古巴的环保教育依托古巴系统和完备的教育体系。而古巴的高教育普及率离不开政府的大力投入。以 2000 年为例，古巴成年人的受教育率高达 98.2%，教育支出占 GDP 的比重高达 7.2%，而教育支出在中国当年的比重仅为 1.9%②。尽管存在物力和财力的限制，但古巴政府仍利用现有的媒体和教育资源，如古巴电台、电视台（尤其是古巴电视台的两个教育频道），甚至是新兴网络资源，建立起立体生动的古巴环保传播机制，以提高环保知识普及率。古巴科技与环境部下属的"古巴环境治理与教育信息中心"承担了古巴政府创建环境信息工程、开展环境治理和普及环境教育的大部分工作。该中心创办的电子杂志《环境与发展》从专业角度向公众阐释了环境法的现实意义，启发公众对环境问题的思考并付诸行动。该中心旗下的"古巴环境网"③则集中介绍了古巴可持续发展方面的所有法律和制度，并设立了环境术语字典查询、古巴环保动态等深入浅出的环保教育栏目。

---

① Vito N. Quevedo Rodríguez, "Expansion of Knowledge-Based Economic Sectors", qtd. in *Cuban Economists on the Cuban Economy*, University Press of Florida, 2013, p. 316.

② 参见世界银行关于古巴及中国教育的相关数据，http://devdata. worldbank. org/edstats/SummaryEducationProfiles/CountryData/GetShowData. asp? sCtry = CUB, Cuba; 中国，http://devdata. worldbank. org/edstats/SummaryEducationProfiles/CountryData/GetShowData. asp? sCtry = CHN, China。

③ 参见古巴环境网，http://www. medioambiente. cu/。

在青少年环境教育中，古巴科技与环境部还专门出版了《古巴 21 世纪日程青少年读本——环境使命》① 一书。该书通过图表、插画、诗歌、歌曲、故事等形式，用孩子们自己的语言向青少年普及环境教育，并建立了相关的青少年环境教育网站以促进青少年在环保方面的参与和交流。

古巴环保教育的深入为古巴环境非政府组织的成长与壮大提供了机遇。古巴许多环境非政府组织和环保人士在地区和国际环保行动中具有良好的声誉和号召力。正是由于古巴广大民众的积极参与和配合，古巴的可持续发展事业才取得了令人瞩目的成就。

（五）产业发展

在产业发展方面，古巴立足本国国情，将经济增长与可持续发展紧密结合，对重点行业实施可持续发展的重点规划和监管，在生态旅游业和工业产品清洁生产等方面创造了循环经济的良好效应。

近年来，作为古巴支柱产业的旅游业呈现良好的上升趋势。为保证旅游区生态环境的可持续发展，古巴政府并不急于控制旅游规模，而是通过设立奥尔金北海岸旅游特区，逐渐摸索出一套以旅游基础设施、地理生态环境、社会经济环境和游客状况为基本参数，易于操作的旅游区可持续发展水平指标体系，从而尽可能合理调配旅游区的自然和人文资源。此外，古巴政府还十分注重调动各行各业的积极性，共同参与和开发除生态游之外的旅游项目，并鼓励旅游目的地的居民参与旅游区的环境规划和治理。②

（六）国际参与

在国际参与方面，古巴是多项国际环保条约的签署国之一，并多次派出环保专家等技术力量参与地区乃至世界性的如联合国框架内的环保工程与项目，显示了古巴科技力量的国际威望。古巴还向加勒比周边地区与国家提供不同层面的环境咨询服务，帮助它们摆脱本国的环境困境。

---

① Armando Blanca Fernández, Misión Ambiental, Agenda 21 Edición Infantil y Juvenil de Cuba, http://www. medioambiente. cu/misionambiental/default. htm.

② Eduardo Salinas Chávez, José Alberto La O Osorio, Turismo y Sustentabilidad: de la Teoría a la Práctica en Cuba, *Cuadernos de Turismo*, No. 17, 2006, pp. 201 – 221.

由此可见，古巴的可持续发展理念较早地渗透到了社会主义建设的方方面面，经过半个世纪的稳步发展，古巴已建立起了较为完备的社会主义生态制度。古共六大颁布的纲要指出，古巴政府将继续推进保护、保存和修复环境的综合研究，调整环境政策以适应经济社会新纲要，优先开展气候变化问题与国家可持续发展研究，加强对土壤、水、海滩、大气、森林等自然资源和生物多样性的保护与合理利用，促进环境教育。古巴在可持续发展方面的忧患意识和超前思维，使其在某种程度上规避了累积性和共时性矛盾给后发国家带来的潜在风险，并为其实现自身及加勒比地区的和谐发展提供了可能。

第四节　疫情防控与公共危机管理

2020 年，面对新冠肺炎疫情和外部封锁的双重考验，古巴国民经济和人民生活面临空前困难。古巴共产党和政府在推进货币双轨制改革等重大更新举措的同时，积极应对国内疫情，并开展力所能及的医疗援外活动。在古巴共产党的坚强领导和古巴人民的团结互助下，古巴国内疫情防控成效显著优于地区各国，对外医疗援助所体现出的国际主义精神受到了国际社会的高度评价。

一　党的领导与全民同心是古巴抗疫的力量源泉

2020 年 3 月，古巴政府发布了《新冠肺炎疫情防控计划》[1]，并在出现境外输入病例后正式启动了新冠肺炎疫情的防控与发布工作。古巴党和政府随即决定关停旅游业，并加强了对疫情防控工作的统一领导和全面部署。在关闭国门后，古巴公共卫生部根据古共中央和古巴国务委员会相关会议精神，紧急协同各党政机关及社会部门，针对疫情中的突出问题，出台了

---

[1] Gobierno cubano actualiza el Plan para la prevención y control del Covid – 19, http://misiones. minrex. gob. cu/es/articulo/gobierno-cubano-actualiza-el-plan-para-la-prevencion-y-control-del-covid-19 – 0.

医患救治与医药研发、疫情披露与科教宣传、公共服务与社会疏导等措施，从而使古巴新增病例人数在疫情初始阶段始终控制在每日 10 ~ 30 例。截至 2020 年 10 月，因疫情防控需要，古巴卫生部门支出增加近 1 亿美元。位于哈瓦那的研究所被指定为新冠确诊病例救治中心。①古巴公共卫生部通过其门户网站 Infomed，向用户提供三个数字平台，以方便居民和医护人员及时获取新冠肺炎疫情的真实信息。②古巴医科大学积极响应古巴公共卫生部的号召，对医学院学生进行防疫培训。这些医科学生在"家庭医生"机构及相关部门的组织下，通过入户走访，对古巴居民进行家庭排查和科教宣传，使古巴居民及时获取古巴政府的防疫政策和信息。

疫情期间，为减少人员聚集与流动，古巴政府采取了阶段性关闭边境、大型商场超市、餐饮业和学校等举措，并宣布取消所有大型文体活动。管控最为严格的公共交通部门在 2020 年第二季度几乎全境停摆，只允许少量交通工具搭载重要政府服务部门的员工，并要求乘客数量不超过总容量的 50%。受疫情影响，古巴政府关停了约 1.6 万家私营企业，并给予了相应补偿，仅保留了提供居民基本生活所需的部分国营服务。为解决居民实际困难，古巴相关部门还通过电子商务及网购等方式调配物资和生活用品。古巴交通、邮政、银行等公共服务部门也先后出台了阶段性便民举措。古巴媒体的正面宣传与引导是疫情防控不可或缺的重要方面。自疫情发生以来，古巴官方媒体开设了古巴新冠肺炎疫情通告和防控宣传专栏。古巴教育部门也启动了电视教学活动和网络教育评估办法，通过各平台滚动播放全学段教学内容，并对高等教育录取工作进行了新的部署。

通过全国上下的通力合作，古巴 2020 年的疫情防控工作取得了阶段性成效。截至 2020 年 11 月 25 日，古巴超过 93% 的新冠患者得到治愈，这一数字远高于 69% 的全球平均治愈率。古巴科学院院长路易斯·贝拉克斯·

---

① Tom O'connor, "Cuba Uses 'Wonder Drug' to Fight Coronavirus Around World Despite U. S. Sanctions", https://www. newsweek. com/cuba-drug-fight-coronavirus-us-sanctions-1493872.

② Yaditza del Sol González, "¿Cómo las plataformas tecnológicas pueden ayudar a enfrentar la COVID-19?", 8 de abril de 2020, Granma, http://www. granma. cu/doble-click/2020 – 04 – 08/como-las-plataformas-tecnologicas-pueden-ayudar-a-enfrentar-la-covid-19 – 08 – 04 – 2020 – 01 – 04 – 51.

佩雷斯博士认为，古巴新冠患者的治疗及愈后监测数据较为乐观，再次证明了古巴医疗系统的有效性和古巴医疗水平的高水准。[①]

二　以人民为中心的制度建设是古巴战疫的制胜法宝

在古巴共产党的统一领导下，古巴疫情得到了有效控制。古巴驻华大使佩雷拉认为，古巴在尽早制定和执行本国的抗疫战略上，未浪费一分钟时间，古巴每项行动和公开信息都订立了准则，并使古巴人民充满信心，古巴制订的周详计划既考虑到古巴的自身优势，也考虑到古巴的劣势和所受的威胁。[②]

古巴党和政府对新冠肺炎疫情的有效防控与其长期坚持以"人民为中心"的制度建设密不可分，系统全面的社会保障和服务体系是古巴应对公共危机的重要基础。1963 年颁布的古巴第一部《社会保障法》建立了使全体人民享受免费医疗和免费教育的社会保障和福利制度。尽管长期受到美国封锁制裁，古巴医生占全国人口的比例仍领先于拉美各国。疫情期间，古巴分层医疗体制的优势得到进一步体现，尤其是古巴家庭医生诊所在基层社区的疫情防控和救治过程中起到决定性作用。古巴保卫革命委员会、古巴妇女联合会及各地民兵组织等群团组织通过下沉走访，为政府开展疫情防控和社区隔离工作提供了及时有效的信息。作为加勒比岛国，古巴常年天气炎热，当地居民没有戴口罩的习惯。随着疫情的全球泛滥，古巴民众在政府的宣传和号召下开始自制并佩戴口罩。古巴领导人迪亚斯－卡内尔号召古巴民众保持适当的社交距离，以互碰手肘代替贴面问候，并减少不必要的出行。

此外，自疫情暴发以来，古巴政府在疫情信息化披露及抗疫药品、疫

① Yaima Puig Meneses，"Más del 93 % de los contagiados en Cuba con la COVID－19 está recupera-do"，25 de noviembre de 2020，http：//www. granma. cu/cuba-covid-19/2020－11－25/mas-del-93-de-los-contagiados-en-cuba-con-la-covid-19-esta-recuperado-25－11－2020－22－11－02.

② 《古巴驻华大使：面对疫情，团结是唯一可能的指南针》，复兴网，http：//www. mzfxw. com/m/show1. php？classid＝13&id＝133678&style＝0&cpage＝0&cid＝&bclassid＝4，2020 年 3 月 25 日。

苗研发等环节的积极作为，充分体现了古巴科教兴国战略的制度积累与资源优势。截至 2020 年 11 月底，作为拉丁美洲唯一研制出抗击新冠病毒候选疫苗的国家，古巴已拥有四款进入临床试验阶段的候选疫苗。古巴与中国合作开发的干扰素药物，也在多国投入临床试用。古巴科学家表示，该药在受援国家反响良好，有望成为治疗新冠肺炎的"神药"。①

三　疫情背景下的经济更新与民生保障

2020 年，受新冠肺炎疫情和美国对古巴封锁加剧的冲击，古巴经济社会活动大幅收缩，旅游业和外贸等传统出口创汇产业遭受重挫，国内物资匮乏和能源短缺等问题进一步凸显。古巴副总理兼经济计划部部长亚历杭德罗·希尔·费尔南德斯在 2020 年 12 月召开的第九届全国人民政权代表大会常规会议上表示，2020 年古巴经济预计下滑幅度达 11%，2021 年力图实现 6% ~ 7% 的复苏性增长。

2020 年 7 月，古巴政府发布的《新冠疫情下的社会经济发展战略》指出，古巴政府将从加强粮食生产和销售、促进贸易和出口多元化、深化企业制度改革、推进价格税收调整、启动货币汇率并轨进程等方面深化模式更新，以缓解新冠肺炎疫情给古巴社会经济带来的空前压力和冲击。新发展战略的实施将分为两个阶段，第一阶段旨在维护古巴人民健康和古巴国民经济正常运转，第二阶段将从古巴经济发展关键部门入手，继续深化模式更新。为维护疫情期间的粮农安全，古巴政府将扩大粮农生产和农产品供应作为经济工作重心，试图通过各级政府的农业协调委员会，统筹农业部门资源，并研究成立农业发展银行、实行粮食加工及流通的财政激励措施、设立多边贸易批发市场、探索建立农产品商业化体系等举措。2020 年 10 月，亚历杭德罗·希尔·费尔南德斯在古巴全国人大上提出关涉古巴经济发展全局的十六个关键部门，即粮食生产、制糖和副产品、旅游、劳务出口、卫生、制药生物工程、电信、建筑、能源、交通、水利、医用设备

---

① Tom O'connor, "Cuba Uses 'Wonder Drug' to Fight Coronavirus Around World Despite U. S. Sanctions", https://www.newsweek.com/cuba-drug-fight-coronavirus-us-sanctions-1493872.

制造、内外贸、金融体系、就业、工资和社保。[①]

自 2020 年第三季度以来，随着疫情防控形势向好发展，古巴社会经济各部门逐步实现了正常化。2020 年 11 月，为重启古巴旅游业，古巴政府出台了严苛的卫生防疫措施，对旅游业基础设施的防疫水平及从业人员的健康状况进行严格测控。与此同时，为实现生产链优化，推动进口替代，并挖掘新的出口增长点，古巴重要的对外经济窗口——哈瓦那国际博览会也转战线上。12 月 8 日至 9 日，由古巴外贸外资部、古巴外贸外资促进中心、古巴商会和马里埃尔发展特区办公室共同主办的古巴首届企业论坛在线上成功举行。论坛旨在促进古巴外贸外资发展，不但更新了古巴外国投资项目清单，还公布了约 230 家国有实体及其上千种产品和服务信息。2020 年 11 月，古巴科技与环境部继设立环境司与核能先进技术局（AENTA）后，又创建了人文社科局（ACSH），该机构旨在促进古巴的社会科学和人文科学发展，负责规划和实施相关领域政策。

在 2020 年 12 月召开的古巴全国人大上，亚历杭德罗·希尔·费尔南德斯表示，2021 年古巴政府将把疫情防控和复苏旅游业及出口部门作为工作重点，并逐步提高国内物资的供应水平，促进大米、豆类和玉米等农产品生产，维持家庭一揽子产品供应标准。关于经济社会战略执行情况，亚历杭德罗·希尔·费尔南德斯指出，300 多项进入执行阶段的相关措施，旨在促进粮食生产、住房建设、投资出口和地方发展等，可自由兑换货币市场的融资来源有望改善，预计不合理定价和通货膨胀现象将成为整治重点。

[①] Cubadebate，"Los avances en las 16 áreas claves de la nueva estrategia socioeconómica cubana"，http://www.cubadebate.cu/noticias/2020/10/29/los-avances-en-las-16-areas-claves-de-la-nueva-estrategia-socioeconomica-cubana-pdf/.

第七章　对外关系的调整与拓展

在冷战时期，美国和苏联对古巴的外交政策产生了重大影响，古巴与两国的关系都经历了"双刃剑"效应的考验。20世纪80年代末至90年代初，随着冷战的终结和国际形势的变化，古巴被迫调整了对外布局和外交政策。1991年，苏东剧变后的古巴开始进入艰难的"特殊阶段"。一位古巴官员曾感叹道："历史让古巴尝尽了美帝国主义和苏联友谊的苦难。"

面对不断变化的世情和国情，古巴领导人审时度势，处变不惊，在坚持既有外交原则的基础上，不断调整外交重心和布局，为古巴社会主义在21世纪的复苏和发展创造了难得的外部条件。

第一节　多元外交的拓展与突破

自20世纪90年代以来，随着国际社会的深刻变革，古巴外交政策也发生了一系列变化。社会主义阵营的解体使古巴外交失去了最为重要的支柱，古巴面临彻底重塑其外交关系网的艰巨任务，其中经贸领域的变化最为突出。

一　古巴岛国外交的战略特点

作为西半球唯一的社会主义国家，古巴是第三世界国家中离美国最近且遭受美国经济制裁时间最长的国家。古巴特殊的国情和地缘政治环境决定了其独具特色的外交战略与布局。

（一）始终奉行国际主义至上的外交原则，积极致力于世界和平与发展

尽管古巴社会主义历经艰难，但古巴始终奉行国际主义至上的外交原

则。一方面，古巴积极致力于世界和平与正义，反对帝国主义和霸权政治。另一方面，古巴积极致力于第三世界的合作与发展，在医疗和教育等领域建立了经验丰富的人道主义对外援助机制。

作为一个面积仅 11 万平方公里的加勒比岛国，冷战时期的古巴在国际舞台上十分活跃，甚至在某些场合还担负着堪比大国的外交责任和道义。一般而言，综合国力是决定一国外交强弱的重要指标。小国的外交半径和视野常常局限于周边邻国，而大国则在全球事务上拥有更多的主动权和影响力。但与许多小国不同的是，古巴外交始终面向全球。古巴现任领导人赞同菲德尔·卡斯特罗的看法，即古巴必须代表穷人，领导世界革命。古巴媒体的国际视角，旨在鼓励古巴民众思考全球事务，增进了古巴民众对第三世界国家人民斗争的认同。古巴不寻求主导和控制其他国家，也不会因为自身利益去剥削其他国家的资源；相反，古巴认为其国家利益与世界秩序密不可分，所有小国的自由都在强国的主导之下。①

古巴的医疗国际主义可回溯至 20 世纪 60 年代。截至 2011 年，古巴对外医疗援助已达 68 个国家和地区，累计派出 41000 名医务工作者。②合作项目既涵盖医疗培训，也包括直接的医疗服务。古巴政府坚称，医疗外交旨在促进对象国的社会发展和增进人民福祉，其作为合作项目与家长式的援助有着本质区别。在践行医疗国际主义的早期，一些古巴医学院还为其他发展中国家免费培训过留学生。尽管自劳尔主政古巴后，古巴医疗领域的国际主义合作迫于经济压力有所减少，但古巴政府仍致力于为第三世界国家提供一些自费项目的培训。

医疗国际主义给古巴带来了诸多利好，尤其增进了古巴的软实力，而非用强权去影响他国。③古巴在过去的六十多年里，通过各种机制和方式，

---

① Philip Brenner, Marguerite Rose Jiménez, et al. , *A Contemporary Cuba Reader*: *The Revolution under Raúl Castro*, Rowman & Littlefield Publishers, Jul. 8, 2014, p. 216.

② Philip Brenner, Marguerite Rose Jiménez, et al. , *A Contemporary Cuba Reader*: *The Revolution under Raúl Castro*, Rowman & Littlefield Publishers, Jul. 8, 2014, p. 218.

③ Philip Brenner, Marguerite Rose Jiménez, et al. , *A Contemporary Cuba Reader*: *The Revolution under Raúl Castro*, Rowman & Littlefield Publishers, Jul. 8, 2014, p. 218.

积累了可观的软实力。除合作援助项目外，古巴有效利用大众传媒，出口古巴电影、音乐、芭蕾，赢得了广大第三世界国家的支持。声援世界各地的团结组织，在进行国内反恐斗争的同时，与国际恐怖主义的颠覆破坏进行坚决斗争。尽管古巴民主问题一直饱受欧美国家的诟病，但古巴试图增强软实力的努力，有利于古巴塑造积极的国际形象，使其成为国际社会值得信赖和有价值的合作伙伴。

（二）践行以绝对主权、经济安全和国际声誉为核心目标的外交战略

无论古巴外交政策发生多大变化，延续性依然是古巴外交的根本所在。古巴革命始终把绝对主权、经济安全和国际声誉，作为对外交往中的三个首要目标。

首先，古巴革命领导人清醒地认识到西班牙帝国和美国霸权带给古巴的历史悲剧，因此试图把有效主权最大化作为古巴革命的最高目标。事实上，这一中心目标潜含在古巴诸多外交政策中，甚至被视为古巴革命胜利以来处理国际关系问题时的唯一考量。其次，经济安全旨在实现国家的工业化和现代化，并使国家具备持续发展能力。对于弱小的欠发达国家而言，抵抗潜在的经济威胁是捍卫国家经济安全面临的首要挑战，而对古巴而言，确保经济安全则意味着面对经济入侵和制裁，使国民经济的脆弱性降到最低。自 1959 年以来，古巴试图利用其国际经济纽带，作为反对美对古经济战的缓冲。最后，革命成功后，古巴试图以一种对人口中等、资源有限的小国而言，看似并不现实的方式影响世界事务。但区别于其他小国的是，古巴确实获得了与其体量不相称的国际影响力和声望。正如美国学者认为的，古巴是一个小国，但是它有着大国的外交政策。[①]古巴革命胜利伊始，古巴便试图奉行这样的外交政策，但似乎自 20 世纪 70 年代下半叶起，古巴才逐渐成为具有一定影响力的国际行为体。作为古巴革命的重要组成，古巴对外关系可理解为：为实现绝对主权、经济安全和赢得国际声誉而施行的一系列战略战术，同时，古巴政府根据不断变化的国际国内形势对其进

---

① Philip Brenner, Marguerite Rose Jiménez, et al., *A Contemporary Cuba Reader: The Revolution under Raúl Castro*, Rowman & Littlefield Publishers, Jul. 8, 2014, p. 222.

行具体调整。

对任何一个政府而言，孤立于彼此依存度越来越高的现代世界，都是一件值得严重关切和反思的事情。反过来而言，极高的外贸依存度对岛国古巴的经济健康而言近乎灾难。20世纪90年代初，重塑对外经贸关系成为古巴对外交往的必然。苏东剧变成为这一进程的催化剂。1991年解体的经济互助委员会使古巴失去了长期以来维系经济安全最重要的支撑——贸易最惠国机制和一系列发展援助。与此同时，美国加紧了对古巴的制裁和颠覆活动，从而使西方舆论普遍认为，古巴革命危在旦夕，极有可能重蹈苏东剧变的覆辙，尽管这一预言后来被证明是错误的。较为普遍的看法是，古巴之所以能生存下来，主要原因在于，古巴政府坚决及时地重塑了其对外经济关系，尤其是扩大对外经贸往来、打造生物技术等新出口产品线、出台合资企业及外资优惠政策等措施起到了关键作用。

二 模式更新以来古巴对外关系的调整与突破

自劳尔主政古巴以来，古巴对内实行模式更新，对外积极拓展多元外交。劳尔政府秉承了古巴外交政策的基本原则和长期目标：一方面，积极参与地区及国际事务，促进地区一体化，以实现其有效主权，提高古巴的国际地位；另一方面，通过扩大对外经济关系，减少经济依附的潜在风险，维护古巴的经济安全。

（一）与拉美国家的团结互信进一步增强

1976年的古巴宪法规定，古巴革命始终奉行拉丁美洲主义，寻求拉丁美洲和加勒比地区国家的一体化。

1. 促进地区发展与一体化

推进美洲玻利瓦尔联盟（ALBA）建设、拉美和加勒比国家共同体（CELAC）发展和医疗外援项目，是劳尔政府试图提高古巴国际声望和影响力的外交重点目标。古巴试图将南南合作的精神和原则引入其国际及半球事务中，通过多种外交途径，倡导新玻利瓦尔主义。ALBA被古巴视为新玻利瓦尔联盟的基石，其构架包含了古巴更大规模的医疗外援项目。

美洲玻利瓦尔联盟－人民贸易协定（ALBA-TCP）是古巴维系地区关系最重要的制度纽带。2001 年，为反对美洲自由贸易协定，查韦斯总统提出了 ALBA 的最初设想，试图将美国和加拿大排除于地区事务之外。2004 年12 月，古巴与委内瑞拉签署 ALBA 协定，新玻利瓦尔主义从一个抽象的哲学概念变成了正式的国际协定。ALBA 的主要目标是，在地区合作与改善人民生活的基础上，促进成员国间的贸易和投资，而非盈利；为成员国提供免费的医疗和教育；促进成员国间的能源一体化，满足人民的需求；发展基础工业，使成员国实现经济独立。在古巴和委内瑞拉的领导下，ALBA 逐渐发展成了一个多层面的合作框架。在委内瑞拉石油红利和 ALBA 制度框架的支持下，古巴自 2005 年以来为拉丁美洲其他国家 200 多万民众，先后提供了包括视力恢复项目在内的医疗援助。ALBA 眼科康复项目"奇迹计划"由委内瑞拉提供主要资助，古巴医疗专家提供手术和相关治疗。2009 年，古巴"我能"识字项目，累计为拉丁美洲 170 万人提供了读写教育服务，玻利维亚、尼加拉瓜与委内瑞拉共同进入了联合国认定的零文盲国家行列。此外，古巴还派出工程师和科学家到地区各国，开展相关援助。在委内瑞拉的大力支持下，ALBA 石油计划（即 2005 年发起的"加勒比石油计划"），使 ALBA 成员国在用商品或服务来支付部分石油款项的基础上，仍能享受到长期低息购买石油的优惠。成立于 2008 年的 ALBA 银行，旨在为 ALBA 成员国提供发展所需的资金支持。

2008 年 11 月，古巴获得里约集团成员国资格，该组织于 2011 年升级为"拉丁美洲和加勒比国家共同体"。2010 年 2 月，劳尔·卡斯特罗赴墨西哥参加第二届拉美和加勒比国家"一体化和发展"首脑会议，会议决定成立拉美和加勒比国家共同体。2011 年 12 月，劳尔·卡斯特罗赴委内瑞拉参加第三届拉美和加勒比国家"一体化和发展"首脑会议和第 22 届里约集团首脑会议，并正式宣告拉美和加勒比国家共同体（简称"拉共体"）成立。拉共体涵盖西半球除美国和加拿大以外的 33 个国家，成员国总人口约 6 亿，倡导"多样性的团结"，被广泛视为挑战美国主导的地区主要组织——美洲国家组织的新兴地区组织。2013 年，古巴被选为拉共体的主席国。2014 年

1月，第二届拉共体首脑会议在哈瓦那召开，会议宣布拉美和加勒比地区为"和平区"，并一致通过了《关于支持建立中国-拉共体论坛的特别声明》。2014年12月，第13届美洲玻利瓦尔联盟首脑会议在哈瓦那举行。拉共体与ALBA的相似之处在于：（1）都致力于促进经济一体化基础上更为广泛的地区一体化，如政治、社会、经济和文化团结及可持续发展；（2）代表了地区各国反对美国经济、政治、军事和文化主导的集体认同和努力；（3）古巴和委内瑞拉在其中扮演着重要角色。

2005年至2013年，古巴外援人员增加了60%。起初，受援国无须负担或仅需少量负担这些援助的成本。在劳尔时期，这一制度在财政安排上进行了一定调整。一些经济状况较好的国家，被要求开始支付或支付更多的援助费用。2013年，古巴共赚取医疗服务出口收入近60亿美元，这一收入来源成为古巴最主要的硬通货收入来源之一。无论医疗服务收入高低，古巴医疗外援已经赢得了广泛的非经济回报。正如时任美国总统奥巴马在2009年美洲峰会的新闻发布会上指出的："地区许多国家严重依赖古巴的医疗援助，这一点提醒我们，如果美国仅同这些国家就毒品、军事等问题进行交涉，我们将无法进一步发展与它们的关系，无法增强我们的影响力，更无法在推进我们地区政策的同时受益。"①委内瑞拉帮助古巴获得可以负担的石油，使古巴有能力向拉美及加勒比国家派出医生和教师，从而获取三倍的收益。这些友好国家既帮助古巴完成国际主义使命，又助力古巴政府反对新自由主义全球化。例如，古巴向玻利维亚、厄瓜多尔等国提供了卫生、教育等国际援助及服务，而相关受援国的人民则支持巴西卢拉政府、阿根廷基什内尔政府等温和左翼政权通过倡导减贫和反对不平等的替代发展战略，赢得本国选举。对古巴本国而言，这一外交手段降低了古巴人才外流的风险，提供了古巴职业人士在古巴无法获得的收入渠道，也减少了古巴高学历人才过于饱和、面临失业的困境。

此外，古巴还参与了加勒比共同体、加勒比国家联盟、不结盟国家首

---

① Philip Brenner, Marguerite Rose Jiménez, et al., *A Contemporary Cuba Reader*：*The Revolution under Raúl Castro*, Rowman & Littlefield Publishers, Jul. 8, 2014, p. 226.

脑会议及美洲国家首脑会议等地区及国际组织的会议。尽管古巴不是加勒比共同体成员国，但古巴与加勒比国家自 20 世纪 70 年代陆续建交后一直保持着紧密多元的合作关系，双方将每年 12 月 8 日定为"古巴－加勒比日"。2002 年，双方建立了每三年会晤一次的加共体－古巴首脑峰会机制。2014 年 12 月，第五届加共体－古巴首脑峰会在哈瓦那举行。2017 年 11 月，古巴和加共体签署了第二份经贸合作附加议定书。2017 年 12 月，第六届加共体－古巴首脑峰会在安提瓜和巴布达举行，劳尔·卡斯特罗主席及加共体十五国领导人均出席了会议。峰会就农业、教育、医疗、经贸、气候变化和自然灾害等议题进行讨论。

2016 年 6 月，第七届加勒比国家联盟峰会在哈瓦那举行，劳尔·卡斯特罗主席出席了峰会，并发表重要讲话。同年 9 月，劳尔·卡斯特罗出席了在委内瑞拉召开的第 17 届不结盟国家首脑会议。随着古巴地区影响力的不断增长，一直由美国操控的美洲国家组织也重新向古巴敞开了大门。

2009 年，美洲国家组织第 39 届大会一致通过废止 1962 年中止古巴成员资格的决议，但古巴拒绝重返该组织。2015 年 4 月，第七届美洲国家首脑会议在巴拿马举行，古巴首次参加这一会议，劳尔·卡斯特罗主席和美国总统奥巴马在此次会议上实现了历史性会面。

2018 年，古巴作为东道国还成功举办了多场重要国际会议及活动。成立于 1990 年的圣保罗论坛（São Paulo Forum）是拉丁美洲和加勒比地区最为重要的左翼政党及组织论坛。该论坛由巴西劳工党发起，曾在巴西、墨西哥、尼加拉瓜等拉美及加勒比国家举行。2018 年 7 月 15 日至 17 日，第 24 届圣保罗论坛年会在古巴哈瓦那举行，这是古巴继 1993 年和 2001 年后第三次主办该论坛年会。圣保罗论坛执行书记莫妮卡·瓦伦特、委内瑞拉总统马杜罗、巴西前总统罗塞芙、玻利维亚总统埃沃·莫拉莱斯、巴西劳工党主席格莱西·霍夫曼及洪都拉斯前总统曼努埃尔·塞拉亚等拉美政要均出席了论坛，来自拉美及加勒比地区和中国、越南、老挝、叙利亚等世界其他国家的 400 多名政党和社会运动代表参加了会议。此次论坛旨在加强西蒙·玻利瓦尔、何塞·马蒂、菲德尔·卡斯特罗及乌戈·查韦斯精神指

引下的地区团结与一体化，反对新自由主义和帝国主义，并向创立该左翼
政党和社会运动团结阵线的巴西前总统卢拉和古巴前领导人菲德尔·卡斯
特罗表示敬意和怀念。会议还通过了最终宣言和行动计划。会议期间，古
巴国务委员会主席兼部长会议主席迪亚斯－卡内尔和古共中央第一书记劳
尔·卡斯特罗会见了部分参会代表。①

　　2018 年 12 月，作为 ALBA 的创始国之一，古巴还成功举办了该联盟第
十六届首脑峰会，委内瑞拉、玻利维亚、尼加拉瓜等成员国的国家首脑出
席了会议。峰会肯定了 ALBA 成立以来的成就，并分析了该组织面临的现实
挑战，强调谋求拉美团结和一体化的重要性，反对门罗主义和干涉主义，
声援委内瑞拉和尼加拉瓜政府，并再次要求美国解除对古巴的封锁。②

　　2019 年，拉美地区持续动荡，"左退右进"的钟摆效应日趋显著，委内
瑞拉和玻利维亚等左翼国家先后遭遇政治危机，智利、哥伦比亚及巴西等
国纷纷爆发大规模罢工或抗议。在此背景下，第二届"争取民主和反对新
自由主义团结大会"于 2019 年 11 月 1 日至 3 日在古巴召开，来自 95 个国
家的左翼组织、社会运动、工会、青年团体、学生联合会、知识分子及学
者代表共 1300 多位代表与会。大会围绕"声援古巴"、"人优先于自由贸易
与跨国公司"、"非殖民化"、"文化战"、"战略沟通"与"社会斗争"六大
主题进行了深入讨论。会议达成的"最终声明"强调，大会声援古巴、委
内瑞拉和尼加拉瓜等国人民反对"美国封锁、制裁和干涉"的斗争，祝贺
莫拉莱斯和阿尔韦托·费尔南德斯等拉美左翼领导人的当选，呼吁拉美左
翼团结一致，反对帝国主义。本届团结大会的胜利召开表明，古巴作为拉
美左翼运动的旗帜和先锋，在拉美各国人民中仍然具有无可替代的影响力
和号召力。通过此次会议，拉美左翼进行了充分的思想动员，积蓄了重要

---

① ACN, Un espacio de encuentro y solidaridad continental, Granma, http://www.granma.cu/foro-
sao-paulo/2018 – 07 – 18/un-espacio-de-encuentro-y-solidaridad-continental – 18 – 07 – 2018 – 00
– 07 – 06.

② Nuria Barbosa León, Vivian Bustamante Molina, Fortalecer los sueños y la obra de Fidel y Chávez,
Granma, http://www.granma.cu/cuba/2018 – 12 – 14/fortalecer-los-suenos-y-la-obra-de-fidel-y-
chavez – 14 – 12 – 2018 – 23 – 12 – 40.

的组织力量，并最终达成了团结与反思的历史共识。

尽管长期面临着特殊的地缘政治困境，但古巴在国际事务中始终坚持国际主义和多边主义的传统，为其赢得了地区大国都难以企及的国际声望。2019 年 11 月，联合国大会连续第 28 年投票通过了古巴提出的"谴责美国对古实施封锁并要求美国停止封锁"的议案。议案以 187 票赞同、3 票（美国、以色列、巴西）反对和 2 票（哥伦比亚和乌克兰）弃权获得通过。较往年而言，绝大部分国家保持了一贯立场，而巴西和哥伦比亚的反常表态引人关注。巴西由 2018 年的赞成票改为反对票，与巴西新总统博索纳罗政府的极右翼立场①密切相关。而哥伦比亚由赞成票改为弃权票则与古巴支持其邻国委内瑞拉马杜罗政府及与哥游击队的关系相关。据古巴官方透露，会前美国代表曾约谈拉美六国代表，期待各方合力反对古巴。

2. 深化与委内瑞拉的伙伴关系

1959 年古巴革命胜利后不久，菲德尔·卡斯特罗便访问了委内瑞拉。1961～1974 年，两国中断了外交关系。1994 年，大赦后的查韦斯作为玻利瓦尔革命运动－200 组织负责人应邀访古，受到了菲德尔·卡斯特罗主席的接见。1999 年，查韦斯以委内瑞拉当选总统身份再次访古，其后卡斯特罗主席应邀赴委内瑞拉参加了查韦斯的就职典礼。2000 年，两国签署了石油换服务协议，委内瑞拉计划以优惠价格向古巴供应原油，古巴则向委内瑞拉派遣医生、教师及农业、银行和军警等领域的专家。2004 年，两国发表联合声明，宣布启动"美洲玻利瓦尔替代计划"，并签署相关协定。为巩固两国的战略盟友关系，委内瑞拉以优惠价格向古巴出售的石油，由 2000 年的每天 5.3 万桶增加到 10 万桶，古赴委医生和教师人数也由 2 万名增至 4 万名。2005 年，两国在能源、农业、贸易、通信、医疗卫生及教育等领域，又签署了 49 项合作协议。与此同时，双边贸易额也迅速增长，从 20 世纪 90 年代末的 3000 万美元增至 2003 年的 9.45 亿美元、2006 年的 12 亿美元

---

① 自 2018 年 10 月博索纳罗极右翼政府上台后，美国与巴西关系迅速升温，而巴西与古巴关系跌入低谷。2018 年 11 月，因博索纳罗公开批评古巴政府"剥削"外派医生并提出合作限制，两国终止了长达 5 年多的医疗合作。

和 2008 年的 52.8 亿美元，委内瑞拉随之跃升为古巴的第一大贸易伙伴。

2008 年，古巴国务委员会主席兼部长会议主席劳尔·卡斯特罗对委内瑞拉进行了国事访问，这是劳尔任古巴国家领导人后的首次出访。其间，两国共同签署了 173 项、总额达 20 亿美元、拟于 2009 年启动全面合作的协议计划。2013 年，查韦斯总统离世，其继任者马杜罗秉承了查韦斯的对古友好政策。劳尔主席和马杜罗总统分别于 2014 年和 2016 年实现了互访。其间，两国签署了 10 项价值 14.28 亿美元的新合作协议。

2012 年，委内瑞拉与古巴贸易占古巴进出口总额的 44%，次年降至 35%。受国际原油市场持续低迷等因素的影响，委内瑞拉经济面临空前挑战，其对古巴的原油出口及相关援助也被迫削减，致使古巴经济陷入一定程度上的连带危机。

3. 拓展与地区大国的多元合作

1959 年古巴革命胜利后，墨西哥是唯一顶住美国压力、未与古巴断交的拉美国家，两国向来保持着良好的双边往来。自 2000 年福克斯总统上台后，墨西哥政府对古政策发生了较大转变。墨西哥支持古巴异见人士并在联合国人权委员会会议上要求古巴改善人权等做法，遭到了古巴的强烈谴责，致两国关系陷入空前紧张。

2006~2012 年，卡尔德龙执政期间，两国关系略有缓和。2008 年，两国就古巴欠墨西哥的 4 亿美元债务达成了重组协议。2012 年，卡尔德龙总统访问古巴。自 2012 年培尼亚·涅托总统上台后，古墨关系持续改善。2013 年，墨西哥决定免除古巴 4.87 亿美元外债的 70%，余下 30% 分十年偿还。2014 年和 2015 年，墨西哥总统培尼亚·涅托和古巴国务委员会主席兼部长会议主席劳尔·卡斯特罗实现了互访。其间，两国签署了农业、教育及旅游等领域的五项合作协议。2015 年，墨古贸易由原来的 3 亿~4 亿美元增至 5 亿美元，墨在古投资项目达 30 项，其中 9 项位于古巴马里埃尔发展特区。

（二）与中国等社会主义国家加强传统友谊

进入 21 世纪以来，中国越来越重视与拉丁美洲国家的合作互信。尤其在经贸领域，中拉经贸往来从 2000 年的 100 亿美元增加到 2011 年的 1830 亿美元。而在与中国交往的众多拉美国家中，古巴是最为特殊的一个。首先，古巴是第一个与新中国建交的拉美国家。其次，古巴是拉美国家中唯一一个与中国社会政治制度高度相似的国家。

目前，中国已成为古巴第一大贸易伙伴国。有学者认为，尽管中国的外交原则和方向与现行西方国家主导的国际治理框架仍存在一定的差异，但随着中国国力和国际影响力的提升，国际多边组织正试图适应中国以国家为主导的经济发展模式，逐步减小与中国在经济治理框架和实践中的摩擦。古巴和中国的合作逐渐从以国家为主导的双边合作向更多市场化的合作转变。尽管古中两国的市场化合作遭到了一些古巴保守人士的尖锐批评，但古巴改革派认为，这将有助于古巴更加顺利地融入国际经济体系。中古合作的根本目的并不在于抵制美国，而在于古巴借助中国的资源和平台，通过扩容与升级经济产能，实现国民经济的协调与可持续发展。尽管中国对古巴的援助渠道主要是政府间合作，但越来越多的民间资本和力量也逐渐参与进来。自劳尔主政以来，古巴政府致力于探索一条有控制的经济开放之路。[①]

自 20 世纪 90 年代初起，中古两国政府间加强合作，中国力图帮助古巴建立经济增长所必需的基础设施、实现制造业的升级换代、逐步开放市场和增强各工业部门的协调性。尽管中国企业尽力适应古巴的市场规则，但古巴经济改革中一些稍显滞后的环节与领域仍给双方的合作带来了一定挑战。自劳尔执政以来，古巴在参考中国经济发展经验的同时，正努力推进具有古巴特色的、可行的社会经济模式更新。

2009 年 11 月，古巴通信部旗下的电子工业集团与中国家电生产企业海尔集团合资，在古巴进行计算机零部件生产和家电产品组装。2008 年 11 月，胡锦涛主席再次访古期间，延长了古巴贷款偿付的时间，向古巴捐赠 800 万美元的飓风救灾款，并给予古巴 7000 万美元医疗基础设施的援建贷款。此次访问，还为中国国家石油公司在古的 60 亿美元投资扫清了障碍，

---

① Philip Brenner, Marguerite Rose Jiménez, et al., *A Contemporary Cuba Reader*: *The Revolution under Raúl Castro*, Rowman & Littlefield Publishers, Jul. 8, 2014, p. 230.

这笔投资将用于古巴西恩富戈斯石油提炼厂的扩建和液态天然气厂的建设，扩建后的石油提炼厂产能将提升至每日 15 万桶。

中国对古巴交通产业的投资也值得关注。2006 年，古巴获得中国出口信用保险公司 18 亿美元的贷款，并于 2010 年进行了偿还方式的再谈判。2006 年，古巴政府宣布与中国签署总额逾 20 亿美元的合同，用以改善古巴的公路和铁路交通。2009 年，古巴从中国共进口 500 节火车客运及货运车厢，2009 年共计 21 个火车头投入运营。2008 年，中国宇通公司向古巴出售了 1000 辆节能巴士，其中 200 辆于 2008 年年中便投入了运营。为节约 12% ~ 15% 的运输成本，宇通公司还从郑州通过海运将巴士零部件运往古巴进行组装。由 30 人组成的中国技术团队通过对古巴汽车组装厂技术工人的培训，实现了技术转移。此外，中国还在家电生产、沼气提取、牧羊业、水库渔业和杀虫剂生产等领域，为古巴提供融入国际生产链所需的技术援助。与欧洲（尤其西班牙）等外国私营部门在古巴的投资不同，中国对古投资旨在帮助古巴通过技术培训，实现更多的发展目标，而前者则更关注盈利周期短的酒店、旅游、服务业等飞地经济部门。

古巴基础设施的升级换代、信息技术和电子培训的发展，为其产业链的协调发展奠定了基础，有力地支撑了古巴国内制造业的发展和地区出口海运的增长。随着中国设备对古巴港口改造的参与，两国的地区影响力也将不断扩大。

近年来，随着古巴经济模式更新的不断推进，两国的合作逐渐向经济改革与开放领域深入，尤其是自劳尔主政古巴以来，古巴谨慎探索私营经济的一系列举措表明，古巴经济模式更新正朝着经济改革的深水区不断迈进。2011 年，古共六大颁布了古巴《党和革命经济与社会政策纲要》，肯定了国家在经济运行中的主导地位，并鼓励适度发展私营经济。2010 年，古巴全国人大主席里卡多·阿拉尔孔在访华期间，肯定了中国的经济改革对古巴发展的借鉴意义。劳尔在 1997 年和 2005 年访华期间表示，应学习中国劳动市场改革和混合所有制经济创新等领域的经验，尤其是中国为融入世界贸易组织等的国际规制所做出的调整和取得的进步。2011 年，时任中国国家副主席习近平在访古期间，不但与古方签署了石油和天然气投资备忘录，还就银行和经济计划合作与古方进行了商谈。

古巴领导人多次表示，将参考中国社会主义市场经济渐进改革的有益经验，但古中两国毕竟国情不同，在改革的时序和具体方案上，古巴不会照搬中国模式。在古巴历史上，无论是 19 世纪西班牙殖民时期、20 世纪上半叶美国主导期间，还是 20 世纪下半叶倚赖苏联援助时期，过度的外部干预都会激起古巴国内强烈的民族主义情绪。中国企业在古发展，也须严格遵守古巴法律法规，两国的技术合作均在古巴中央政策目标的严格监管之下，一些贸易与投资机会因此也会受到相应限制。

通过两国政府协议购买的宇通于 2008 年集中运抵古巴，但由于古巴公路路况欠佳，许多在 2010 年底至 2011 年初就出现了严重耗损。在古中协议中，中方并未就客车的后期维护和零部件更换明确相关责任。古巴的家电制造业也面临同样的问题，由于缺少独立的质量监管，电视机、大米加工设备及其他在古巴组装的中国品牌电器纷纷遭遇使用周期短的问题。而大量闲置的、从苏联和美国产品上淘汰的零部件又无法与中国的新产品匹配。

2011 年 6 月，中古两国就首个双边五年合作计划进行磋商。古巴希望，在国与国合作的基础上，中国能为古巴一些小企业的成长提供更多的资金和资源支持。人民币国际地位的提升以及中国在国际组织和全球治理中的积极影响，为古巴进一步融入国际经济规制提供了信心和引导。

古巴学者认为，国与国之间的合作应以帮助古巴实现经济增长为目标，并建立相应的合作基础。①关于中古合作，古巴学者普遍认为，尽管中国不断强大，但中国倡导和平共处五项原则，十分重视主权问题，因此古巴并不担心在中古交往中出现类似与苏联、与美国交往中面临的主权危机。有古巴学者认为，中古双边项目应以帮助古巴实现制造业产业升级为目标，不断开放市场，增强产业部门之间的协调性，有控制地引入私有经济成分；中国企业受制于古巴国家体制的细节，双方由此产生了一些摩擦，但中国

① Philip Brenner, Marguerite Rose Jiménez, et al., *A Contemporary Cuba Reader：The Revolution under Raúl Castro*, Rowman & Littlefield Publishers, Jul. 8, 2014, p. 217.

试图改变国际金融规制和标准的努力，对古巴的未来及古巴重新融入这些国际组织具有重要的意义。①

2017 年 12 月，古巴政府派团参加了在中国上海举办的"2017 一带一路名品展"，并推介了咖啡、朗姆酒、雪茄、生物技术与制药、医疗服务等古巴的优势产品和新版外商投资项目目录。

2018 年 11 月，中古两国共同签署了《关于共同推进丝绸之路经济带和 21 世纪海上丝绸之路建设的谅解备忘录》，其于 2019 年正式生效。古巴驻华大使米格尔·拉米雷斯高度评价中国的"一带一路"倡议，认为以互利共赢为基础的"一带一路"倡议是新型全球化的代表，是对美国主导的"新自由主义"全球化的替代；"一带一路"倡议为可持续发展提供了明确机遇，尤其有利于发展中国家的共同发展；300 多年来，古巴一直是海上丝绸之路的一部分，古巴愿为"一带一路"倡议在拉美的延伸与落地做出贡献。② 目前，古巴正积极研究参与"一带一路"倡议的具体方案，两国将在科技及通信领域开展密切合作。③ 2019 年 10 月 1 日，古巴共产党和政府举行了庆祝中华人民共和国成立 70 周年大会，古共中央第一书记劳尔·卡斯特罗、国务委员会主席迪亚斯－卡内尔等古巴党政军主要领导人出席了大会。2019 年 11 月，古巴宣布 2020 年初将在古驻华使馆增设旅游顾问一职，并将 2021 年定为中古旅游交流年。

2018 年，古巴新任领导人首轮出访备受关注。2018 年 11 月，古巴国务委员会主席兼部长会议主席迪亚斯－卡内尔对俄罗斯、中国、朝鲜、越南及老挝进行了国事访问。这是迪亚斯－卡内尔主席自 2018 年 4 月当选古巴最高领导人后首次出访美洲以外的国家，也是其对五国的首次正式访问。

---

① Philip Brenner, Marguerite Rose Jiménez, et al., *A Contemporary Cuba Reader：The Revolution under Raúl Castro*, Rowman & Littlefield Publishers, Jul. 8, 2014, p. 217.

② 《和佳：古巴驻华大使米格尔·拉米雷斯："一带一路"倡议是新型全球化》，百度，https://baijiahao. baidu. com/s? id = 1628571859311508842&wfr = spider&for = pc，2019 年 3 月 21 日。

③ 《以"一带一路"高峰论坛为契机古巴深化与中国合作》，中华人民共和国商务部网站，http://cu. mofcom. gov. cn/article/jmxw/201904/20190402858425. shtml，2019 年 4 月 29 日。

上述五国均为古巴传统友好国家，除俄罗斯外的四国为社会主义国家，而俄罗斯、中国和越南三国是古巴最为重要的部分贸易伙伴国。访问期间，迪亚斯－卡内尔与五国均签署了重要协议或发表了联合声明。[①] 2019 年，古巴继续同中国、越南、朝鲜等社会主义国家保持良好的伙伴关系，不断深化团结与合作。

（三）与俄罗斯深化战略合作

进入 21 世纪后，古巴与俄罗斯的关系日益升温。2006 年和 2008 年，俄罗斯总理米哈伊尔·弗拉德科夫和总统梅德韦杰夫先后访问古巴。其间，俄罗斯承诺向古巴提供 2000 万美元贷款，并与古巴签署了十项合作协议。2009 年，古巴国务委员会主席兼部长会议主席劳尔·卡斯特罗访问俄罗斯。此次访问是东欧剧变、苏联解体后，古巴领导人对俄罗斯进行的首次访问。其间，两国宣布建立"战略伙伴关系"，并签署了九项合作协议。此后，劳尔·卡斯特罗主席分别于 2012 年和 2015 年，再次访问俄罗斯。2016 年，时任古巴国务委员会第一副主席兼部长会议第一副主席的米格尔·迪亚斯－卡内尔访问俄罗斯。2013 年和 2014 年，俄罗斯总理梅德韦杰夫和总统普京先后访问古巴。其间，两国签署了十二项合作协议，俄方宣布免除古巴 350 亿美元债务的 90%，余下 10% 作为俄方投资分 10 年给付古方，并向古巴提供了用以建设四家火力发电厂的 16 亿美元贷款。

2010 年前后，两国贸易额保持在 2 亿~3 亿美元。2007 年，两国贸易额达 3.63 亿美元，2011 年和 2012 年分别为 2.24 亿美元和 2.72 亿美元。在古巴对外贸易中，俄罗斯居第九位或第十位。

2019 年 10 月初，俄罗斯总理梅德韦杰夫访古期间，重申俄罗斯将坚决反对美国对古巴和委内瑞拉的干涉与制裁，坚定支持古、委两国人民和政府维护主权正义，俄罗斯将继续加强与古委两国的合作。2019 年 10 月底，刚刚当选古巴国家主席的迪亚斯－卡内尔首访欧洲便选择回访俄罗斯。访俄期间，迪亚斯－卡内尔主席与普京总统就加强双边战略合作伙伴关系、

---

① Granma, La gira oficial en contexto, http://www.granma.cu/gira-internacional-del-presidente/2018 – 11 – 15/la-gira-oficial-en-contexto – 15 – 11 – 2018 – 22 – 11 – 07.

协同应对相关国际问题等议题进行了重要会晤。[①] 迪亚斯－卡内尔主席表示，他将应邀出席 2020 年俄罗斯卫国战争胜利 75 周年庆祝活动。2018～2019 年，古俄两国双边贸易额增长了 33%，两国在能源等多个领域有着巨大的合作潜力。

（四）与西班牙等西方国家拓展友好关系

21 世纪初，古巴与欧盟关系恶化。双方自 2014 年开启正式谈判后，经多轮磋商于 2016 年签署了旨在实现双边关系正常化的《政治对话与合作协议》，为双边关系正常化打下了基础。2015 年，古巴政府同巴黎俱乐部债权国集团就古巴债务达成协议。巴黎俱乐部决定免除古巴 111 亿美元债务中的 85 亿美元利息，其中 18.8 亿美元为西班牙免除的古巴债务利息，古巴对西班牙债务由此减免为 5.9 亿美元。古方承诺，将在十八年内偿还余下的 26 亿美元逾期债务。2017 年，欧洲议会全会以 567 票同意、65 票反对和 31 票弃权通过了欧盟与古巴的政治对话与合作协议。2007 年，西班牙外交大臣访问古巴，两国决定建立双边高级别磋商机制，并就人权、债务和恢复哈瓦那西班牙文化中心等问题进行谈判。2009 年，两国关系全面恢复。2014 年，西班牙外交大臣访问古巴。2015 年，古巴部长会议副主席和外贸外资部长访问西班牙。此外，随着古美关系的正常化和古欧关系的改善，法国、德国、意大利、荷兰及英国等多国领导人及政要陆续访古。2015 年和 2016 年，劳尔·卡斯特罗主席先后访问了意大利和法国。2012 年，教宗本笃十六世访问古巴。2015 年，劳尔·卡斯特罗主席访问梵蒂冈，教宗方济各访问古巴。

加拿大是古巴第四大贸易伙伴，也是古巴第一大旅游客源地。2015 年，加拿大赴古游客达 130 万，占古巴境外游客的 40%。2013～2014 年，加拿大为美古两国复交谈判提供了便利。2016 年，古巴外长布鲁诺·罗德里格斯与加拿大总理贾斯廷·特鲁多实现互访。

进入 21 世纪后，古巴和日本就古巴债务重组达成了协议。2016 年，双边

---

① 王修君：《俄总统与古巴国家主席举行会晤》，中国新闻网，http://www.chinanews.com/gj/ 2019/10－30/8992982.shtml，2019 年 10 月 30 日。

贸易额为 970 万美元。2015 年，到访古巴的日本外相岸田文雄受到了劳尔·卡斯特罗主席的接见，并与古巴前领导人菲德尔·卡斯特罗举行了会晤。同年，日本宣布免除古巴约 9.97 亿美元的债务。2016 年，古巴国务委员会第一副主席兼部长会议第一副主席迪亚斯－卡内尔和日本首相安倍实现了互访。

2019 年 11 月，西班牙国王费利佩六世访问古巴，这是西班牙国家元首历史上首次对古巴进行国事访问。费利佩六世访古期间，两国元首共同签署了《2019～2022 年古巴－西班牙国际合作框架协定》；费利佩六世还向古巴民族英雄何塞·马蒂和美西战争中阵亡的西班牙将士敬献了花圈，参观了哈瓦那历史中心，为古巴历史学家尤塞比奥·莱亚尔颁发了"卡洛斯三世大十字勋章"，并参加了哈瓦那建城 500 周年庆典。

古巴曾是西班牙在拉丁美洲的最后一个殖民地。1898 年美西战争后，美国占领古巴，古巴随即结束了西班牙近 400 年的殖民统治。20 世纪 90 年代，西班牙前国王胡安·卡洛斯一世曾试图访古，但时任西班牙首相阿斯纳尔坚持欧盟对古"共同立场"导致古西关系恶化。2018 年 11 月，西班牙首相桑切斯访问古巴。其间，两国签署了"建立永久对话机制"和"推动两国文化合作"两份谅解备忘录。

目前，西班牙已成为古巴经贸投资领域最为重要的伙伴国之一，两国在旅游、金融等 30 多个领域合作密切。自 2018 年以来，西对古出口同比增长达 13%，远超西班牙在世界其他地区及国家的贸易增长。在 2019 年第 37 届哈瓦那国际博览会上，西班牙作为最大参展国，共有来自农业、食品工业、设备、旅游、建筑、物流及服务等部门的 110 家企业参展。尽管受到美国《赫尔姆斯－伯顿法》第三条的威胁，西班牙政府仍然鼓励西班牙企业加强对古投资。

此外，2019 年 3 月 24 日至 27 日，英国王储查尔斯夫妇对古巴进行了正式访问，这是自 1959 年古巴革命胜利后英国王室对古巴进行的首次正式访问。近年来，两国政治对话不断加深，并试图在教育、卫生、文化、环境保护及可持续发展等领域进一步开展合作。

2019 年，古巴与西方国家的频频接触及外交突破引发了美国的高度关注和不满。这表明，美国的反古立场和措施对其他西方国家的影响和约束正在稀释，古巴更新所展现的活力和潜力逐渐得到广大西方国家的认可，对古立场成为检验其他西方国家与美国关系的试金石。

三　新冠肺炎疫情下的对外援助与国际影响

菲德尔·卡斯特罗主席认为，爱国主义和国际主义是统一的，取得民族独立的国家应发扬国际主义精神。新冠肺炎疫情在全球发生以来，古巴在积极管控国内疫情的同时，对其他国家给予了力所能及的人道主义援助，赢得了国际社会的广泛赞誉。

发扬国际主义精神是古巴外交政策的核心原则与一贯立场。古巴国际主义精神的真谛在于——古巴分享其所拥有的全部，而不是剩余。2020 年 3 月，在加勒比多国拒绝英国涉疫邮轮靠岸后，古巴政府在第一时间决定为该邮轮提供力所能及的人道主义援助。2020 年 3 月 17～18 日，在古巴政府的全力支持下，英国"布雷马"号邮轮上约 1500 名外国旅客及船员在古巴境内成功实现了从海路到陆路再转航路的接驳，邮轮人员最终从哈瓦那何塞·马蒂国际机场乘坐英国政府提供的四架包机返回英国。2020 年 3 月 21 日，古巴首支赴欧医疗队出征。这是古巴第六支抗疫援外医疗队，此前古巴已向牙买加、尼加拉瓜、委内瑞拉、苏里南、格林纳达等周边国家派遣了抗疫医疗队。截至 2020 年 12 月，古巴已向全球 40 多个国家派出由 3000 余名古巴医护工作者组成的 53 支抗疫医疗队。此外，古巴驻全球 59 个国家的 2.8 万名医护人员也积极参与到各国的新冠肺炎疫情防控工作中。除派遣医疗队，古巴还致力于与世界各国分享病患救治和疫苗研发等方面的经验。

全球疫情蔓延以来，古巴政府及人民的国际主义精神和人道主义关怀得到了受援各方及国际社会的高度评价。欧洲议会欧古友好小组对古巴政府向意大利、安道尔等欧洲国家派遣医疗队表示感谢，并高度赞扬了古巴医护人员的专业精神和古巴人民无私奉献的精神。巴西前总统卢拉致函迪亚斯－卡内尔主席，对古巴人民尤其是古巴科学家和医护人员对世界各国的援助表示感谢，并指出"只有在危难时刻才明白什么是真正的伟大，古巴富有战斗性和革命性的团结使古巴屹立于世界高地，有力地回击了对古实行封锁和孤立的美帝国主义"。

国际主义是社会主义国家在对外交往原则上与帝国主义国家的根本区别之一。古巴在抗疫中的担当与奉献与美帝国主义的虚伪和冷酷形成了鲜明对比。美国发生"卡特里娜"飓风等自然灾害时，古巴曾主动提出向美国提供援助，遭到美方拒绝。因美国对古封锁，古巴医疗援外工作一直受到限制。新冠肺炎疫情发生以来，美国政府不但从未向古巴表达援助意愿，反而进一步加剧了对古巴的经济封锁和贸易禁运，严重限制了古巴抗疫能力，损害了古巴人权。2020 年美国特朗普政府还试图发动反古舆论战，以转移美国民众对美政府抗疫不力的声讨。

第二节　古美关系的演化与影响

2013 年，古美复交前夕，古巴官员曾表示，古巴不再像苏东剧变后失去社会主义阵营援助时那样急切地希望改善与美关系，古巴政府欣喜地看到来自拉丁美洲及世界各国的越来越多要求美国改变对古政策的呼声，古巴不会为迎合美国而重塑自己的政治体制。① 从 2014 年 12 月两国启动复交谈判到 2016 年 3 月奥巴马总统访古，从 2017 年特朗普政府对古政策的大反转到拜登政府延续对古封锁政策，古美关系正常化进程可谓一波三折。尽管古美两国已建立形式上的外交关系，但阻碍古美关系向好的负面因素和反动力量依然活跃。

此外，古美关系的修复还取决于一些关键因素的作用。一是来自拉丁美洲的压力。除美国外，西半球的其他国家都与古巴建立了外交关系，许多国家要求美国解除对古巴的封锁。另一个建设性的因素在于，古巴在哥伦比亚政府与该国主要游击组织间的谈判中起到主持和调解的重要作用，而结束哥伦比亚革命武装力量也是美国最为重要的外交目标之一。此外，

---

① Philip Brenner, Marguerite Rose Jiménez, et al., *A Contemporary Cuba Reader：The Revolution under Raúl Castro*, Rowman & Littlefield Publishers, Jul. 8, 2014, p. 228.

古美两国在反对毒品走私、环境保护和防治流行病方面，也存在许多共同利益与合作的可能。

一　古美关系出现严重倒退

2014 年 12 月 17 日，奥巴马与劳尔·卡斯特罗分别发表讲话，宣布将就恢复两国外交关系展开磋商。2015 年 4 月 11 日，奥巴马和劳尔·卡斯特罗在第七届美洲国家首脑会议上首次会面。其间，联合国秘书长潘基文积极评价美古"破冰"，称美洲地区正以"历史性手段弥合长久存在的分歧"。2015 年 5 月 29 日，美国正式将古巴从"支持恐怖主义的国家名单"中删除。2015 年 7 月 1 日，美古宣布就恢复外交关系达成协议，并于当月 20 日在哈瓦那和华盛顿互设大使馆，从而正式恢复外交关系。其后不久，古巴外长罗德里格斯与美国国务卿克里即实现了高层互访。2016 年 3 月，奥巴马成功访问古巴，古美关系迎来新高潮。

2017 年，随着美国新任总统特朗普对古政策的收紧，古美关系正常化进程再次面临严峻考验。2021 年上台的拜登政府仍然坚持对古封锁政策，古美关系未见缓和。

（一）奥巴马成功访古，促古美复交新高潮

2016 年 3 月 20～22 日，美国总统奥巴马携家人及美国两党议员正式访问古巴，这是 88 年来美国总统对古巴进行的首次正式访问。访问期间，奥巴马首先向著名的何塞·马蒂纪念碑敬献花圈，随后出席了古巴领导人劳尔·卡斯特罗为其举行的欢迎仪式。两国元首在会晤后发表联合声明，并共同出席了记者发布会。劳尔表示，古巴尊重人权，但坚决反对别国借人权问题干预古巴内政，期望古美两国建立新型关系，在保留分歧的基础上以文明方式共处；美政府近期对古放宽旅游及贸易等方面多项禁令值得肯定但仍显不足，望美方彻底解除对古禁运。奥巴马表示，双方在人权、民主等问题上仍有严重分歧，但对话坦诚率直；古巴的未来只有古巴人民能决定，希望美古两国在相互尊重的前提下进一步发展双边关系。

在同美古两国企业家会面时，奥巴马承诺扶助古巴企业，并再次呼吁美国国会撤销对古贸易制裁，让美国成为助力古巴经济发展的友邦。奥巴马还肯定了古巴高识字率和高创造力的优势，认为两国贸易前景乐观，并宣布为古巴青年企业家提供 15 个赴美进修名额，欢迎古巴企业家赴美参加全球企业家峰会。

此外，古巴官方电视台还直播了奥巴马在哈瓦那大剧院面向古巴人民发表的演讲。奥巴马首先表达了此行的友好意愿。奥巴马称，此行意在埋葬美洲大陆最后一丝"冷战残余"，向古巴人民伸出"友谊之手"，古巴不必害怕来自美国的威胁；美古两国跨越了革命与冲突、斗争与牺牲、报复与和解，现在应放下过去，共同面向未来。其次，奥巴马强调必须有勇气承认美对古政策失败这一事实，并再次呼吁美国国会解除对古封锁，这一表态立刻赢得了古巴现场民众的掌声。再次，奥巴马寄语古巴改革，他强调美国没有能力也没有意愿将任何改变强加于古巴，改变取决于古巴人民，每个国家都应选择自己的道路和模式。最后，奥巴马展望了双边关系前景。奥巴马表示，美古在和平、安全、人权等领域仍存在巨大分歧，但双边关系正常化进程有利于促进美洲团结，古巴将继续在地区及全球事务中发挥重要作用，并成为美国的合作伙伴。

其间，奥巴马还会见了美驻古巴外交人员和古巴民权人士，观看了古美棒球表演赛，并游览了哈瓦那旧城。

（二）特朗普收紧对古政策，古美关系降至历史冰点

2017 年，新任美国总统特朗普对古政策不断收缩，导致古美关系不进反退。2017 年 6 月，美国总统特朗普在迈阿密宣布，美国将继续执行对古巴的经济、金融封锁和贸易禁运政策，同时禁止美国企业与古巴军方控制的企业进行贸易往来，禁止美国公民个人以自由行方式赴古巴旅游等。随后，特朗普还签署了"美国加强对古巴政策"备忘录，宣布将调整与古巴交易的现行规定，扩大对古巴的互联网服务，促进古巴的新闻自由、经商自由、结社自由和合法旅行等，但不会恢复"干湿脚"移民政策。

此外，因美驻古巴大使馆员工频现身体不适，美方以使馆人员遭受"声波攻击"为由，先后撤离了部分驻古巴使馆人员及家属，并驱逐了十多

名古巴驻美外交人员。尽管古巴政府多次声明不存在美使馆提出的类似攻击，并愿意配合美方展开调查，但美国政府仍然发布了面向美国公民的赴古旅行警示，并宣布无限期停办古巴公民赴美签证。受特朗普对古政策的影响，2017年有多家美国航空公司宣布停飞古巴航线。

2019年，美国对古巴封锁和制裁不断升级，一方面阻挠各国与古巴进行正常经济往来；另一方面通过限制美对古侨汇、阻挠古巴原油进口和降级领事关系等措施进一步打压古巴的生存空间，从而导致双边关系降至复交后的历史冰点。

1996年美国通过的《赫尔姆斯-伯顿法》停止一切美国在古巴的投资，要求外国公司在古巴与美国市场之间只能"二选一"，同时阻止国际金融机构对古巴提供任何信贷和金融支持。从2019年5月2日起，美国实施1996年通过的《赫尔姆斯-伯顿法》第三条。根据该条款，1959年古巴革命胜利后，凡是被古巴政府"没收"的美国公司和个人财产，美国公民可以在美国法院向使用这些财产的古巴实体以及与其有经贸往来的外国公司提起诉讼。根据美国国务院统计，目前已核准6000件声索诉讼，涉及金额约60亿英镑，还有20万件等待审核，其中大部分与欧洲国家及加拿大有关。自1996年以来，美国历任总统出于对盟国关系的顾忌，均动用总统权力冻结了该条款。特朗普政府重启该条款，一方面意在争取古巴裔美国公民对其连任的支持；另一方面试图对古巴政府极限施压，以压促变。美国政府这一基于"长臂管辖权原则"的做法严重侵犯了欧洲多国、加拿大等涉古国家的主权和利益，无疑进一步加剧了古巴的经济危机。

此外，自2019年5月1日起，美国政府还重启了对古侨汇的限令。该限令规定，美国公民对古侨汇每人每季度不得超过1000美元。其间，美国还层层阻挠委内瑞拉对古原油运输，并对第三国涉事船运公司和保险公司予以制裁。因支持委内瑞拉马杜罗政府，古共中央第一书记劳尔·卡斯特罗及其家属和古巴革命武装力量部部长先后被美国政府列为制裁对象。

目前，古巴仍然是美国公民唯一不能自由前往的国家。2019年6月，特朗普政府宣布禁止美国公民以"团体人文教育"旅行为由前往古巴，并禁止美国邮轮进入古巴港口。2019年9月19日，美国指控古巴常驻联合国代表团成员"企图实施干预美国的行动"，要求其立即离境，并大幅缩小了古巴常驻联合国外交官在美活动范围。2019年10月，特朗普政府又下令取消了飞往古巴九个机场（除哈瓦那）的美国航班。

面对美国的步步紧逼，古巴政府始终坚持有理、有力、有节的斗争原则，力图在维护国家主权和尊严的前提下，最大限度地保障模式更新顺利推进。2019年12月21日，古巴国家主席迪亚斯－卡内尔在古巴全国人大上指出，古巴将采取一切必要措施阻止美国的干涉主义图谋，增进古巴民众的安康和福祉，维护古巴民族团结，捍卫国家主权和独立。

（三）拜登政府继续奉行反古政策，变相加剧对古封锁

拜登团队在竞选时曾表露出将延续奥巴马时期民主党缓和对古关系的政策倾向。2021年初，特朗普政府卸任前，美国把古巴国际金融银行列入制裁名单，并重新将古巴列入"支持恐怖主义的国家名单"。拜登政府上台后，以"古巴不是美国外交优先事项"为由，拒绝就古美关系改善问题进行表态。尽管缺乏明确的政策阐释，但诸多事实表明，拜登政府不但延续了特朗普政府对古巴的敌对立场，而且通过各种不可告人的方式，变相加剧了对古封锁和对古巴政府的颠覆渗透活动。

2021年，在封锁与疫情的双重打击下，古巴正遭遇30年来最为严重的经济与民生危机。因美国对古巴的禁运和封锁政策，古巴政府和人民在内部资源极其有限的情况下，难以获取生存急需的食品、生活用品及药品等进口物资和国际援助。一些支援古巴的政府、企业和社会团体甚至受到美国对古制裁的连带制裁。2021年6月，联合国大会历史上第29次通过了"要求美国解除对古巴禁运和经济制裁"的决议。在184国支持古巴的情况下，美国依然冒天下之大不韪，公然投出反对票。美国对古巴的禁运和经济制裁严重侵犯了古巴人民的基本人权，破坏了世界人民团结合作、共同抗疫的历史共识。

在古共八大上，劳尔重申，"古方愿与美方开展互相尊重的对话并寻求建立新型双边关系，但美方不要妄想古巴会因此放弃社会主义，古巴将捍

卫革命理想，并奉行致力于正义事业的外交政策"。

二　古巴面临美古复交的双刃剑效应

古美冲突源自冷战时期资本主义阵营和社会主义阵营的历史交锋。半个多世纪以来，世界形势发生了深刻变化，两制关系从单纯的对抗状态逐步演化为共存、对话和竞争的多元格局。自 2014 年底美古两国释放破冰信号后，美古关系一波三折，依然暗流涌动。2015 年 7 月，美古两国正式建立外交关系，从而标志着美古关系正常化第一阶段的完成。2015 年 9 月和 2016 年 1 月，美国宣布放宽对古旅游、经贸、出口、民航等领域的部分限制。2016 年 2 月，古美两国政府签署直航协议。

尽管奥巴马时期的美古关系正常化进程已取得了重要进展，但美古在取消封锁、归还关塔那摩军事基地、解决财产赔偿等历史遗留问题和人权、民主等政治问题上依然存在严重分歧。美国一些反古议员认为，除非古巴解除对言论自由和人权的限制，就人权改革做出表态，否则不应解除对古禁运。而古巴方面则认为，两国关系正常化的主要障碍在美国，美国必须解除对古制裁，归还海军基地，停止反古宣传，停止一切对古颠覆活动，补偿历史损失，废止《古巴调适法》等鼓励非法移民、扰乱古巴社会秩序的政策。

对古巴而言，美古关系正常化后的双刃剑效应不可避免，能否把握好改革与开放的辩证关系关乎古巴社会主义的安危与兴衰。一方面，古巴经济将直接受益于古美关系的松动，尤其是外资、旅游、经贸、基础设施建设等领域。另一方面，美古往来的便利也为古巴政府应对非法移民、贫富分化、意识形态等问题增加了新的管控难度和社会压力。

特朗普政府对古政策的收紧和拜登政府的无为政策表明，尽管双方已恢复形式上的外交关系，但美国对古巴实施封锁禁运的基本立场依然没有改变，美对古政策的不确定性依然存在，古美关系彻底正常化的道路依然艰难漫长。

第八章　模式更新的历史意义与前景

进入 21 世纪以来，逐渐走出苏东剧变阴霾的古巴继续坚持独立自主地探索具有本国特色的社会主义道路。在模式更新阶段，古巴坚持社会主义基本制度和党的领导不动摇，不断推进社会主义政治民主、经济发展、社会建设与多元外交，为古巴社会主义中长期发展积蓄了重要的制度资源、理论成果与实践经验。作为一场多维、持久和系统的社会革新工程，旨在实现"繁荣、民主与可持续"的古巴模式更新在迎来发展机遇的同时，也面临诸多不确定性和现实挑战。

第一节　模式更新的基本经验与意义

古巴模式更新的核心关切在于国家安全与社会发展。前者力图在维护古巴国家主权、尊严与安全的基础上，不断夯实古巴社会主义的制度基础与建设成就，进而实现古巴在政治、经济、社会、文化及生态等领域的核心利益。后者旨在兼顾公平与效率的基础上，实现社会主义公平正义的价值追求，促进古巴社会经济的可持续发展和增进人民福祉。

一　模式更新的基本经验

自劳尔主政古巴以来，古巴经济领域的变革不断推进，社会生活发生了巨大变化，古巴各界对改革的认识与思考也日益深入。2011 年，古共六大颁布了《纲要》，并正式开启了古巴社会主义模式更新进程。2016 年，古共七大重申了古巴坚持社会主义道路的决心与信心，并试从理论化与制度化入手，在总结更新阶段性成果与问题的基础上，寻求古巴社会主义发展的新机遇与新阶段。尽管模式更新的历史成效与影响仍有待观察，但更新的原则与方向决定了其内在价值的规定性与历史逻辑的必然性。

（一）坚持社会主义道路与党的领导

古巴革命胜利六十多年来，不仅实现了民族独立和国家主权，还在政治、经济、社会、文化与外交等各领域取得了令人瞩目的成就，形成了古巴特色社会主义道路、理论、制度与文化，充分体现了马克思主义普遍原理与古巴具体国情的辩证统一。

古巴社会主义之所以能够不断前进，与其坚持马克思主义本土化探索密不可分。古巴马克思主义本土化的基本经验主要有以下五点。（1）坚定社会主义道路。古巴走上社会主义道路既有偶然性也有必然性。在冷战格局下，选择社会主义阵营是古巴求生存、保尊严的唯一选择。在深陷外围资本主义桎梏的拉丁美洲，面对帝国主义的重重阻挠，唯有坚持社会主义道路的古巴，实现了转型成本最小化基础上的主权、人权最大化。古巴驻华大使佩雷拉在谈及古巴社会主义坚持至今的经验时不无感慨，"尽管受到经济封锁、自然灾害和全球经济危机等外部因素的侵扰，但所幸的是——古巴社会主义至今没有犯过战略性的错误，古巴社会主义事业的坚持与发展恰恰证明了古巴社会主义道路的正确性、唯一性和可行性"。（2）以马克思主义为指导。拉丁美洲是除欧洲本土外最早受到马克思主义影响的地区之一，遗憾的是现实中的拉美革命运动却因种种先天不足和后天失策，未能体现出马克思主义的科学性、人民性、实践性与开放性。古巴社会主义之所以能在拉美独树一帜，与其坚持马克思主义的指导地位密不可分。正如古共中央委员会委员、尼科·洛佩斯高级党校校长劳尔·巴尔德斯·比沃在《历史的马克思主义在古巴的发展》[1] 一文中指出的，马克思主义是必然和自由的主义，是真理与意志的主义，是科学与英雄的主义，是乐观与警醒的主义，是主客观相结合的主义，是反教条和辩证的主义，是我们和

---

[1] Raúl Valdés Vivó, el marxismo histórico avanza en Cuba, *Cuba Socialista*, http://cubasocialista. cu/sites/default/files/R48A3. pdf, 15 Sept. 2011.

每一个"我"的主义，是历史的主义，马克思主义只有通过先进分子的教育、组织和动员，激发每一个民族和民众的觉醒才有意义，革命者最大的挑战在于在实践中证明马克思主义的一切，正如菲德尔·卡斯特罗所说："革命就是改变需要改变的一切。"在思想多元化的拉丁美洲，唯有社会主义古巴把马克思主义写入了宪法和党章，实现了党和国家指导思想的统一，并在此基础上积极探索本土的、可行的社会主义道路。（3）坚持无产阶级政党的领导。古巴共产党在拉丁美洲众多无产阶级政党中不是建党历史最长的，却是最具代表性、旗帜最鲜明、执政经验最丰富的无产阶级政党。古巴共产党在古巴革命、建设与更新进程中发挥着不可替代的领导核心作用，古共勇于自我革命的精神和团结奋进的优良传统是支撑古巴革命政权顽强生存和发展的重要原因。坚持不懈地推进执政党建设和制度创新是古巴共产党不断前行的宝贵经验。（4）坚守社会主义核心价值。以人为本，大力发展民生，把社会公正与发展视为终极追求，是古巴社会主义在经济困难条件下依然能够承受一定的社会张力并实现稳步发展的重要法宝。（5）坚持社会主义改革创新。社会主义从革命到改造，从建设到改革，是一项长期、复杂、系统的社会工程，既有社会主义模式并不完全适合古巴国情，需要古巴人民在比较借鉴中不断改革创新，探索符合古巴政治、经济、社会及文化特点的社会主义制度。

古共七大的成功召开宣告了古巴共产党坚持古巴特色社会主义道路的决心与信心。古巴共产党在七大决议中指出，古巴将坚持一党制，坚持马蒂、巴利尼奥、梅里亚和菲德尔的党。古巴共产党对前领导人历史地位和贡献的新论断，体现了古巴共产党对党史和国史的尊重与传承。"干部政策"和"党的扩编"被视为关乎古共战略发展的核心问题。古巴共产党将不断完善干部任用工作，扩大妇女、青年、黑人和混血种人担任重要职位的比例，建立后备干部选拔机制，加强爱国主义和思想道德教育，深入学习马蒂遗产、菲德尔思想和马克思－列宁主义，加强古巴历史和传统文化教育与宣传，强化党在更新政策纲要执行进程中的领导和监管责任。

（二）维护国家主权与社会团结

1959年革命胜利后，古巴革命政权积蓄的革命意识、人力资本、政治领导力和物质资源成为支撑古巴社会主义挺过经济危机的重要条件。主权至上的政治意识与文化使古巴民众坚信，只有社会主义道路才能使古巴人民当家作主，才能享受到其他第三世界国家难以实现的民主与人权，即使在极端困难的经济条件下，只要坚持社会主义道路就一定能在世界资本主义体系中实现独立自主的社会经济发展。

2009年1月，在古巴革命胜利50周年庆祝大会上，古巴领导人劳尔·卡斯特罗再次援引了菲德尔·卡斯特罗主席2005年在哈瓦那大学的讲话："美帝国主义是无法摧毁古巴的，古巴只可能被自己打倒，那将是我们自己的错误。"劳尔提醒古巴未来领导人不能忘记古巴革命是由穷人发起的、为了穷人利益而斗争的穷人自己的革命，革命领导人的战斗性将阻止他们自己对党组织的破坏。他同时提出要警惕美帝国主义的糖衣炮弹，时刻清醒地认识到美帝国主义是永远不会改变其进攻性、支配欲和欺骗性的。

面对帝国主义的挑衅与侵犯，古巴党和政府始终把思想政治工作与社会团结作为抵御新自由主义、凝聚更新共识的重要法宝。劳尔·卡斯特罗主席在2009年古巴全国人民政权代表大会上这样总结古巴革命的真谛，"半个世纪以来，饱经磨难的古巴社会主义之所以能够顽强地活下来，是因为革命已成为大多数古巴人民为之奋斗的事业"。此外，劳尔还在古共七大中心报告中强调，古巴绝不会实行所谓的"休克疗法"和新自由主义，经济模式更新绝不意味着对平等正义的革命理想的背弃，也绝不该破坏拥护古巴共产党的绝大多数古巴人民的团结。

（三）深化法治建设与经济体制更新

苏东剧变后，面对西方有关古巴社会主义必然瓦解的攻击，古巴选择捍卫社会主义模式并进行与时俱进的改革。古巴党和政府坚信，只有社会主义才能实现真正的社会正义与经济发展，建立健全法制体系和推进经济体制更新是古巴更新社会主义发展模式、提升计划经济效率的重要途径。

依法治国是国家长治久安和人民当家作主的根本保证。2019年通过的古巴新宪法强调，古巴社会主义制度不可更改，古巴共产党是古巴社会和国家的最高领导力量，古巴是法治、民主和主权独立的社会主义国家。建设法治国家必须遵循体现人民意志和社会发展规律的法律，建立健全法制体系是古巴建设法治国家的重要基础。在古巴共产党的领导下，古巴宪法、法律及法规得到了与时俱进的修订，法制体系不断完善，对立法、司法和依法行政的监督制约机制进一步加强，尊重法律权威逐渐成为社会各界的广泛共识。

古巴官方始终强调，古巴经济模式更新将坚持计划经济体制，合理利用市场因素，旨在实现公平基础上的高效进步。对于更新过程中出现的突出问题，古巴政府高度重视并试图通过完善法制体系对重点部门和关键领域加强规范、管理和引导。例如，古巴非农合作社的发展体现了古巴所有制形式和社会管理形式的创新，它在创造就业、促进人文价值回归、提高生产力和生产效率、推动进口替代、改善合作社及社区生活质量等方面具有不可替代的现实作用。为实现合作社可持续发展，古巴政府试图不断完善和细化新合作社审批标准，提升合作社审批的透明度，明确合作社优先发展清单；创建有利于合作社发展的法律架构和激励机制，建立健全合作社参与古巴经济的渠道，为合作社投入各领域创新创业提供空间；鼓励非农合作社加强与国家机构、银行及当地政府的沟通，促进合作社的合理规划与发展，使其在社区生活改善中担负更加积极的角色，引导合作社成员与大众之间建立安全、互信与和谐的发展关系。①

（四）加强民生改善与创新发展

改善民生是古巴推行模式更新的出发点和落脚点，而创新发展是古巴实现模式更新的着力点与突破口。在物质条件极其匮乏的时期，古巴政府仍坚持对社会政策的持续投入。在 2005～2006 年拉丁美洲国家社会开支占GDP 比重的排名中，古巴居地区各国首位。2001～2006 年，古巴社会开支实现了 8.6% 的年均增速，而同期古巴 GDP 的年均增速仅为 7%。古巴政府

① Dayrelis Ojeda Suris, "The New Cuban Cooperatives: Current Situation and Some Proposals to Improve Performance", qtd. in *The Cuban Economy in a New Era: An Agenda for Change toward Durable Development* (Series on Latin American Studies), David Rockefeller Center for Latin American Studies, 2018, p. 103.

在人力资本和社会福利方面的巨大投入是古巴社会建设取得长足进步的根本原因。未来，古巴社会政策的基本原则将得到长期贯彻和执行。作为中长期社会发展规划的基础，古巴现有的社会保障、社会援助和社会计划体系仍有待调整和完善，但不会像一些国家假借"涓滴效应"之名进行资本积累。[①]

模式更新启动以来，古巴领导人多次强调创新对古巴社会经济可持续发展的引领和激励作用，鼓励古巴各界发扬创新精神，积极探索各领域的体制创新与技术创新。古巴政府高度重视生产服务部门科技创新人才的培训和继续教育，积极探索激发基层劳动集体创造力的新途径。在党和政府的支持下，古巴"创新与合理化协会"（ANIR）等社会组织在促进一线工人技术创新和提高资源利用率方面发挥着重要作用。古共六大《纲要》指出，古巴政府将继续推进生物技术、医药生产、软件及信息化、基础科学、自然科学、可再生能源研究和利用、社会教育技术、产业技术转让、先进技术设备生产、纳米技术和高附加值科技服务等领域的科技创新。

二　模式更新的历史意义

自 1959 年古巴革命胜利以来，古巴社会主义曾经历了多轮改革，而模式更新被公认为古巴社会主义史上最为深入的一次调整。模式更新既是半个多世纪以来古巴社会主义建设内在逻辑的历史延续，也是古巴社会主义为应对经济全球化挑战做出的时代选择。

巩固和维护古巴社会主义成果、制定古巴中长期发展战略和大力发展国家经济，是古巴各界的最大共识，而理论化与制度化是古巴革命生命力的根本所在。古共七大提出的模式更新理论化和制度化，旨在实现古巴经济的结构性变革和从欠发达到发展的跨越。古巴模式理论化决议的形成与通过，经历了自下而上的广泛讨论，先后收到了 600 余条意见和建议，充分体现了古巴人民和古巴共产党的集体智慧和民主精神。古巴《纲要》发展

---

① Rita Castiñeiras García, "Creating a Better Life: The Human Dimension of the Cuban Economy", *Cuban Economists on the Cuban Economy*, University Press of Florida, 2013, p. 162.

与执行常务委员会委员、古巴著名政治学学者米格尔·里米亚·大卫（Miguel Limia David）认为，模式理论化为古巴更新提供了理论的整体性方案，即从"以生存为目标"的危机时期向"以经济与社会发展为目标"的更新时期过渡。模式理论化以巩固和发展古巴社会主义建设的历史成就为前提，力图实现可持续的、不可逆转的、广泛参与及国民幸福的社会主义社会。

（一）政治体制更新为古巴实现政治稳定与民主发展奠定了制度化基础

一些美国官员、媒体及迈阿密反古人士普遍认为，后菲德尔时代的古巴一定会陷入混乱，该论断无疑偏离了古巴社会现实。对古巴社会而言，菲德尔·卡斯特罗不仅仅是引领革命的精神领袖，其长期主导的党和国家制度化建设为古巴实现领导权有序更替提供了重要保障。菲德尔·卡斯特罗与古巴党政领导层及广大人民在民族主义方面，始终保持着高度的统一与团结，民族主义已成为根植于古巴历史与现实的重要政治文化传统。

2017年11月，古巴启动新一届市政选举工作。2018年4月，迪亚斯-卡内尔在第九届全国人民政权代表大会上当选为新一届国务委员会主席，已连任两届该职务的劳尔·卡斯特罗正式卸任，并继续担任古巴共产党中央委员会第一书记至2021年古共八大。从古共七大选举产生新老结合的古共领导集体，到2018年4月选出新一届国务委员会主席，困扰古巴多年的党和国家领导人制度性更替问题已得到初步解决。2019年10月，根据新宪法和新《选举法》，古巴第九届全国人大第四次特别会议选举迪亚斯-卡内尔为国家主席，即国家元首。2019年12月，古巴第九届全国人大第四次常规会议选举曼努埃尔·马雷罗·克鲁斯为古巴国家总理，负责政府日常工作并领导部长会议。古巴第九届全国人大还任命了6位副总理、1位部长会议秘书和26位部长。古巴新国家领导与行政体制的确立，标志着古巴政治体制更新取得重大进展。随着古巴共产党执政水平与政治领导能力的提升，古巴特色社会主义民主政治制度的优越性也将得到进一步体现。

（二）经济模式更新为古巴进一步解放和发展生产力提供了路径与激励

古巴经济模式更新是古巴革命胜利以来最为广泛和深入的一次生产关

系调整和经济体制更新。坚持社会主义基本经济制度是模式更新的根本原则，在此基础上古巴模式更新试图通过创新社会主义经济制度具体实现形式，进一步解放和发展生产力，夯实社会主义经济建设成就，挖掘全球化时代新经济增长点，为古巴特色社会主义人民福利体系现代化提供物质保障和技术手段。

自模式更新启动以来，古巴党和政府不断克服传统计划经济的理论局限和体制僵化，通过深化国企改革、引导私营经济发展、精减国有部门冗员、吸引外资和发展农业等措施，结合市场因素的积极作用，对制约古巴经济发展的重点部门和关键环节进行了系统诊断和阶段性改革。古巴经济学家里卡多·托雷斯（Ricardo Torres）认为，古共七大对古巴经济问题的诊断比较中肯，这些问题包括科技落后、现有政策执行不力、汇率瓶颈、基础设施建设不足、劳动力市场激励机制扭曲和腐败问题等。里卡多强调，必须加快落实古共七大的相关政策，才能有效推进更新进程，例如统一汇率、解除外资管控的相关限制、允许建立面向私营部门的批发市场、允许古巴工人有更多就业选择和发展债券市场等。[1]古共七大提出的模式更新理论化为古巴社会主义生产、分配、交换与消费等各领域的制度性安排提供理论阐释和战略指导，重在经济运行规律的总结，而非具体领域的实现形式和政策法规。尽管更新的整体成效仍有待检验，许多改革措施影响复杂，政策反复偶有发生，但模式更新在关键领域做出的有益探索必将对古巴社会经济生活的全局产生深远影响。

（三）社会建设更新为增进社会公平与人民福祉积淀了共识与经验

古巴政府认为，经济目标不应凌驾于社会目标之上，而应在不偏废任何一方的情况下努力实现两个目标。据 2007～2008 年联合国人类发展报告的排名，古巴在 177 个国家的人类发展指数中排名第 51 位。自 2001 年以来，古巴就被列为人类发展高水平的国家之一。多项数据表明，除人均收

---

[1] Ricardo Torres, "An Analysis of the Cuban Economic Reform", *The Cuban Economy in a New Era: An Agenda for Change toward Durable Development (Series on Latin American Studies)*, David Rockefeller Center for Latin American Studies, January 8, 2018, p. 27.

入外，古巴人类发展的各项指标均高于拉丁美洲和加勒比各国。①古巴高人类发展指数和低人均收入水平的鲜明反差，充分体现了古巴政府即便在经济困难条件下依然坚持社会建设与投入的决心与担当。

古巴社会建设的成就之一是古巴妇女社会地位的提升与就业的增长。古巴妇女外出就业导致了古巴的低生育率，与此同时，古巴还建立了日托中心及相关服务网络以应对因妇女就业而带来的社会和家庭问题。根据 2007～2008 年联合国人类发展指数报告，古巴在妇女社会参与这一项指数的排名上表现突出。2007 年，古巴女性在多个社会就业领域占比突出。例如，女性占全部教员的 67%，占大学毕业生总数的 65%，占教育、公共医疗、经济和银行部门全部从业者的 60% 以上，占医生总数的 56.7%，占律师总人数的 55% 以上；女性职业评审占评审总数的 49%，其中 1/3 在工业部门工作；古巴第十一届全国人民政权代表大会立法委员会（2007～2012 年）共614 名成员，其中女性占比 43%；高级职业经理人中 38% 为女性；在经济部门 38% 的劳动力为女性；在科研中心，199 名主任中有 48 位女性；在古巴派往非洲、中美和加勒比地区国际医疗合作项目中，也有相当多的女性医务人员。②在体育领域，古巴女性同样获得了相等的权利和机会。尤其在竞技体育中，古巴女性运动员取得了优异的成绩。与其他国家和古巴革命前的女性不同，目前古巴女性还增加了参加休闲体育和运动的机会，尤其在教育体系中，这对发展和维护女性健康十分重要。

2019 年，古巴政府通过提高居民收入、加强基础设施建设、改善便民利民服务等举措，继续推进古巴民生保障与社会治理工作。2019 年 6 月 27日，为促进经济发展，古巴政府通过了增加预算部门职工工资等一系列措施。据古巴官方统计，2018 年底古巴全国劳动人口为 710 万，就业人口为448 万人，其中国有部门 306.7 万人，预算部门职工 140 万人（占比 46%），

---

① Rita Castiñeiras García, "Creating a Better Life: The Human Dimension of the Cuban Economy", *Cuban Economists on the Cuban Economy*, University Press of Florida, 2013, p. 145.

② Rita Castiñeiras García, "Creating a Better Life: The Human Dimension of the Cuban Economy", *Cuban Economists on the Cuban Economy*, University Press of Florida, 2013, pp. 150 – 151.

国有企业职工为 160 万人（占比 52%），非国有部门（包括合作社、个体户）职工为 141.57 万人。此次涉及涨工资的主要部门包括政府机关、公共卫生、教育、文体、社团及军队等预算部门，共涉及 150 万人。从 2019 年 8 月起，职工最低月工资从 250 比索增加到 400 比索（相当于 17 美元），相关人员月平均工资从 634 比索增至 1065 比索（约合 45 美元）。例如，新闻记者此前的月基本工资为 385 比索（约合 16 美元），调薪后一级记者、二级记者和三级记者的月收入将分别升至 1300 比索、1200 比索和 1100 比索。在教育部门，提高工资收入的激励效果十分显著。自此轮加薪以来，古巴大学教授、副教授、助教及讲师的月收入分别增至 1700 比索（约合 70 美元）、1600 比索（约合 67 美元）、1500 比索（约合 63 美元）和 1400 比索（约合 58 美元），如担任领导职务，工资级别将相应提高。截至 2019 年 12 月，新加入古巴教育系统的教师已逾 1.2 万人，使古巴的教师覆盖率增至 96.9% 的理想水平。[①] 与此同时，古巴政府还提高了各档位养老金数额，155 万古巴退休职工因此受益。

近年来，为提高古巴居民生活水平，古巴政府高度重视基础设施建设，推出一系列便民利民举措。2019 年 11 月，古巴与石油输出国组织国际开发基金（OFID）签署了一项用于改善城市卫生及排水系统的贷款协议，哈瓦那西部将淘汰 600 多个渗透井，污水处理系统的改善将降低该地区因强降雨引发洪灾的可能。此外，古巴政府还对陆路和铁路运输等基础设施进行了大量投资。以火车客运为例，2019 年 7 月，中国产铁路客车在古巴多条客运线路上投入运营，这是古巴自 1975 年以来首次采购全新铁路客车。火车一直是古巴最便宜的长途运输方式。早在 1837 年，古巴便建成了拉美历史上第一条铁路，同时这也是世界上最古老的铁路系统之一。古巴全国铁路总里程超过 8000 公里，但部分铁路和列车由于年久失修，严重影响乘客出行。古巴计划翻新 4000 多公里铁路和几十座火车站，到 2030 年前全面实现

---

① Claudia González Corrales, Más de 12 mil profesores cubanos regresaron a las aulas tras incremento salarial, *ACN*, 17 Diciembre 2019, http://www.acn.cu/cuba/53215-mas-de-12-mil-profesores-cubanos-regresaron-a-las-aulas-tras-incremento-salarial.

铁路系统现代化。①

（四）对外关系更新为古巴应对全球化挑战创造了历史机遇与发展条件

作为一个加勒比岛国，古巴是世界上为数不多的、能从一定程度上影响拉美乃至国际格局的第三世界国家之一。美国古巴问题专家豪尔赫·I.多明格斯在其《古巴对外政策》②一书中，甚至将古巴定义为外交"强"国。丰富的反帝斗争经验和正义无私的国际主义精神是古巴敢于以小搏大的力量源泉。

在模式更新阶段，古巴坚持国际主义原则，不断开拓多元外交，在对外关系领域取得了显著进步，为古巴应对全球化挑战创造了有利环境。自劳尔主政古巴以来，古巴外交稳中求进。一方面，古巴继续秉持国际主义原则，不断深化与中国、拉美及加勒比国家（尤其是委内瑞拉）和其他第三世界国家的传统友谊。另一方面，古巴试图寻求对外关系的多元化，谋求古美关系正常化，积极参与地区一体化，大力倡导地区团结与国际正义，以期改善生存空间和国际形象。

第二节　模式更新面临的挑战与前景

古巴各界对模式更新的必然性和必要性保有高度共识，认为更新是古巴社会主义制度的自我完善与创新，但在改革的力度和进度等问题上，仍存在一定的讨论和争议。近年来，随着古巴领导层的顺利更替和新法律法规的不断出台，古巴社会主义法治建设取得了显著的阶段性成果，但经济领域的结构性调整却出现了整体滞后的不利局面。未来，能否有序化解经济领域的深层矛盾将直接关涉古巴模式更新的全局，而古巴日益严峻的人口老龄化问题也必将对古巴政府的国家治理能力提出更高要求。

---

① 李晓骁：《中国列车助力古巴铁路现代化》，《人民日报》2019 年 7 月 21 日，第 3 版。

② Jorge I. Domínguez, *La Política Exterior de Cuba* 1962 - 2009, Editorial Colibri, 2009, p. 1.

一　政治体制更新面临的挑战与前景

在政治领域，古巴通过并落实修宪草案关于国家领导人任期制、议行分立制、集体领导制和地方行政体制等新规定，既关乎古巴民主政治的实现，更关系到古巴社会主义的长治久安。作为古巴社会主义的领导力量，古巴共产党的领导能力和执政水平将直接决定古巴模式更新的成败与兴衰。能否在新时期加强党的领导、改善党的建设，最大限度地提高防腐拒变能力、克服自身问题，是古巴共产党面临的重要挑战。

未来，古巴政治系统面临的主要风险在于，经济模式更新与美古关系破冰等新的历史因素，打破了冷战以来古巴国内外许多领域的固有格局和思维，求新求变的社会风潮使古巴马克思主义的指导地位面临重重挑战、古巴马克思主义理论创新面临新的历史课题、古巴马克思主义大众化与时代化的任务空前艰巨。古巴共产党和政府唯有坚定社会主义道路、坚持马克思主义的指导思想、坚持古巴共产党的领导，立足古巴新的国情、党情、世情，在创新发展中着力解决好各种新关系、新问题和新矛盾，才能实现古巴马克思主义本土化新的历史突破。

通过广泛的人民讨论来酝酿社会重大变革是古巴特有的社会政治传统，但由于缺乏有效的监督机制，民众往往无法对相关政策的实施进行有效反馈。2011 年召开的古共六大虽出台了模式更新的若干决议，却未能及时跟进更新的落实与监督工作。面对更新进程中不断涌现的新问题与新挑战，古巴党和政府试图进一步推动全国性对话，在人民的广泛参与下，建立健全更新的落实和监督机制。

二　经济模式更新面临的挑战与前景

当前，不利的经济形势依然是古巴面临的最大挑战。2011 年，古共六大对古巴经济存在的一些根本性问题进行了深入剖析。例如，现行计划体制无法矫正结构性失衡，双重货币汇率制度发生严重扭曲，宏观经济政策协调乏力；耕地大量闲置，农业产出水平低，存在持续的工业和生产性基础设施去资本化趋势，企业和区域经济可持续发展能力不足，国有经济部门人员过剩导致劳动力利用率、生产率和工资偏低，过分追求平等的收入分配机制而缺乏激励弹性；传统出口部门产能下降，商品服务出口结构单一，严重依附进口导致外汇和财政紧张等。经济模式更新进程试图把困扰古巴经济多年的体制性和结构性问题逐一解决。未来，古巴实现经济高质量发展的主要突破口在于加强农业生产和绿色能源的开发、大力发展科技自主创新产业、扩大外商投资和促进出口多元化等。

(一)双重货币体制改革积重难返

20世纪90年代，古巴政府考虑到古巴经济与资本主义世界市场的隔绝，认为古巴比索转换为其他贬值货币的激进做法（例如阿根廷的做法）既无法避免单纯货币贬值的负面效应，也难以达到刺激出口、减少进口的目的，还易使古巴经济陷入雪上加霜的境地，便放弃了货币贬值政策，进而转向双重货币体制的探索与实践。

对古巴经济而言，引入外汇是一把双刃剑。作为古巴最为重要的外汇组成，可兑换货币的积极影响包括允许个人在古巴境内使用侨汇和可兑换货币，在使用可兑换货币的商业网点能买到税金不菲的奢侈品和一般生活用品，持有硬通货侨汇收入或可兑换货币收入的古巴人由此提升了消费水平；古巴政府获得了用以支持国内生产和为全民服务的可兑换货币；可兑换货币支持外商投资，促使政府更加有效地管理外汇融资；覆盖25% ~ 30%国企工人的外汇激励机制也起到了提升劳动生产率的作用。其消极影响在于，货币双轨制与古巴社会主义力行的公平正义和按劳分配原则有所冲突，尤其是侨汇收入引起两极分化问题。

双重货币体制是困扰古巴经济的痼疾之一。由于非正规经济和外汇黑市的存在，如何平衡双重货币的供需关系是古巴货币管理面临的主要挑战。双重货币体制改革初期需要对外汇、价格、工资及信贷等领域进行直接调控，牵涉的领域和利益关系较为复杂，社会经济影响也具有高度的不确定性，因此古巴政府对该领域的改革一直较为慎重。作为古巴经济模式更新的重要目标，古巴政府高度重视双重货币体制改革，并就相关问题赴中国、越南及欧洲等国家和地区进行多次访问交流。模式更新以来，古巴政府虽屡次设定消除双重货币体制的时间表，但都未能如期实现。

2019 年 12 月，古巴国家主席迪亚斯－卡内尔再次强调，古巴亟须解决货币双轨制问题。2020 年 2 月，古巴国内贸易部宣布国营餐饮业不再接受可兑换比索，只收取古巴比索，该举措将逐步扩大至其他大型国有企业。①此举被视为古巴逐步取消可兑换比索，推动货币统一进程的重要一步。此前，古巴流通比索和可兑换比索两种本国法定货币（1 可兑换比索可兑换约 24 比索）均可在古巴国营餐厅和咖啡馆等地使用。

（二）所有制结构调整有待深化

古巴计划经济体制自建立以来，始终面临着各种挑战。苏东剧变后，古巴的计划经济体制一度陷入僵局，古巴政府认识到改变计划经济体制的必要性，并试图把有控制的市场作为资源配置的关键手段，但在执行相关调整政策的过程中仍然存在明显滞后。就更新进程的艰难起步而言，对市场因素的有限应用能否充分释放古巴社会主义经济的运行效率，克服转型过程中的社会失衡，避免古巴历史上数次市场化改革的无疾而终，仍无从判断。作为古巴经济模式更新的重点和难点之一，所有制结构调整虽方向明确，但在落实过程中，仍存在各种主客观限制和问题。

2017 年，古巴私营部门从业人数已达 57.9 万，其中 32% 为中青年，从业者最多的行业为食品加工及销售业（6.1 万人）和交通运输业（5.8 万人）。2017 年，古巴部长会议决定对私营经济加强规范和整治，以遏制非法经营活动。个体经营者从 2010 年的 15.7 万户扩大到 2018 年的 58.8 万户，占全国劳动力的 13%，其已成为古巴模式更新进程中不可替代的重要经济主体之一。2018 年 7 月，古巴政府在第 35 期官方特别公报上颁布了个体经济新条例。2018 年 12 月，古巴个体经济新条例正式生效。新条例旨在推进和规范个体经济的发展和管理，对更新进程中出现的各种体制和社会问题进行纠偏。新条例放宽了原条例中关于个体户仅可从事一项经营活动的限

---

① 朱婉君：《古巴国营餐饮业停止接受可兑换比索》，《人民日报》2020 年 3 月 2 日，第 16 版。

制，取消了原条例对咖啡厅、餐厅、酒吧等个体经营接待顾客不得超过 50 人的限制。新条例中的个体经营范围从 201 项减至 123 项，其中原 96 项合并成了 28 项，并禁止农牧业产品的批发和零售。

2011 年，古共六大通过的《纲要》指出，鼓励古巴非农合作社的发展，2012 年颁布了相关法规。现有获批的非农合作社主要涉及餐饮、零售业、建筑业等国有企业参与不多的行业，但合作社本身也存在一些低效的老问题。现有非农合作社提高了经营效率和合作社成员收入所得，但缺少面向合作社的物资批发市场是阻碍这一部门发展的重要原因。此外，古巴银行业对合作社经济的短视做法和政策，也不利于合作社的发展。未来，合作社的融资、交易、培训、管理、服务等各个环节均有待改善和加强。

（三）国企改革面临的瓶颈与挑战

创新是影响古巴国有企业效率的重要因素。经营战略、生产能力、合作机制与企业的创新能力息息相关。古巴学者认为，现有政策下的古巴国有企业规模大，监管手续变动频繁，低层次、简单化的处理方式缺乏广泛的适用性。截至 2014 年，古巴共有 151 家国有企业存在经营赤字，在古巴经济中颇为突出。[1]

2014 年，古巴制定了促进经济改革的相关政策，并将其应用于国有企业改革。这些政策明确了企业微观管理的相关准则，对不同类型的企业提出近乎统一的预期，要求企业的日常决策以大量的文件和标准化的指导意见为依据，未能满足国有企业多元化的要求。古巴国有企业管理传统遵循严格的计划性，对企业战略规划往往重视不足。大部分国有企业迫于完成年度计划，不得不放弃创新投入，而屈从于现实需要。由于创新回报不足，古巴国有企业对现有领域国际技术前沿了解甚微。古巴国有企业普遍反映，现有生产线存在设备老化、维护滞后及机器故障等不利条件，急需创新资

---

[1] Jorge I. Domínguez, "Cuba's Economy at the End of Raúl Castro's Presidency: Challenges, Changes, Critiques, and Choices for the Future", qtd. in *The Cuban Economy in a New Era: An Agenda for Change toward Durable Development* (Series on Latin American Studies), David Rockefeller Center for Latin American Studies, January 8, 2018, p. 17.

助和对创新人才的培训。2019 年，古巴政府出台了增强国有企业竞争力的 28 项措施。未来，古巴政府还将加强对国有企业的创新投入，允许国有企业在制定发展战略和运营管理时拥有更多自主权。

（四）融资环境有待改善

如何在确保国家经济安全的前提下加快国际经济融入是古巴面临的又一重大挑战。为应对 2008～2009 年世界经济危机及主要同盟国委内瑞拉近年来的经济衰退，古巴采取了一系列艰难的经济调整措施。由于古巴停止了国际金融义务的履行，古巴国民经济各部门呈现收紧趋势。在劳尔执政期间，古巴成功地与巴黎俱乐部达成了债务再谈判协议。但由于美国政府的反对，古巴仍难以获取国际货币基金组织、世界银行及美洲开发银行等主要国际经济组织的贷款。此外，古巴的社会主义经济性质也是古巴难以实现国际融入的重要原因。

加入国际金融机构的重要利好之一是能够获取技术培训及相关建议，从而改善古巴经济技术相关领域的表现，推进古巴经济的国际融入。但在现有的国际金融规制中，各种金融风险防不胜防，有针对性地、审慎地选择国际金融援助是古巴维护国家经济安全的重要前提。目前，古巴在国民账户核算、统计数据公开和汇率政策方面与国际货币基金组织的要求仍存在一定差距。而古巴出于国家安全的考虑，对国民账户的公开始终有所保留。但随着古巴经济模式更新的推进，古巴的政策透明度将有所改善，在汇率政策的统一方面也将有所突破。古巴在与国际经济组织的谈判中将坚持国家利益至上的原则，对国际经济组织提出的"金融监管"及"有条件的贷款"有所保留。加入美洲开发银行将有助于促进古巴与西班牙及地区各国的经济往来，但美洲开发银行要求成员国必须隶属于美洲国家组织且实行民主政治体制，因此古巴主动提出加入该组织的可能较为有限。

（五）就业增收面临较大压力

尽管经济模式更新为古巴居民提供了购车、购房、贷款、投资、创业、出国等新的社会机遇，但囿于传统经济结构和体制，古巴普通民众短期内依然面临物资紧缺、收入拮据和就业不稳定的现实挑战。不充分就业和实际工资停止增长是古巴就业面临的两大问题。在经济危机时期，国有部门不充分就业的现象时有发生。尤其是在 20 世纪 90 年代的早期和中期，这种情况非常严重。虽然在经济复苏时期，不充分就业问题有所改善，生产性就业得到了一定程度的恢复，但 20 世纪头十年国企改革导致的劳动力转移引发了新的就业压力。2010 年年中，古巴启动了有关国有企业减员的相关工作和讨论，其主要关注点在于如何在推进国有企业改革的同时，减少因失业而产生的社会成本，保障工人相应的福利和权利。为应对经济危机采取的保就业政策推迟了工人实际工资增长的计划，这对工人的生产积极性产生了消极影响。随着古巴更新进程的推进，这一因素的制约作用更加显著。[①]

2006 年，古巴职工月平均工资仅为 387 比索（16 美元），此后每年均有所增长。2012 年，古巴国有部门职工月均工资为 466 比索（20 美元），比 2011 年增长了 2.4%。[②]古巴政府承认古巴职工工资水平不高，有一部分生活必需品仍须凭购货本定量供应，但教育和医疗将确保全民免费。劳尔·卡斯特罗也曾强调，居民工资短期内大幅提升的可能性较小，工资的增加必须与生产，特别是粮食生产和生产率的提高同步。为解决国有部门大量下岗职工的再就业问题，自 2010 年起古巴政府逐步放宽了对个体户的限制。截至 2013 年 6 月，古巴个体户已接近 43 万户，个体户的收入普遍高于国有部门职工。古巴不少前政界、文体界名人纷纷"下海"，通过经营饭馆、酒吧等自谋生计，而普通民众的下岗再就业之路则走得更为艰辛和迷茫。2019 年，古巴就业人数增加了 3.25 万，其中大部分是在非国有部门，平均工资约为 877 比索，古巴预算部门工资上涨惠及 140 万多名职工，平均工资升至 667~1067 比索。[③]

---

① Rita Castiñeiras García, "Creating a Better Life: The Human Dimension of the Cuban Economy", *Cuban Economists on the Cuban Economy*, University Press of Florida, 2013, pp. 148 - 149.

② 徐世澄、贺钦编著《列国志·古巴》，社会科学文献出版社，2018，第 224 页。

③ Cubadebate, *Cuba estima crecimiento del PIB en el entorno del 1% para 2020, asegura ministro de Economía*, http://www. cubadebate. cu/noticias/2019/12/20/cuba-estima-crecimiento-del-pib-en-el-entorno-del-1-para-2020-asegura-ministro-de-economia/#. XilZgtPhg3k.

有学者认为，古巴当前公布的官方数据在质量和可获取性上均存在较大缺陷，导致古巴经济研究所依赖的数据基础十分薄弱和欠缺。古巴官方应尽可能改善官方数据的统计与发布工作，以进一步提高数据准确性和透明度。在劳尔·卡斯特罗政府时期，古巴国家统计和信息办公室在信息披露方面已有较大改善，这表明古巴政府在面对经济困境和停滞时，已经认识到经济数据披露对经济形势研判的极端重要性。目前，古巴最新经济数据的获取仍存在一定的难度与滞后，国民收入和经济增长等重要数据的统计口径也缺少相应的说明。有学者还注意到，古巴 20 世纪 90 年代初期的一些统计数据已从古巴官方报告中消失，这导致相关研究缺少数据支撑，而侨汇收入是世界上大多数国家政府在统计国际收支平衡时的惯用指标，古巴侨汇收入统计的中断使"贫困家庭百分比"等依赖家庭数据统计的调查项目难以为继。总之，缺乏有效经济数据导致古巴政府和企业在信息不对称情况下难以做出有效决策，因此改善古巴数据统计和披露工作是提升古巴模式更新效率和精度的必然要求。①

三 社会建设更新面临的挑战与前景

自革命胜利以来，古巴社会建设取得了令世人瞩目的成就，但随着模式更新的不断深化，古巴社会出现了两极分化等不良现象和人口老龄化、人才外流等突出问题，社会保障制度也面临着从"大包大揽"到减负提效的深度调整。

进入和平时期"特殊阶段"，古巴失业及下岗人员大幅增加，国家在社会保障方面大包大揽的做法已不合时宜。进入 21 世纪以来，为缓解日益严重的社保资金压力和人口老龄化矛盾，古巴政府开始酝酿符合国家社会现实的社会保障制度改革方案。2008 年通过的新《社会保障法》，标志着古巴

---

① Lorena G. Barberia, "The Availability and Quality of Data on Cuban Economic Development", qtd. in *The Cuban Economy in a New Era: An Agenda for Change toward Durable Development* (Series on Latin American Studies), David Rockefeller Center for Latin American Studies, 2018, p. 160.

传统社会保障模式朝着更加灵活多元的方向迈进。尽管全民全面保障的基本原则不会动摇，但在社保改革领域仍存在许多技术性难题，如何在降本增效的同时进一步提升人民群众的获得感、幸福感及安全感是古巴社会建设面临的重大挑战。

据古巴国家统计局 2009 年预测，随着古巴人口老龄化趋势的不断加剧，到 2025 年古巴将成为拉美人口老龄化最严重的国家。[1]尽管古巴从 20 世纪 70 年代起便推出"老年人综合医疗保健计划"等针对老年化社会的医疗和社保政策，并制订了社区扶助计划、医护培训计划、老年学跨学科研究计划及老年生活服务计划等，但如何开展模式更新背景下人口老龄化与相关社会问题的综合治理，仍有待理论研究与实践探索。当前，不利的经济形势依然是古巴面临的最大挑战，只有进一步提升古巴经济的整体效能与产出，才能为老龄社会的可持续发展提供必不可少的经济基础。

近年来，出于对古巴更新前景的悲观态度，古巴人口及人才外流问题持续发酵。以古美关系中的移民问题为例，该问题既是两国关系的导火索，也是双边关系回暖可期的重要基础。1995 年提出的移民协定，对古巴赴美合法移民有所管制，并禁止古赴美非法移民，但此后古赴美移民人数每年仍超过 2 万名。古巴学者认为，这一波移民较 1965 年至 1995 年的古赴美移民更加年轻，受教育程度更高，但其中半数失业，这表明他们的赴美动机主要在于经济方面。这一现象对古美关系的利好在于，这些新移民并非像老一辈移民那样怀有对古巴革命政府的深仇大恨。[2]美国学者豪尔赫·I. 多明格斯（Jorge I. Domínguez）认为，古巴人与古巴移民之间仍有许多障碍需要跨越。在古美关系取得突破性进展的奥巴马政府时期，美国政府取消了古巴裔美国人访问古巴的严格限制，这从一定程度上促进了两国沟通和涉古家庭的交流，但这一政策在特朗普政府时期又出现了反复。尽管古巴赴

---

① 《古巴 2025 年将成为拉美人口最老龄化国家》，http://news. xinhuanet. com/world/2009 - 06/23/content_11584077. htm，新华网，2009 年 6 月 23 日。

② Philip Brenner, Marguerite Rose Jiménez, et al. , *A Contemporary Cuba Reader*: *The Revolution under Raúl Castro*, Rowman & Littlefield Publishers, Jul. 8, 2014, p. 220.

美新移民仍然无法在美国获取关于古巴的积极信息，但与前辈相比，新移民对古美对话持更加开放的态度。相比人口外流，人才外流才是古巴政府的主要关切。古巴当代著名作家莱昂纳多·帕杜拉（Leonardo Padura）认为，古美关系的现状和古巴《移民法》迫使古巴棒球运动员持续选择"出逃"美国，折射出整个国家的现状，大量古巴人的离弃使整个国家处于"心碎"的境地。[①]持续的人才外流迫使古巴政府考虑修订法律，以化解这一现象对古巴政治、经济和社会带来的冲击。[②]2013 年 1 月，古巴政府决定允许大部分古巴居民持有护照，没有出境许可便能出境旅行，最长能在国外停留 2 年，回国后不会因此剥夺他们的财产或其他权利。这一改革是许多古巴人渴望的，却迅速增加了古巴人申请赴美签证的数量。2013 年 7 月，古美两国重启移民问题对话。这一始于 1995 年的移民问题对话，根据协定本应每半年举行一次，却于 2003 年被时任美国总统乔治·布什叫停。奥巴马政府于 2009 年重启两国移民对话，但两轮对话后又再次中断。总之，古美两国关于移民政策的拉锯战关涉古巴的国家安全与社会稳定，如无法有效遏制移民潮，古巴社会将面临信心削弱与团结的严峻考验。

四　对外关系更新面临的挑战与前景

20 世纪 80 年代末至 90 年代初，随着东欧剧变、苏联解体和冷战结束，古巴被迫放弃参与苏联－东欧国家一体化的对外政策，重新布局对外关系。为扩大生存空间、改善国际环境和拓展经贸合作，打破美国的孤立和封锁政策成为古巴外交的首要目标。自劳尔主政古巴以来，古巴外交稳中求进，一方面秉持国际主义原则，不断深化与中国、拉美及加勒比国家（尤其是委内瑞拉）和其他第三世界国家的传统友谊；另一方面试图寻求对外关系多元化，积极参与地区一体化。劳尔时期外交政策的延续性体现在并未离

---

① Philip Brenner, Marguerite Rose Jiménez, et al. , *A Contemporary Cuba Reader：The Revolution under Raúl Castro*, Rowman & Littlefield Publishers, Jul. 8, 2014, p. 220.

② Philip Brenner, Marguerite Rose Jiménez, et al. , *A Contemporary Cuba Reader：The Revolution under Raúl Castro*, Rowman & Littlefield Publishers, Jul. 8, 2014, p. 220.

开菲德尔·卡斯特罗一贯倡导的国际主义原则，古巴试图通过软实力不断增强其与第三世界国家的关系。劳尔时期古巴外交政策的变化在于，为避免单一经济关系带来的经济混乱和崩溃，古巴积极致力于地区与国际组织的活动，在寻求广泛外交支持的同时，试图通过推进古美关系正常化，尽可能减少美国对古巴国土安全的威胁，从而进一步开放国门，扩大贸易与投资。①

2006～2011年，委内瑞拉与古巴贸易往来增长了近乎两倍，但古巴的多元外贸关系再次面临单一化的潜在风险。据测算，若委内瑞拉停止对古巴提供优惠石油和贷款或拒绝古巴医疗和教育等人员援助，古巴必须减少其20%～25%的石油进口，或减少食品等其他主要进口项目。②2013年，委内瑞拉前总统乌戈·查韦斯逝世。查韦斯总统的继任者马杜罗总统虽坚持履行委内瑞拉—古巴的石油换服务协定，但委内瑞拉国内困局使严重依赖其廉价石油进口的古巴再次陷入单一经济依附所导致的脆弱局面。古巴的历史反复证明，高度依赖单一经济合作关系，经不起历史考验。尽管古巴与委内瑞拉目前的经济往来，尚未达到1959年以前古巴与美国、冷战时期古巴与苏联社会主义阵营那样密切和广泛的联系程度，但寻求对外经济的多元化依然是古巴确保长期经济安全的必由之路。

美国对古巴长达半个世纪的经济封锁至今仍是拖累古巴社会主义的一个致命因素。尽管古巴同美国的紧张关系在奥巴马政府时期有所缓和，但囿于美国国内保守势力的强烈反对，古美僵局短期内难有起色。古巴移民外迁趋势也从一定程度上影响着古巴革命的可持续性，大批移居海外的古巴裔人士在塑造古巴未来的历史进程中扮演着怎样的角色，还有待历史观察。作为古巴重要的战略伙伴之一，委内瑞拉经济与政治形势的复杂性和不确定性迫使古巴进一步寻求多元外交，积极同俄罗斯、巴西、中国等国

---

① Philip Brenner, Marguerite Rose Jiménez, et al. , *A Contemporary Cuba Reader*: *The Revolution under Raúl Castro*, Rowman & Littlefield Publishers, Jul. 8, 2014, p. 224.

② Philip Brenner, Marguerite Rose Jiménez, et al. , *A Contemporary Cuba Reader*: *The Revolution under Raúl Castro*, Rowman & Littlefield Publishers, Jul. 8, 2014, p. 224.

家及地区开展更为持久和深入的国际往来。

2019 年，时逢古巴革命胜利 60 周年，古巴社会主义模式更新继续稳步推进，古巴党和国家在政治、经济、社会及外交等领域均取得了不少新进展和新突破。古巴共产党和政府在回顾革命胜利 60 年来的经验与成就时，更对古巴模式更新面临的困难与挑战有着深刻的认识，对古巴社会主义的未来保持着审慎的乐观。2019 年 11 月 21 日，古巴国务委员会主席迪亚斯－卡内尔在政府工作会议中指出，鉴于目前复杂的国内外形势，古巴各界更应保持团结和清醒。迪亚斯进一步强调了开源节流的重要性，主张提升政策的灵活性，摒弃对进口的依赖思想，立足于自力更生，尝试建立有效的激励机制和体现经济主权的产业链，做强国有企业，以应对更新进程中的不利局面。目前，应优先解决能源和粮食的自给问题、改善住房问题、加强大学与政府的沟通、促进旅游业等创汇部门的发展，从而进一步释放国内经济潜能。①

总之，古巴社会主义模式更新将继续以渐进改革方式不断推进，并力争在 2030 年完成社会经济纲要所涉及的阶段性目标，逐步实现社会主义的可持续发展。无论前景几何，坚持以马克思主义为指导的古巴模式更新将是人类历史上一次对社会主义建设与改革规律的有益探索。

---

① Yaditza del Sol González, *Díaz-Canel：Poner en el lugar que le toca a la empresa estatal socialista*, http://www. granma. cu/cuba/2019－11－21/diaz-canel-poner-en-el-lugar-que-le-toca-a-la-empresa-estatal-socialista-21－11－2019－00－11－08.

结语　面向繁荣、民主与可持续的古巴模式更新

——兼谈全球化时代的社会主义改革

2019 年 1 月 1 日，古巴政府在古巴圣地亚哥市圣伊菲热尼亚公墓举行了庆祝革命胜利 60 周纪念活动。古共中央第一书记劳尔·卡斯特罗和古巴国务委员会主席兼部长会议主席迪亚斯－卡内尔等古巴政要和各界群众 500 余人参加了此次活动。劳尔在大会讲话中指出，主导革命发展的始终是年轻人，年轻人接续建设社会主义是维护古巴独立和主权的根本保证，并积极评价了迪亚斯－卡内尔的执政业绩，肯定了古巴领导层新老接替工作的有效性。当天，中共中央总书记、中国国家主席习近平代表中国共产党、中国政府和中国人民，就古巴革命胜利 60 周年向古共中央第一书记劳尔·卡斯特罗、古巴国务委员会主席兼部长会议主席迪亚斯－卡内尔致电祝贺。习近平在贺电中指出，60 年来，在古巴共产党坚强领导下，古巴政府和人民艰苦奋斗，在社会主义建设事业中取得伟大成就；古巴党和人民正致力于进一步更新和完善社会主义制度，古巴社会主义事业必将实现新发展。此外，俄罗斯、南非、朝鲜等国和委内瑞拉、玻利维亚及尼加拉瓜等拉美国家也向古巴党和政府表示了祝贺。

回溯 60 多年来古巴革命、建设与更新历程，尽管国际局势风云变幻，古巴政府和人民却从未在困难和挑战面前低头，始终保持着审慎警醒的头脑和防患于未然的危机意识，充分显示出古巴社会主义顽强的生命力。作为西半球唯一的社会主义国家，古巴革命政权始终坚持以人为本，谋求社会公平正义，弘扬国际主义精神。国际社会对古巴道路和古巴模式的独特经验和世界历史意义给予了广泛认可和高度评价。国际社会普遍认为，古

巴革命的胜利不仅开启了古巴独立自主谋发展的崭新历史，更极大地鼓舞着20世纪60年代以来发展中国家的民族解放运动、不结盟运动和社会主义运动。作为拉美历史上最为彻底的一次民族民主革命，古巴革命从生产关系层面彻底扫除了束缚生产力发展的旧势力，为古巴探索社会主义道路铺就了重要的社会基础。古巴共产党是领导古巴人民进行社会主义改造、建设和更新的中流砥柱。即便在恶劣的历史条件下，古巴共产党仍始终坚持社会主义理想信念，不断深化马克思主义本土化探索，统一思想，勇于开拓，集中力量办大事。苏东剧变以来，古巴政府在巨大的生存压力面前，继续发扬革命精神和传统，坚持马列主义的指导思想和社会主义道路，密切联系群众，力图通过调整与更新，不断拓展古巴社会主义的发展空间。古巴驻华大使卡洛斯·米格尔·佩雷拉在《古巴特色的可行的社会主义》中强调，古巴革命不是外力强加的，而是古巴人民根据自身国情作出的历史性选择，在新的历史条件下，古巴社会主义必须在"延续"的基础上寻求"变革"。佩雷拉大使认为，古巴社会主义是一项独具特色的、创新的、民主的事业，是古巴各界（尤其是青年人）广泛参与和讨论的事业。①

　　关于什么是社会主义、如何建设社会主义的历史命题，古巴革命政权用"人民至上"的社会主义价值观和"以人为本"的社会建设成就，给出最具说服力的答案。古巴社会政策的目标在于改善人民生活条件特别是物质生活，促进公平，发展社会主义价值观、行为和社会关系。1976年的古巴宪法将古巴定义为一个由劳动者组成的社会主义国家，其目标是在社会正义和人类团结的基础上，促进个人和集体享有幸福。菲德尔·卡斯特罗在《历史将宣判我无罪》中指出，古巴革命最终的目标是实现古巴人民生活条件的系统改善和持续进步。这一目标的重要前提是经济增长本身不是目的，社会和经济发展必须携手并进。革命胜利后，为集中解决社会问题，古巴政府提出并执行了一系列与经济部门相协调的社会发展政策，以期改善古巴绝大多数人民的生活条件。古巴在20世纪60年代广泛开展的扫盲运

---

① 贺钦：《社会主义在向前走，绝对不会变——访古巴驻华大使佩雷拉》，《中国社会科学报》2010年6月3日。

动、土地革命和废除驱逐令等举措在全世界范围内都是少见的。自 1959 年以来，教育、医疗和就业始终是古巴社会政策的三大支柱，而教育因其巨大的溢出效应成为古巴社会政策一直以来关注的首要问题。受教育年限的增加和教育质量的提高间接导致了古巴低生育率和人口结构的变化，随着女性外出工作比例的提高，古巴家庭的生活方式和经济条件都发生了相应的积极变化。古巴社会政策最显著的特征是全面、免费和计划性，由此，复杂的社会政策框架得以在目标、时间和空间上实现统一协调。此外，政治意愿的坚持也是古巴实现社会计划持续投入、执行和监管的重要因素。

古巴革命的首要成就是消除了古巴居民对人身安全的担心，使古巴居民的基本人权得到了保障。20 世纪 90 年代的"特殊阶段"，古巴对 30 年来社会政策的主要成就进行了总结。首先，古巴革命在面临问题或危机时，尽可能减少对公民的社会危害。古巴政府反复强调，即便是在最恶劣的经济衰退时期，古巴从未关闭过一所学校和医院，也从未抛弃过任何一个居民，任其自生自灭。在经济危机时期，停工不停薪的举措旨在兑现古巴社会政策不向工人转嫁经济危机成本的承诺。其次，古巴社会政策包含平等原则，这是古巴许多社会政策的基石。与国际货币基金组织和"华盛顿共识"在经济危机时将主要调整代价转嫁给社会最穷和最弱势群体的做法不同，古巴采取所有社会阶层及群体"共摊牺牲"的原则。再次，古巴社会政策体现了社会主义民主原则。古巴政府在出台经济紧缩政策前，曾广泛发动各地社区和单位积极参与相关政策的讨论与修改，而女性作为平等的社会主体积极参与了这一社会发展进程。最后，古巴社会政策的成就还体现在社会团结上，这与古巴实行社会共担风险及人民参与决策有很大关系。因此在古巴，民众对新自由主义替代模式的讨论不像拉美其他国家那样热烈。①

1999 年发生的"小埃连事件"在古巴社会意识形态及文化领域掀起了一场全面反对消费主义的思想战。为实现这一目标，古巴在接下来的数年

---

① Rita Castiñeiras García, "Creating a Better Life: The Human Dimension of the Cuban Economy", *Cuban Economists on the Cuban Economy*, University Press of Florida, 2013, p. 144.

内先后执行了 200 多项特殊的社会计划，包括改善教育质量、扩大教育规模、全面提升古巴文化水平、巩固和扩大古巴社会成就、改善人民生活的一系列社会政策。在 2002 年第 4 届全球化国际论坛的闭幕式上，菲德尔·卡斯特罗在提到这些特殊的社会计划时指出，"世界上有两种资本，一种是金融资本，尽管它很重要，但人力资本是比它更有价值的一种资本；古巴不仅致力于经济发展，更注重社会进步；社会革命是教育的革命"。

古巴领导人曾多次强调，"系统的、稳健的调整与改革是必要的，但决不能操之过急"。古巴共产党对经济社会发展模式的理论探索和对国民计划的长远规划，充分体现了其与时俱进的理论品格和勇于创新的实践精神，也表明了古巴社会主义寻求理论化和制度化新阶段的决心与信心。古巴社会主义模式更新的理论与实践表明：（1）改革创新是社会主义国家走向现代化的必然选择；（2）加强党的建设是深化社会主义改革的根本政治保障；（3）效率与公平是关乎社会主义改革成效的核心问题；（4）民心所向是社会主义改革的根本出发点和落脚点。在全球化时代，古巴共产党领导的社会主义模式更新将进一步夯实古巴社会主义的制度根基和发展成就，进而开创古巴社会主义自我革命的历史新阶段。

古巴社会主义模式更新的基本经验，也为其他社会主义国家的长远发展和共同进步，提供了重要参考。当今世界现有的社会主义五国——中国、越南、古巴、朝鲜、老挝的建立与发展，既有各自特殊的历史路径，又面临着诸多相似的历史境遇与挑战。在经历了社会主义艰难的初创期和调整期后，改革开放成为社会主义国家深化经济建设、应对全球化挑战的时代选择。当前，社会主义国家的建设与改革纷纷进入深水区，均面临着不同程度的意识形态、社会矛盾、国际冲突等主客观挑战，社会主义国家的执政党建设成为各国防腐拒变的关键因素。因此，加强社会主义国家发展经验的比较和借鉴，既有深远的历史意义，又有迫切的现实需求。

与此同时，社会主义各国国情迥异，总结社会主义建设规律，交流互鉴改革经验是必要的，但盲目照搬他国做法既不科学，也不现实。古巴学者认为，古巴应学习中国和越南两国解放思想、实事求是的改革精神，克服旧体制的官僚主义，努力营造社会主义民主法治的发展环境，但古、中、越三国在地理、人口、社会、文化等方面的差异决定了古巴不能照搬中越模式，在经济全球化时代，古巴唯有抱以更加开放的姿态，才能促增长、谋发展。①作为世界上最大的发展中社会主义国家，中国为世界社会主义的发展与创新，提供了丰富的理论与制度资源。中国在坚持探索中国特色社会主义道路的同时，也尊重社会主义各国人民自主选择本国发展道路的权利。古巴驻华大使卡洛斯·米格尔·佩雷拉认为，"中国模式"的成功在很大程度上归功于其所坚持的、具有本国特色的发展道路，因此古巴在学习和借鉴中国经验时，必须清醒地认识到即使是别国最成功的经验，若脱离本国实际，也将无所适从。②

　　总之，作为一种国家建制的社会主义已有百年历史，但关于社会主义发展模式的多元探索仍在漫漫途中。社会主义国家革命、建设和改革的历史经验表明，社会主义建设，既要有所坚持，又要勇于开拓。社会主义改革，既需要活力，更需要定力。社会主义国家，唯有坚持社会主义的基本制度与核心价值，选择符合自身国情、发展阶段和本国人民根本利益的社会主义模式，才能最大限度地发挥社会主义的制度优势，最终实现社会主义的可持续发展。

---

①　Julio A. Díaz Vázquez, "¿Es aplicable el modelo chino o vietnamita en Cuba?", *Revista Temas*, 20 – 03 – 2011, http://www.temas.cult.cu/catalejo/economia/Julio_Diaz_Vazquez2.pdf.

②　贺钦：《社会主义在向前走，绝对不会变——访古巴驻华大使佩雷拉》，《中国社会科学报》2010 年 6 月 3 日。

参考文献

中文

1. 〔美〕谢尔顿·B. 利斯：《拉丁美洲的马克思主义思潮》，林爱丽译，东方出版社，1990。

2. 〔美〕E. 布拉德福德·伯恩斯：《简明拉丁美洲史》，王宁坤译，湖南教育出版社，1989。

3. 贺钦：《古巴马克思主义研究报告》，复旦大学国外马克思主义与国外思潮研究国家创新基地等编，人民出版社，2007。

4. 〔古巴〕何塞·马蒂著，毛金里、徐世澄编《长笛与利剑：何塞·马蒂诗文选》，云南人民出版社，1995。

5. 毛相麟：《古巴社会主义研究》，社会科学文献出版社，2005。

6. 徐世澄、贺钦编著《列国志·古巴》，社会科学文献出版社，2018。

7. 徐世澄：《古巴模式的"更新"与拉美左派的崛起》，中国社会科学出版社，2013。

8. 徐世澄：《列国志·古巴》，社会科学文献出版社，2003。

9. 张晓晶、常欣：《中国经济改革的大逻辑》，中国社会科学出版社，2015。

10. 朱景冬：《何塞·马蒂评传》，社会科学文献出版社，2010。

11. 〔古巴〕里卡多·托雷斯·佩雷兹：《古巴经济模式更新：十年回顾与反思》，贺钦译，《当代世界社会主义问题》2018 年第 2 期。

12. 〔波兰〕格泽高滋·W. 科勒德克：《古巴改革：别把孩子同洗澡水一起倒掉》，张璐晶译，《中国经济周刊》2012 年第 31 期。

13. 郝名玮：《评马蒂的爱国主义思想和实践》，《世界历史》1995 年第 2 期。

14. 贺钦：《古巴革命的历史特点与意义》，《重庆邮电大学学报》（社会科学版）2009 年第 6 期。

15. 贺钦：《古巴修宪："坚守"与"更新"是核心要义》，《世界知识》2018 年第 16 期。

16. 贺钦：《浅析古巴可持续发展的基本经验》，《拉丁美洲研究》2007 年第 3 期。

17. 贺钦：《社会主义在向前走，绝对不会变——访古巴驻华大使佩雷拉》，《中国社会科学报》2010 年 6 月 3 日。

18. 蒋正华：《中国人口老龄化现象及对策》，《求是》2005 年第 6 期。

19. 李晓骁：《中国列车助力古巴铁路现代化》，《人民日报》2019 年 7 月 21 日，第 3 版。

20. 王承就：《古巴"更新经济模式"析评》，《社会主义研究》2011 年第 3 期。

21. 徐世澄：《古共"六大"与古巴经济模式的"更新"》，《拉丁美洲研究》2011 年第 3 期。

22. 徐世澄：《古共"六大"：承前启后 继往开来》，《当代世界》2011 年第 5 期。

23. 徐世澄：《试论何塞·马蒂思想——纪念何塞·马蒂 150 周年诞辰》，《拉丁美洲研究》2002 年第 6 期。

24. 杨建民：《古共"六大"与古巴改革的主要特点和前景分析》，《拉丁美洲研究》2011 年第 6 期。

25. 袁东振：《古巴改革何处去》，《人民论坛》2010 年第 31 期。

26. 张金霞：《卡斯特罗关于古巴民主政治的探索与实践》，《社会主义研究》2011 年第 4 期。

27. 徐世澄：《古巴求变》，《同舟共进》2012 年第 7 期。

28. 和佳：《古巴驻华大使米格尔·拉米雷斯："一带一路"倡议是新型全

球化》，百度，https：//baijiahao. baidu. com/s? id = 1628571859311508842
&wfr = spider&for = pc，2019 年 3 月 21 日。

29. 林朝晖、朱婉君：《2019 年古巴经济增速预计为 0.5%》，新华网，ht-
tp：//www. xinhuanet. com/world/2019 – 12/18/c_1125360515. htm，2019
年 12 月 17 日。

30. 齐峰田：《古巴学者谈古巴当前的改革》，中国社会科学网，http：//ilas.
cass. cn/cn/xwzx/content. asp? infoid = 14488，2010 年 10 月 18 日。

31. 王修君：《俄总统与古巴国家主席举行会晤》，中国新闻网，http：//www.
chinanews. com/gj/2019/10 – 30/8992982. shtml，2019 年 10 月 30 日。

32. 《古巴 2025 年将成为拉美人口最老龄化国家》，新华网，http：//news.
xinhuanet. com/world/2009 – 06/23/content_11584077. htm，2009 年 6 月
23 日。

33. 朱婉君：《古巴颁布新规拉动外汇收入》，新华网，http：//www. xinhua-
net. com/world/2020 – 07/17/c_1126253216. htm，2020 年 7 月 17 日。

34. 朱婉君：《古巴国营餐饮业停止接受可兑换比索》，《人民日报》2020
年 3 月 2 日，第 16 版。

35. 《以"一带一路"高峰论坛为契机古巴深化与中国合作》，中国驻古巴
经商处网站，http：//cu. mofcom. gov. cn/article/jmxw/201904/2019040285
8425. shtml，2019 年 4 月 29 日。

外文

1. ACN，Confirma Cepal pronóstico de crecimiento de la economía cubana para
2019，http：//www. acn. cu/economia/51823-confirma-cepal-pronostico-de-cre-
cimiento-de-la-economia-cubana-para-2019.

2. ACN，Un espacio de encuentro y solidaridad continental，Granma，http：//
www. granma. cu/foro-sao-paulo/2018-07-18/un-espacio-de-encuentro-y-solida-
ridad-continental-18-07-2018-00-07-06.

3. Al Campbell，Cuban Economists on the Cuban Economy，University Press of

Florida, 2013.

4. Alberto Arego, Partido Comunista de Cuba convoca a su Ⅷ Congreso para 2021, https://www. cibercuba. com/noticias/2019- 12- 20- u199291- e199291- s27061- partido-comunista-cuba-convoca-su-viii-congreso-2021.

5. Alejandro Massia, Julio Otero, "The Cuban Revolution Reminds Him of Many Who Were Intellectuals and Who Are Not Now", www. walterlippmann. com/ abelprieto-11-7-2004. html.

6. Ángel Guerra Cabrera, El marxismo cubano y el cambio, http: //www. jornada. unam. mx/2008/02/14/index. php? section = opinion&article = 026a1mun, jueves 14 de febrero de 2008.

7. Angélica Paredes, Programas energético y de turismo, priorizados para el gobierno en Cuba, Radio Rebelde, http://www. cubadebate. cu/noticias/2020/ 02/12/programas-energetico-y-de-turismo-temas-priorizados-para-el-gobierno- en-cuba/#. XkYRptPhg3k, 12 febrero 2020.

8. Antonio Carmona Báez, Economic Change in Cuba: The (re-) Making of a Socialist Development Strategy, *International Critical Thought*, Volume 2, No. 3, September 2012.

9. Armando Blanca Fernández, Misión Ambiental, Agenda 21 Edición Infantil y Juvenil de Cuba, http://www. medioambiente. cu/misionambiental/default. htm.

10. Bárbara Anialkys Caballero Ramírez, El pensamiento marxista- leninista : Cuba, un ejemplo a seguir, http://www. monografias. com/trabajos99/pensa- miento-marxista-leninista-cuba-ejemplo-seguir/pensamiento-marxista-leninista- cuba-ejemplo-seguir. shtml.

11. Camila Piñeiro Harnecker, "Ahora que sí van las cooperativas, vamos a hac- erlo bien. Roles de las cooperativas en el nuevo modelo económico cubano", Revista Temas, 20- 02- 2012, http://www. temas. cult. cu/catalejo/econo- mia/Camila_ Pineiro. pdf.

12. Canal Caribe, Consejo de Ministros de Cuba analiza temas trascendentales,

27 diciembre, 2019, http://www. canalcaribe. icrt. cu/consejo-de-ministros-de-cuba-analiza-temas-trascendentales/.

13. Carmelo Mesa Lago, Cuba en la era de Raul Castro. Reformas económico sociales y sus efectos (Spanish Edition), Editorial Colibri, December 3, 2012.

14. Carmelo Mesa Lago, Jorge Pérez-lópez, Cuba under Raúl Castro, Assessing The Reforms, Lynne Rienner Publishers, London, 2013.

15. Centro de Estudios de Población y Desarrollo (CEPDE) de la Oficina Nacional de Estadística e Información (ONEI), "El Envejecimiento de la Población. Cuba y sus Territorios 2017", 2017. http://www. onei. cu/publicaciones/cepde/envejecimiento/envejecimiento2017. pdf.

16. CiberCuba, Cuba emitirá un nuevo billete de 500 pesos, https://www. cibercuba. com/noticias/2019-11-16-u1-e43231-s27061-cuba-emitira-nuevo-billete-500-pesos.

17. Claudia González Corrales, Más de 12 mil profesores cubanos regresaron a las aulas tras incremento salarial, ACN, 17 Diciembre 2019, http://www. acn. cu/cuba/53215-mas-de-12-mil-profesores-cubanos-regresaron-a-las-aulas-tras-incremento-salarial.

18. Cuba Carries Out a Survey on Population Aging, http: //www. juventudrebelde. cu/en/cuba/2017-11-06/cuba-carries-out-a-survey-on-population-aging.

19. Cuba estima crecimiento del PIB en el entorno del 1% para 2020, asegura ministro de Economía, http://www. cubadebate. cu/noticias/2019/12/20/cuba-estima-crecimiento-del-pib-en-el-entorno-del-1-para-2020-asegura-ministro-de-economia/#. XilZgtPhg3k.

20. Cubadabate, Cuba en Datos: A un año del Internet por el móvil, http://www. cubadebate. cu/especiales/2019/12/06/cuba-en-datos-a-un-ano-del-internet-por-el-movil/#. XzokrjPhilw.

21. Cubadebate, Cuba estima crecimiento del PIB en el entorno del 1% para 2020, asegura ministro de Economía, http://www. cubadebate. cu/noticias/

2019/12/20/cuba-estima-crecimiento-del-pib-en-el-entorno-del-1-para-2020-asegura-ministro-de-economia/#. XilZgtPhg3k.

22. Cubadebate, Producción de alimentos, y vivienda, prioridades del gobierno cubano, http://www. escambray. cu/2019/produccion-de-alimentos-y-vivienda-prioridades-del-gobierno-cubano/.

23. Cubasí, Cuba traza estrategias de desarrollo económico en 2020, http://www. cuba. cu/economia/2020-01-03/cuba-traza-estrategias-de-desarrollo-economico-en-2020-/50124.

24. Daniel Urbino, El desafío de la vivienda en Cuba, Economía, Opinión, Sociedad, el 2 julio 2013, http://www. cubadebate. cu/opinion/2013/07/02/el-desafio-de-la-vivienda-en-cuba/.

25. Darío L. Machado Rodríguez, ¿Es Posible Construir el Socialismo en Cuba?, Editora Política, la Havana, 2004.

26. David L. Strug, "The Impact of Cuban Economic Reform on Older Persons", in *J Cross CultGerontol*, Vol. 32, No. 1-16, New York, 2017.

27. Dayrelis Ojeda Suris, "The New Cuban Cooperatives: Current Situation and Some Proposals to Improve Performance", qtd. in *The Cuban Economy in a New Era: An Agenda for Change toward Durable Development* (Series on Latin American Studies), David Rockefeller Center for Latin American Studies, 2018.

28. Economist Intelligence Unit, Country Report Cuba, June 10th, 2019, p. 29. http://country. eiu. com/cuba.

29. Eduardo Salinas Chávez, José Alberto La O Osorio, Turismo y Sustentabilidad: de la Teoría a la Práctica en Cuba, Cuadernos de Turismo, No. 17, 2006.

30. En vivo, Mesa Redonda sobre nuevas medidas económicas y aumento salarial, http://www. cuba. cu/economia/2019-07-02/en-vivo-mesa-redonda-sobre-nuevas-medidas-economicas-y-aumento-salarial-video/47617.

31. Erich Trefftz, "50 Años de la Ley de Reforma Urbana en Cuba. en el Aniver-

sario del Cambio de Paradigma", Revista invi NÂ°72/Agosto 2011/Volume 26: 19- 62, http://www. scielo. cl/scielo. php? pid = S0718-835820 11000200002&script = sci_ arttext&tlng = en.

32. Fidel Castro, "Mientras el pueblo tenga el poder lo tiene todo", Speeches at the International Festival "Cuba light" (1995), Editora Política, qtd. in Cuban Economists on the Cuban Economy, University Press of Florida, July 16, 2013.

33. Francisco López Segrera, La Revolución cubana: propuestas, escenarios y alternativas, *Revista Temas*, 28-10-2010, http://www. temas. cult. cu/cata-lejo/economia/Francisco_ Lopez_ Segrera. pdf.

34. Granma, La gira oficial en contexto, http://www. granma. cu/gira-internacio-nal-del-presidente/2018-11-15/la-gira-oficial-en-contexto-15-11-2018-22-11-07.

35. http://devdata. worldbank. org/edstats/SummaryEducationProfiles/CountryData/GetShowData. asp? sCtry = CUB, Cuba

36. http://devdata. worldbank. org/edstats/SummaryEducationProfiles/CountryData/GetShowData. asp? sCtry = CHN, China.

37. http://en. granma. cu/cuba/2017-12-20/toward-a-more-autonomous-and-effi-cient-state-enterprise-sector, december 20, 2017.

38. http://hdr. undp. org/en/content/2019-human-development-index-ranking.

39. http://www. cubaportal. org/paginas/conocercuba. aspx? id = 312.

40. http://www. cubasocialista. cu.

41. http://www. medioambiente. cu/.

42. http://www. mes. gob. cu/es/carreras-0.

43. http://www. mes. gob. cu/es/ingreso/carreras/filosofia-marxista-leninista.

44. http://www. one. cu/aec2011/esp/05_ tabla_ cuadro. htm.

45. http://www. sld. cu/sitios/gericuba/.

46. https://www. ecured. cu/ANAP.

47. https://www.ecured.cu/Democracia.

48. https://www.ecured.cu/Democracia#Cuba.

49. https://www.martinoticias.com/a/cuba-profesor-de-marxismo-es-zar-redes-so-ciales/154755.html.

50. Informe del ministro de Economía y Planificación a la ANPP, PRINCIPALES ASPECTOS DEL PLAN DE LA ECONOMÍA 2020, 20 diciembre de 2019, http://media.cubadebate.cu/wp-content/uploads/2019/12/Informe-de-Min-istro-de-MEP-a-la-ANPP-20-diciembre-2019.pdf.

51. Javier Corrales, "Cuba's 'Equity Without Growth' Dilemma and the 2011 Lineamientos", *Latin American Politics and Society*, http://onlinelibrary.wi-ley.com/doi/10.1111/j.1548-2456.2012.00150.x/abstract.

52. Jeniffer Rodríguez Martinto, La inversión extranjera en Cuba crece en últimos tres años, afirma ministro del sector, http://bohemia.cu/nacionales/2019/12/la-inversion-extranjera-en-cuba-crece-en-ultimos-tres-anos-afirma-ministro-del-sector/.

53. Jorge I. Dominguez, La Politica Exterior de Cuba 1962-2009, Editorial Co-libri, 2009.

54. Jorge I. Domínguez, María del Carmen Zabala Arguelles, Social Policies and Decentralization in Cuba: Change in the Context of 21st Century Latin Ameri-ca (Series on Latin American Studies), David Rockefeller Center for Latin A-merican Studies, June 5, 2017.

55. Jorge I. Domínguez, Omar Everleny Pérez Villanueva, et al., *The Cuban E-conomy in a New Era: An Agenda for Change toward Durable Development* (Series on Latin American Studies), David Rockefeller Center for Latin A-merican Studies, January 8, 2018.

56. Jorge I. Domínguez, Omar Everleny Pérez Villanueva, et al., Cuban Eco-nomic and Social Development Policy Reforms and Challenges in the 21st Cen-tury, David Rockefeller Center for Latin American Studies, 2012.

57. Juan Triana Cordoví, "Cuba: ¿de la «actualización»del modelo económico al desarrollo?", Nueva Sociedad No. 242, noviembre-diciembre de 2012.

58. Julio A. Díaz Vázquez,¿Es aplicable el modelo chino o vietnamita en Cuba?, Revista Temas, 20-03-2011, http://www. temas. cult. cu/catalejo/economia/Julio_ Diaz_ Vazquez2. pdf.

59. Kumaraswami Par, Rethinking the Cuban Revolution Nationally and Regionally: Politics, Culture and Identity, Wiley-Blackwell, March 19, 2012.

60. Laydis Milanés, Turismo nacional, un mercado en expansión, https://www. cubahora. cu/economia/turismo-nacional-un-mercado-en-expansion.

61. Ley General de Vivienda, http://www. gacetaoficial. cu/html/leygeneralvivienda. html.

62. los Lineamientos de la Política Económica y Social del VI Congreso del PCC, http://www. cubadebate. cu/noticias/2011/05/09/descargue-en-cubadebate-los-lineamientos-de-la-politica-economica-y-social-pdf/#. UxXBmHBtNYs.

63. Mario Coyula, "Housing in Cuba". A shortened version was published as "Housing in Cuba. Part Ⅱ" in Designer/Builder, Santa Fe, NM. November 2000.

64. Mauricio de Miranda Parrondo, Omar Everleny Pérez Villanueva, Cuba: Hacia una estrategia de desarrollo para los inicios del siglo ⅩⅪ, Cali, 2012.

65. Mayra Paula Espina Prieto, la Política Social en Cuba: Nueva Reforma Económica, Rev. Ciencias Sociales Universidad de Costa Rica 135-136, No. Especial: 227-236 / 2012 (Ⅰ-Ⅱ).

66. Miozotis Fabelo Pinares, Díaz-Canel: Trabajar en Camagüey por la soberanía tecnológica, http://www. radiorebelde. cu/noticia/diaz-canel-trabajar-camaguey-por-soberania-tecnologica-20190613/.

67. Nuria Barbosa León, Vivian Bustamante Molina, Fortalecer los sueños y la obra de Fidel y Chávez, Granma, http://www. granma. cu/cuba/2018-12-14/fortalecer-los-suenos-y-la-obra-de-fidel-y-chavez-14-12-2018-23-12-40.

68. Omar Everleny Pérez Villanueva, La Construcción de Vivienda en Cuba. Antecedentes y Situación actual, http://www. american. edu/clals/upload/Villanueva_Salud_Cuba. pdf.

69. ONEI, Anuario Estadístico de Cuba 2015, Capítulo 18: Educación, Edición 2016.

70. Oscar Figueredo Reinaldo, Edilberto Carmona Tamayo, Diego Rafael Albornoz, *Cuba en datos: La Habana nuestra*, http://www. cubadebate. cu/especiales/2019/11/13/cuba-en-datos-la-habana-nuestra/.

71. Partido Comunista de Cuba, Lineamientos de la Política Económica y social del Partido y la Revolución, http://www. granma. cubaweb. cu/secciones/6to-congreso-pcc/Folleto%20Lineamientos%20Ⅵ%20Cong. pdf , 4 de Abril de 2010.

72. Pese al bloqueo de EE. UU. la economíaía cubana no decrecerá en 2019, https://www. prensa-latina. cu/index. php? o = rn&id = 296790&SEO = pese-al-bloqueo-de-ee. uu. -la-economia-cubana-no-decrecera-en-2019.

73. Philip Brenner, Marguerite Rose Jiménez, et al. , A Contemporary Cuba Reader: The Revolution under Raúl Castro, Rowman & Littlefield Publishers, Jul. 8, 2014.

74. Prensa Latina, Incremento de las exportaciones, prioridad para economía cubana, http://www. opciones. cu/cuba/2019-12-25/incremento-de-las-exportaciones-prioridad-para-economia-cubana/.

75. Programa de las Naciones Unidas para el Desarrollo en Cuba, Capítulo 5: Ciencia y tecnología al servicio del desarrollo humano sostenible en Cuba Dimensión ambiental, Investigación sobre Ciencia, Tecnología y Desarrollo Humano en Cuba 2003, http://www. undp. org. cu/idh%20cuba/cap5. pdf.

76. Raúl Castro, Informe Central al Ⅵ Congreso Del Partido Comunista De Cuba, http://www. pcc. cu/no/congresos_ asamblea/vi_ congreso/informe_ central_ 6to_congreso. pdf, 2011. 4.

77. Raúl Menchaca, Isabel Monal, El marxismo no está superado, http://www. cubadebate. cu/noticias/2018/05/03/isabel-monal-el-marxismo-no-esta-supera-do/#.Wvt4GFT_myw, 3 mayo 2018.

78. Raúl Valdés Vivó, el marxismo histórico avanza en Cuba, Cuba Socialista, http://cubasocialista. cu/sites/default/files/R48A3. pdf, 15 Sep. 2011.

79. Ricardo Torres Pérez, La actualización del modelo económico cubano: con-tinuidad y rupture, Revista Temas, 08-06-2011, http://www. temas. cult. cu/catalejo/economia/Ricardo_ Torres. pdf.

80. Rosa Elena Simeón Negrín, Cuba: hacia un desarrollo económico y social so-stenible, http://www. medioambiente. cu/ministra. asp.

81. Rosa Miriam Elizalde, A debate la Conceptualización del modelo cubano:¿A cuál socialismo aspiramos?, http://www. cubadebate. cu/noticias/2016/06/26/a-debate-la-conceptualizacion-del-modelo-cubano-que-socialismo-aspir-amos-podcast/#. XyaATDPhilw.

82. Ruth Miller, Housing Policy, Neighborhood Development, and Civic Partici-pation in Cuba: The Social Microbrigade of Santa Clara, on September 20, 2012 in Articles and Essays , http://ced. berkeley. edu/bpj/2012/09/hous-ing-policy-neighborhood-development-and-civic-participation-in-cuba-the-so-cial-microbrigade-of-santa-clara/.

83. Suñez Tejera, González González y Rodríguez Carballo, "Las causas y condi-ciones que generan actos de corrupción administrativa en Cuba" en Observatorio de la Economía Latinoamericana, N° 166, 2012. Texto completo en http://www. eumed. net/cursecon/ecolat/cu/2012/.

84. Susana Antón Rodriguez,¿Cómo Cuba apuesta por que su gente tenga vidas más largas y más saludables?, 2 de febrero de 2020, http://www. granma. cu/todo-salud/2020-02-02/como-cuba-apuesta-por-que-su-gente-tenga-vidas-mas-largas-y-mas-saludables-02-02-2020-23-02-26 ,.

85. Susana Antón Rodriguez, Servicio de internet en Cuba: actualizaciones en

2019，http://razonesdecuba. cu/servicio-de-internet-en-cuba-actualizaciones-en-2019/.

86. Susana Antón，"Cuba Working for Longer and Healthier Lives"，Granma，February 11，2020. http://en. granma. cu/cuba/2020-02-11/cuba-working-for-longer-and-healthier-lives.

87. Teddy Kapur，Alastair Smith，Housing Policy in Castro's Cuba，HUT-264M，http://www. housingfinance. org/uploads/Publicationsmanager/Caribbean _ Cuba_ HousinginCastrosCuba. pdf.

88. Thalía Fung Riverón，"Problemas de la apropiación del marxismo después del'59，El marxismo en Cuba，Una búsqueda"，Filosofía，teología，literatura：Aportes cubanos en los últimos 50 años，Edición de Raúl Fornet Betancourt，1999，http://www. ensayistas. org/critica/cuba/fornet/fung. htm.

89. UNDP，"Informe sobre Desarrollo Humano 2019：Cuba"，http: //hdr. undp. org/en/countries/profiles/CUB.

90. Yaditza del Sol González，"Díaz-Canel：Poner en el lugar que le toca a la empresa estatal socialista"，Granma，21 de noviembre de 2019，http:// www. granma. cu/cuba/2019-11-21/diaz-canel-poner-en-el-lugar-que-le-toca-a-la-empresa-estatal-socialista-21-11-2019-00-11-08.

91. Yenia Silva Correa,¿Cómo marcha la informatización del sistema educacional cubano?，http://www. granma. cu/cuba/2019-12-13/como-marcha-la-informatizacion-del-sistema-educacional-cubano-13-12-2019-19-12-34.

92. Yenia Silva Correa，Why Is Cuba's Population Aging?，May 31，2017，http:/ /en. granma. cu/cuba/2017-05-31/why-is-cubas-population-aging.

93. Yudy Castro Morales，Toward a More Autonomous and Efficient State Enterprise Sector，December 20，2017，http://en. granma. cu/cuba/2017-12-20/toward-a-more-autonomous-and-efficient-state-enterprise-sector.

后　记

自 2006 年进入中国社会科学院马克思主义研究院工作以来，古巴社会主义一直是我研究的重要方向。而这一时期也正是古巴社会主义开始探索经济社会模式更新的重要历史阶段。通过对古巴社会主义模式更新的研究和与古巴友人的交往，我深切地感受到古巴共产党的担当和有为、古巴人民的乐观和坚韧、古巴社会主义的生机与活力。

古巴是西半球唯一的社会主义国家，也是现有社会主义国家中唯一源于欧洲文明、归于美洲文明并融入伊比利亚文化圈的国家。作为加勒比岛国，古巴资源禀赋单一，经济依附性较强，地缘政治环境脆弱。面对诸多发展约束，古巴社会主义之所以能够独树一帜，主要由于思想理论在古巴社会主义进程中担负着重要的角色。面对外部威胁和敌意，古巴的思想理论必须富有高度的创造性。

菲德尔·卡斯特罗是古巴共产党和古巴社会主义事业的缔造者，是古巴人民的伟大领袖。2021 年 11 月，在菲德尔·卡斯特罗逝世五周年之际，古巴及国际社会举行了一系列纪念活动，深切缅怀菲德尔·卡斯特罗对古巴革命、第三世界民族解放运动、国际共产主义运动和人类进步事业做出的历史贡献。作为古巴马克思主义本土化最重要的理论成果，菲德尔·卡斯特罗思想是被历史证明了的关于古巴革命、建设和更新正确的理论原则和经验总结。作为古巴党和国家的指导思想，菲德尔·卡斯特罗思想与古巴革命事业、古巴社会主义探索和古巴人民的不懈奋斗密不可分。菲德尔·卡斯特罗思想内涵丰富，立场鲜明，具有真挚的人民情怀和高远的人文追求。坚持马克思主义本土化，坚持人民利益至高无上，坚持科学发展理念，勇于自我革命,弘扬国际主义精神,是菲德尔·卡斯特罗思想一以贯之的价值遵循。

菲德尔·卡斯特罗思想源于时代,高于时代,更服务于时代。自革命胜利以来,菲德尔·卡斯特罗思想赋予了古巴革命丰富的意识形态内涵,成为引领古巴社会文化变革的旗帜。对于出生并成长于帝国主义敌视和封锁时代的几代古巴人(2016 年约占古巴总人口的 77%)而言,菲德尔·卡斯特罗思想为古巴人民传递了爱国主义、国际主义和团结精神等社会、伦理及文化方面的全人类共同价值观。菲德尔·卡斯特罗思想不仅使古巴在思想、理论和文化上实现了自主和自信,更指引古巴共产党和古巴人民开创了一条古巴本土的、可行的社会主义道路,使古巴社会主义在充满不确定性的全球化进程中实现了难得的模式更新和可持续发展。

在拉丁美洲,古巴是一个例外,但偶然中有必然。与那些选择新自由主义"不归路"的拉美国家相比,走社会主义道路是菲德尔等古巴共产党人经过革命洗礼和思想淬炼、根据时代要求与国际形势、充分发挥历史主动性和创造性而做出的正确选择,也是古巴共产党人对古巴人民和古巴未来做出的庄严承诺。尽管古巴社会主义仍面临许多困难,经济发展水平和人民生活水平仍有待提高,古巴仍是一个以人民为中心的国家,一个真正实现人民当家作主的国家。截至 2019 年,古巴在人均国民总收入极其有限的条件下,实现了人口预期寿命 78.7 岁、平均受教育年限 11.8 年的发展成就,人类发展指数在发展中国家长期位居前列。在全球抗疫斗争中,古巴不仅自主研发了三款新冠疫苗,新冠疫苗接种率位列世界第三,还向英国涉疫游轮伸出了援手,向全球许多国家派出医疗队,并在病患救治和疫苗研发等方面分享经验。

古巴不仅创造了拉丁美洲历史上的多个第一,更做成了许多拉丁美洲国家想做而不敢做的事情。在与帝国主义的长期斗争中,古巴始终坚持有理有利有节的斗争,不仅维护了古巴人民的尊严和权利,更鼓舞着拉丁美洲人民为"我们的美洲"而奋斗,激励着世界进步力量为正义和光明而斗争。作为照亮拉丁美洲未来的灯塔,古巴社会主义值得信赖和期待。未来,以迪亚斯－卡内尔为核心的古巴"革命之子"一代领导人将继承菲德尔·卡斯特罗思想，在更新中求发展，在发展中保稳定，在稳定中谋未来，为建设繁荣、民主与可持续的古巴社会主义而不懈奋斗。

本书是国家社科基金一般项目的结项成果，但写作时间跨度较长。自2020年结项以来，虽进行多次修改和补充，纰漏和遗憾仍在所难免，欢迎各位读者批评指正。在此，要特别感谢古巴共和国驻华大使卡洛斯·米格尔·佩雷拉先生和中国社会科学院荣誉学部委员、拉丁美洲研究所徐世澄研究员为本书作序。感谢古巴驻华大使馆及古巴友人的无私帮助和鼓励。感谢评审专家及学界同仁对本研究提出指导意见。感谢中国社会科学院马克思主义研究院及拉丁美洲研究所各位师友的多年关照。感谢国家社会科学基金、中国社会科学院科研局、社会科学文献出版社对本书出版给予的大力支持。感谢家人的理解、陪伴和支持。

最后，诚挚祝愿中古两国繁荣富强，两国人民安康幸福，两国友谊万古长青！

贺　钦

2022 年 4 月于北京

图书在版编目（CIP）数据

　　古巴社会主义模式更新：面向繁荣、民主与可持续
的发展道路 / 贺钦著. -- 北京：社会科学文献出版社，
2024.6. -- ISBN 978 - 7 - 5228 - 3684 - 3

　　Ⅰ. D775.1

　　中国国家版本馆 CIP 数据核字第 2024AA8398 号

古巴社会主义模式更新
——面向繁荣、民主与可持续的发展道路

著　　者 / 贺　钦

出 版 人 / 冀祥德
责任编辑 / 王小艳
责任印制 / 王京美

出　　版 / 社会科学文献出版社
　　　　　　地址：北京市北三环中路甲 29 号院华龙大厦　邮编：100029
　　　　　　网址：www.ssap.com.cn
发　　行 / 社会科学文献出版社（010）59367028
印　　装 / 三河市尚艺印装有限公司

规　　格 / 开　本：787mm × 1092mm　1/16
　　　　　　印　张：20.25　字　数：298 千字
版　　次 / 2024 年 6 月第 1 版　2024 年 6 月第 1 次印刷
书　　号 / ISBN 978 - 7 - 5228 - 3684 - 3
定　　价 / 98.00 元

读者服务电话：4008918866